敢为

中建三局50年发展解码

天下先

王宏甲 许名波 著

长江出版传媒
长江文艺出版社

新出图证（鄂）字 03 号

图书在版编目（ＣＩＰ）数据

敢为天下先：中建三局50年发展解码 / 王宏甲，许
名波著. -- 武汉：长江文艺出版社，2017.1
　ISBN 978-7-5354-8100-9

　Ⅰ.①敢… Ⅱ.①王… ②许… Ⅲ.①建筑企业—概
况—中国 Ⅳ.①F426.9

　中国版本图书馆 CIP 数据核字（2015）第121945号

责任编辑：吴　双　郭喜军　　　　封面设计：今亮后声 HOPESOUND
责任校对：周　杨　　　　　　　　责任印制：张　涛

出版：长江出版传媒｜长江文艺出版社
地址：武汉市雄楚大街 268 号　　　　邮编：430070
发行：长江文艺出版社
　　　北京时代华语图书股份有限公司　（电话：010-83670231）
http：//www.cjlap.com
印刷：北京中科印刷有限公司

开本：710毫米 ×1000毫米　1/16　　印张：27.5
版次：2017年1月第 1 版　　　　　　2017 年1月第1次印刷
字数：327千字

定价：68.00 元

序 一 | 家国天下 筑梦情怀

易 军

天地形胜，城以盛民。有城即有家，有城即为国。人类将文明的薪火镌刻于建筑之上，建筑由此便记录着历史的兴衰，见证着人民的创造，承载起"家国天下"的情怀。果戈理说："建筑是世界的年鉴，当歌曲和传说已经缄默，它还依旧诉说。"没有哪一种文化形态能够像建筑这样，超越时空和媒介的限制，如此长久直接地震撼人类的心灵。

由此，建筑不再是冰冷的砖瓦。人们在把赞叹的目光投向建筑本身的同时，也想更多地去了解建筑背后的建筑人。特别是新中国成立后，一代又一代建筑人，以忠诚和坚守，用智慧和心血，修建起了一座又一座传世建筑。这种"家国天下"的情怀，通过这本反映中建三局建局50周年的报告文学《敢为天下先》，我们能有更为深刻的了解和感悟。

中建总公司旗下的各大工程局，都是有着红色基因的建设队伍。他们中的很多人，在战争年代是英勇的人民子弟兵，在社会主义建设时期又成为满腔热血、无私奉献的国家建设者。而这其中，中建三局是优秀的代表。这支组建于三线建设时期的"国家队"，响应党和国家的号召，在人迹罕至的大山深处，战天斗地，舍生忘死，建设起一批工业、

I

国防和民用建筑，为国家的三线建设立下了不朽功勋。

改革开放以来，在党中央的正确领导下，中国特色社会主义不断焕发蓬勃生机和活力，我国经济发展和各项社会事业取得举世瞩目的伟大成就，这给中国建筑业带来了重大的发展机遇。中建三局紧跟国家改革发展步伐，与中国经济同频共振，为国家建设做出了应有贡献；同时，中建三局始终站在行业发展的最前沿，不断创新，追求卓越，引领和推动了行业的进步。

1982年我大学毕业后，曾在中建三局承建的深圳罗湖口岸联检大楼项目实习，这是我三十余年中建职业生涯的起始阶段。在工作中，我与师傅们同吃同住同劳动，他们为国为民无私奉献的精神深深地影响和感染了我，让我对建筑行业以及这支建筑铁军有了直观而感性的认识，这段经历因而成为我一生非常难忘的记忆。后来，我多次与中建三局的同志们并肩战斗，曾一起在上海环球广场项目为"拔高中国"而欢呼，曾一起在央视新台址项目为"中国建造"而欢欣鼓舞……这些"家国天下"的精彩片断，每每想起，心潮澎湃，难以平复。今天，中建三局致力建设成为中国建筑业最具价值创造力的现代企业集团的战略目标，必将激励和鼓舞这支勇于担当、争先有为的团队奋勇前行。

时代如潮，浩浩汤汤。走过五十年风雨历程的中建三局有着更高的追求。习近平同志指出，国有企业是推进现代化、保障人民共同利益的重要力量。中国建筑的企业使命是拓展幸福空间，这既是对建筑功能的表述，也是中国建筑对国家、社会、客户的庄重承诺。我们在满足自身发展的同时，还要肩负国家责任、担当社会道义、造福民生福祉。因此，无论时代如何变迁，国有企业的"红色"本质不能变，"家国天下"的情怀不可抛。通过《敢为天下先》，我非常欣慰和自豪地看到，以中建三局为代表的中国建筑人，始终以"家国天下"为己任的情怀和追求。

　　奋斗追逐着梦想，足迹孕育着光辉。在中建三局成立五十周年之际，三局创作出版的报告文学《敢为天下先》，为广大员工提供了一顿丰富的精神大餐，正当其时，意义重大。本书全景式展现了中建三局50年艰苦奋斗的发展历程，可谓慷慨激昂；解密了许多鲜为人知的幕后故事，可谓惊心动魄；总结了企业运营过程中的管理思想，可谓发人深思；彰显了"敢为天下先，永远争第一"的企业品格，可谓催人奋进。同时，本书揭示的一家大型建筑央企的发展之路，也是我们研究中国建筑行业发展的现实标本。

　　故事因真实而精彩，历史因深厚而铭记。无数中国建筑人用心血铸造的建筑立于天地之间，就如同座座丰碑标注了这个伟大的时代，也见证了中华民族正在崛起的伟大进程。当前，中国经济进入新常态，中建三局将继续在"建长青基业，筑百年名企"的康庄之路上奋勇前行。我们从来没有像今天这样接近中华民族伟大复兴的中国梦，中国建筑的全体同仁，在同筑中国梦的神圣使命面前，更应快马加鞭、一往无前。

　　家国天下，丰碑永固，情怀不老。

　　是为序。

（作者系中华人民共和国住房和城乡建设部副部长）

序 二 | 江汉涛声壮 逐浪争先潮

曹广晶

　　每一个经济繁荣的地区，必有一批行业领军企业作为支撑；每一家蓬勃发展的企业，也须依托一个充满活力的地区作为基础。这就如同树木和土壤的关系，两者相互适应、相互依存、相互支撑。

　　在湖北，就有一大批优秀的企业支撑起我们的发展，而中建三局无疑是其中的佼佼者。作为在鄂央企，中建三局让人充满了敬意。前些时候，我出席中建三局国家住宅产业化基地揭牌仪式时了解到，2015年是三局成立五十周年，准备出版一部反映三局50年发展历程和辉煌成就的长篇报告文学，陈华元董事长请我作序，缘于三局在助力湖北发展、引领行业变革等方面做出的巨大贡献，故欣然应允。

　　古人云：读史可以看成败、鉴得失、知兴替。中建三局创作出版的报告文学《敢为天下先》，讲述了中建三局从三线建设的大山深处，走向中国改革开放的前沿，再迈步海外放眼世界的发展历程；展现了一家大型建筑央企从计划经济向市场经济转变的诸多故事，描画了中国经济发展和城市建设变迁的时代轨迹。回望50年风雨沧桑，我们看到的是一幅不断拼搏奋进、不断改革创新、不断争创第一、不断跨越发展的动人画卷。捧读书稿，像是面对一位老朋友，听他诉说那些艰难创业、激情燃烧的故事，耳边犹如听到当年那千军万马的冲锋号角和一声声拼搏奋进的争先之歌。

中建三局自1975年进驻湖北以来，企业生产方式逐步从单一生产型向生产经营型调整，先后承担了荆门热电厂、晴川饭店、天河机场、武汉火车站、襄阳汉江三桥等一大批省市重点工程建设任务，包揽了各个时期内的湖北第一高楼，不断刷新湖北高度，为湖北省经济和社会建设立下了汗马功劳。

尤其是改革开放以来，三局逐潮而兴，在深圳国贸大厦项目创造了"三天一层楼"的深圳速度，将中国建筑业从一般高层推向超高层建筑的新水平；20世纪90年代，又在深圳地王大厦项目创造"两天半一个结构层"的新"深圳速度"，将中国建筑业由一般超高层推向可与世界摩天大厦媲美的国际领先水平。近年来，三局不断加快转型升级步伐，正在由传统施工企业向建造投资并重的现代企业集团提档升级，积极参与湖北重大工程的投资建设，"十二五"期间在湖北已完成投资500多亿元，"十三五"计划投资总额近千亿元。在新兴业务的探索上，三局率先投资建成了武汉首个绿色建筑产业园，这对实现建筑产业化、引导行业发展进步具有重要意义。

大转折孕育大机遇，大机遇促进大发展。在经济新常态下，湖北建筑业近年来发展十分迅速，2015年我省建筑产业产值达到1.1万亿元，继续稳居中部第一、全国前三名，最近五年更是保持了年均千亿元的增幅，逐步从传统基础产业发展成支柱优势产业。建筑业产业链长、带动力强，关系到经济发展、城市形象。建筑关乎千万人的幸福，与人民群众生产生活息息相关，三局要把握湖北大发展的机遇，始终加强质量管控和安全生产，加强精细化管理，建优质精品工程，进一步壮大规模、做强品牌，在高端市场发挥引领作用。

"明者因时而变，知者随事而制。"建筑产业现代化是建筑业转型升级的方向，有利于减少建筑现场作业的诸多弊端，改善工人劳动条件，提高效率和质量。三局作为国内领先的建筑企业，有责任和义务引领行业发展，三局要保持势头，延展产业链条，提升管理水平，确定龙头地位，推进建筑产业现代化进一步发展，同时在建筑智能化、互联网+建筑方面加大探索力度，做成业内最具竞争力的企业，不断创造经典传世杰作。

当前正值湖北省全力稳增长、积极推进长江经济带战略和长江中游城市群建设、推动经济结构转型升级的关键时期，而三局也正在由传统施工企业向建造商、投资商、运营商一体化的现代综合企业集团转变，处于实施"两轮驱动"、致力"一最四强"转型升级的新阶段。希望三局进一步发挥资金、技术、管理和品牌等方面的综合优势，全方位参与湖北基础设施、城市综合开发和新型城镇化建设，服务湖北经济发展，积极投身"五个湖北"建设，促进双方共同发展、互利共赢。

大江流日夜，慷慨歌未央。中建三局50年的发展历程与辉煌业绩，昭示了"湖北沃土"的强大力量，诠释了"争先文化"的深刻内涵，体现了三局人激情有为的壮志与行动。在中建三局50华诞之际，衷心祝愿三局在荆楚大地上高奏争先之歌、结出累累硕果，在实现伟大中国梦的接力中，书写属于湖北的恢宏篇章！

（作者系湖北省人民政府副省长）

目录 ontents

他们的名字，镌刻在三线建设的丰碑中；他们的故事，深藏在大西南的山水间。这些新中国建设的先行者们，在那个穷困岁月发愤图强的壮志豪情，是中华民族再次屹立于世界民族之林的坚强支柱。无论我们将来走多远，都不应该忘记出发的地方！

第一篇　三线峰烟

穿过三线建设的烽烟，三局千里移师荆楚。改革开放的春风吹拂神州大地，中国人开始了一个春天的故事。三局则正在经历一个从"给饭吃"到"找饭吃"的艰难转变。这不仅是三局从"国家建筑队"到"国有企业"的转变，更是国人思想深处的转变。

第二篇　春天故事

布局华夏征四方，天高路远梦无疆。这是一部写在大地上的交响乐，这是一首黄金年代的史诗。建筑是时代的镜子，映照着三局人南下东征、北上西进的坚实足迹，折射出三局人逐浪争先、建筑中国的无限荣光。

第三篇　建筑中国

世界最高平顶大楼、中国公建第一楼、香港最高楼，三项世界顶级工程，彰显世界高度，体现东方气派，成就世纪经典，奠定建筑王者地位。布局全国，六大区域花开；专业至精，三大巨擘鼎立。

第四篇　世纪经典

身为国企，非止在商言商，更要在商言责。灾后援建，广受赞誉；建筑中国，不断刷新城市天际线。从争先红海到筑梦蓝海，从高端建造到"三商合一"，英雄旗帜接力相传。筑梦未来征程如虹，扬帆远航纬地经天。

第五篇　筑梦未来

引 子

　　金沙江边，渡口初创，三线烽烟。越蜀山黔水，移师荆楚；深圳速度，恰遇春天。珠海潮生，神木霜冷，万丈豪情天地间。任风雨，阅春秋五十，壮志弥坚。

　　拓展幸福空间，筑广厦敢为天下先。引管理变革，业界翘楚；科技创新，勇攀峰巅。两轮驱动，三商合一，高端建造谁比肩。从头越，看争先三局，再绘新篇。

　　　　　　　　　　　　——调寄《沁园春·中建三局》

　　一阙《沁园春》，说不尽五十载波澜壮阔，道不完半世纪伟业辉煌。

　　大凡创业者，定饱尝艰辛，鲜有一帆风顺；大凡成功者，多艰苦卓绝，少有一步登天。细细算来，中建三局历经50年风雨，从一支三线建设初期成立的国家建筑队，发展成一家年营业收入超千亿元规模的企业，从传统施工企业发展成管理先进、科技一流的现代企业，从单一业态发展成多业并举的综合企业集团，这一路的筚路蓝缕是一曲雄浑瑰丽的赞歌，这50年的拼搏奋进是一首征程如虹的史诗。

没有一家企业可以独立于国家与时代背景之外。50年来，中建三局以沙石研墨绘蓝图，用砖瓦做笔写华章，树立起成千上万座建筑，在这个蓝色的星球上标注成一个个坐标。拂去历史的烟尘，回首中建三局的前行之路，对于中国建筑行业发展具有一定的参考意义。

2015年3月，北京，天安门广场红旗招展。早春的阳光给庄严肃穆的人民大会堂抹上一层金色的油彩，全国"两会"在人民大会堂隆重召开。

正在参加十二届全国人民代表大会第三次会议的中建三局董事长、党委书记陈华元接到一封特快专递。信中这样写道："陈华元代表，非常感谢您对发展改革工作的关心和支持。根据您的建议，我们在《计划报告》第28页第2段中'继续组织实施重点节能工程和循环经济试点示范工程'之后，增加'大力推进工业废物和生活垃圾资源化利用'。"信的落款是国家发展和改革委员会办公厅。原来这是陈华元在人大会议期间提出的建议得到了及时回应。他共提交了两份建议，分别是《关于加快推广建设城市地下管线综合管道"共同沟"的建议》和《关于我国固废处理及循环利用与产业化开发的建议》，其中后一条得到了国家发改委的"特急"回复。他还在会议期间接受了新华社、人民日报、中国新闻网、经济日报、文汇报、中国建设报、湖北日报等多家媒体的采访，他的建议受到社会和有关部门的关注。

50年来，中建三局先后有五人当选全国人大代表，分别是任素华、操三咏、洪可柱、熊德荣、陈华元。任素华1975年当选第四届全国人大代表，操三咏1993年当选第八届全国人大代表，洪可柱从1998年起连续当选第九届、第十届全国人大代表，熊德荣于2008年当选第十一届全国人大代表，陈华元于2013年当选第十二届全国人大代表。

中建总公司原董事长、党组书记，现任住建部副部长易军这样勉励三局：长期以来，中建三局无论是发展规模、效益还是发展质量，在中建系统工程局均处于领先地位。中建三局要全面争当总公司的"排头兵"，即做践行"一最两跨"战略目标的排头兵，做高端房建的排头兵，做大海外战略的排头兵，做建造商、投资商、运营商"三商合一"转型升级的排头兵，做标准化、信息化"两化"融合的排头兵。

中建总公司董事长、党组书记官庆寄语三局：要立足高端，特别要在超高层上打响中国建筑的品牌，发扬"敢为天下先，永远争第一"的企业品格，争当行业标杆，达到世界500强的企业标准。

不仅是行业或系统领导这样评价三局，地方党委领导同样对三局给予高度肯定。2015年10月18日，中建三局在武汉召开成立50周年暨调迁湖北40周年创业座谈会，时任湖北省委书记李鸿忠和省长王国生莅临会场，亲切会见了中建三局模范员工。李鸿忠说，中建三局是世界500强企业中国建筑总公司的重要子公司，承建了深圳国贸大厦、地王大厦、中央电视台、上海环球金融中心、武汉绿地中心等许多地标性建筑，已经成为中国建筑的排头兵和领跑者。中建三局成立50周年特别是调迁湖北40年以来，立足湖北、走向全国、放眼世界，不断刷新中国纪录，创造了一系列辉煌成就，建设了许多可与欧美国家摩天大楼媲美的地标性建筑，体现了杰出的创新创造能力和高超的建设水平。在企业不断做大做强的同时，培育了优秀的企业文化，积极参与社会公益事业，体现出强烈的社会责任感。希望三局继续发扬艰苦奋斗的优良传统和"敢为天下先，永远争第一"的企业品格，为祖国建设和湖北发展做出更大的贡献。

面对经济新常态，中国要有新作为，企业要有新未来。一家优秀的企业，要知道去向何方，能走多远，就必须先知道从何而来，因何而兴！

让我们一起回到50年前，从那个激情燃烧的岁月开始吧……

> > > 第一篇

三线烽烟

　　他们的名字，镌刻在三线建设的丰碑中；他们的故事，深藏在大西南的山水间。这些新中国建设的先行者们，在那个穷困岁月发愤图强的壮志豪情，是中华民族再次屹立于世界民族之林的坚强支柱。无论我们将来走多远，都不应该忘记出发的地方！

第一章　好人好马上三线

不要问为什么那么多人义无反顾地奔向这方热土，只因为一个共同的使命：听党的话，去毛主席要我们去的地方。

1.何谓三线

1964年5月15日，北京，中南海。

初夏的太阳照着北京城，中南海万木竞秀。中共中央正在召开工作会议，毛泽东、刘少奇、周恩来、朱德、邓小平等参加了会议。会议主要讨论农业规划和农村工作、第三个五年计划（1966—1970年）、政治工作问题等。

毛泽东听取了关于第三个五年计划的汇报，指出农业是一个拳头，国防是一个拳头，要使拳头有劲，屁股就要坐稳，屁股就是基础工业。会议期间，基于存在世界战争的危险，毛泽东指出原子弹时期没有后方不行，提出把全国划分为一、二、三线的战略布局，强调要下决心搞三线建设。

中国古代，中原王朝遭受入侵的战争大多来自北方游牧民族，并在农业时代的战争中形成了多民族的融合。中国东部，因浩瀚的大海形成天然屏障，只在明代遭受过日本"倭寇"的掠夺性侵犯。当世界进入"海权"时代，中国的安全发生了"三千年未有之变局"。从1840年到1945年的105年中，中国遭受侵略的战争，大多是从东部沿海地区登陆而来。而我国最富庶的经济区域和政治文化中心城市，大多在东部地区。新中国成立后，70%的工业分布于东北和沿海地区。从军事经济学的角度看，这种工业布局显得非常脆弱。1960年，中苏关系恶化，苏联在我国北部边境陈兵百万，东北重工业完全处于苏军轰炸机和中短程导弹的射程之内。而在沿海地区，以上海为中心的华东工业区则暴露在美国航空母舰的攻击范围中。一旦发生战争，中国的工业将很快陷入瘫痪。

存在战争的危险，并不仅仅是估计。1962年，中印边境发生军事冲突。1964年，美军航母在台湾海峡举行了核战争演习，台湾当局受美国护持仍在积极准备反攻大陆。1964年8月2日，北部湾事件爆发，美国驱逐舰"马克多斯"号与越南海军鱼雷舰发生激战，越南战争规模扩大，并延烧到中国南海地区，海南岛和北部湾沿岸都落下了美国的炸弹和导弹，直接威胁中国安全。一时间可谓"东南沿海掀风浪，西面北面刮寒流"。

就在上述会议召开的一个月前，即1964年4月，军委总参谋部就向中央提交了一份关于我国经济布局不适应未来战争需要的报告，毛泽东对这份报告很重视。正是在这个知彼知己的国际大背景下，毛泽东形成了把我国工业建设的布局全面铺开，形成沿海一线、中部二线、西部和西北部三线并存的建设思路，而把眼下最薄弱的三线作为建设重点。

按照这个思路，一线指位于沿边沿海的前线地区，含北京、上海、天津、辽宁、黑龙江、吉林、新疆、西藏、内蒙古、山东、江苏、浙江、福建、广东等。

三线是长城以南、广东省韶关以北、京广铁路以西、甘肃乌鞘岭以东的广大地区，包括基本属于内地的四川、贵州、云南、陕西、甘肃、宁夏、青海7个省区，以及山西、河北、河南、湖南、湖北、广西等省区靠内地的一部分，共涉及13个省区。介于一线和三线地区之间的地带，就是二线地区。

三线建设的根本原则，就是把一些重工业、国防工业、基础能源建设向西南地区转移。假如中国遭到强敌夹击，发生像日本侵华那样极端恶劣的形势，即使东北、华东工业区相继失守，大片国土沦丧，中国依然能够退守高山大川，坚持抗战。并依凭在三线地区建设起来的独立完整、门类齐全、互相协调、实用实战的基础工业及国防工业体系，保持国家的工业化进程不被打断。

本次会议持续开到了6月17日，历时一个月。面对战争威胁，毛泽东和中共中央毅然决定，中止原来抓"吃穿用"的"三五计划"设想。8月19日，李富春、薄一波、罗瑞卿联名向毛泽东和中共中央提出了《关于国家经济建设如何防备敌人突然袭击的报告》。10月30日，中央工作会议通过并下发了国家计委提出的《1965年计划纲要（草案）》。决定从1964年起转而加紧进行战备工作，在云、贵、川、陕、甘、宁、青等西部省区的三线后方地区，开展大规模的工业、交通、国防基础设施建设。这些地区，距西面国土边界上千公里，离东南海岸线七百公里以上，加之四面分别有青藏高原、云贵高原、太行山、大别山、贺兰山、吕梁山等连绵起伏的山脉作天然屏障，在准备打仗的特定形势下，成为理想的战略后方。

至此，新中国一场延续时间最长、规模最为宏大的工业体系建设，在艰苦奋斗的岁月里轰轰烈烈地展开。

2.攀枝花传说

要说三线建设，必提攀枝花。

攀枝花，落叶乔木，高达三四十米。早春先叶开花，花瓣五枚，形状大，红似火，亦称英雄花。有诗赞曰："红花朵朵破春寒，挂满枝头百尺竿。"

70多年前地质学家刘之祥无意间一低头，发现了攀枝花铁矿，由此改变了千万人的命运。据《中国大百科全书》记载："1940年，北洋大学（今天津大学）教授刘之祥和常隆庆在四川盐边县发现了攀枝花大型铁矿床。"

《中国冶金史料》1985年第1期刊有刘之祥回忆录《两次冒险远征——发现攀枝花铁矿的经过》一文，刘之祥在文中这样记述：

说起攀枝花铁矿的发现，也很有趣。开始是从一户人家的院子里"发现"的。记得我们由盐边县城向南，经老街、新开田、棉花地，一直到巴关河、金沙江北岸，然后沿江南行，经过大水井、新庄，9月5日下午住在硫磺沟附近的罗明显家。傍晚，我在罗家院子内散步，无意中看到地上有2小块石头很像是磁铁矿。捡起一看，果然不错。第二天早晨，我把这2小块矿石拿给常隆庆看，他也肯定这确是磁铁矿。我们找来了主人罗明显，问他这2块矿石的来历，他说这样的石头附近有很多。早饭后，我们就让罗带路出去找矿，走到尖包包，果然发现了铁矿露头，测量以后，再走到乱崖，又发现了铁矿露头，而且比尖包包的更大更厚。我们不禁欣喜若狂。

后来常隆庆在自传中也写了这件事："9月6日到盐边，发现铁矿，因此年终考绩得'光华奖章'"。

如今的攀枝花市有条"隆庆路"，就是纪念发现铁矿的主要当事人常隆庆。但为何没有刘之祥路，不得而知。当然，那时那地还不叫攀枝花，只是大山深处的一个蛮荒之地，叫"攀枝花"是20多年后的事了。

给攀枝花取名的是毛泽东主席。

1954年6月，南京大学地质系教授徐克勤带着师生来此地查勘，估计铁矿储量在1亿吨左右，这一惊人发现震动了当时的地质部部长李四光。当即组织西南地质局的工程师秦震、曾善昌、李丽资等前往查勘，进一步证实了徐克勤的判断。后地质部又组织了多支科考队前往，并请来苏联专家扎鲍罗夫斯基。经过近三年努力，他们进一步确认了矿产资源，同时还发现了煤炭和钒、钛等有色金属矿，这对新中国的建设很重要。

1957年初，李四光掌握了大量资料后向毛泽东汇报。

毛泽东问："那里叫什么名字？"

李四光说没有名字，就是旁边有一个七户人家的小村子，村头有一棵百年的攀枝花树。

毛泽东以他诗人的浪漫情怀说："那好，就叫攀枝花吧！"

直到1964年5月，中央在北戴河召开工作会，毛泽东在会上重提建设攀枝花的问题，中央正式做出建设攀枝花钢铁基地的决定。至此，毛泽东为一座几十年后雄踞祖国西南大山深处的新兴城市描绘了蓝图。三线建设的大军们开始陆续向此处集结。

今天的攀枝花，是全国唯一以花命名的地级市，位于川滇交界，隶属四川省，北距成都749公里，南至昆明351公里，西连丽江，东接昭通，是四川通往华南、东南亚沿边、沿海口岸的最近点，为"南方丝绸之路"上重要的交通枢纽和商贸物资集散地。攀枝花属南亚热带气候，按寒、温、热带呈垂直分布，形成"一山有四季，十里不同天"的多层次立体气候，具有干燥、炎热、四季不明显、昼夜温差大的特点。既有壮丽山河奇景峡谷，又有亚热带旖旎风光；既有风貌古朴的旅游名胜，又有现代人创造的伟业。

攀枝花更以其富饶的矿产资源驰名中外。在不到全国千分之一的国土面积上，却拥有全国20％的铁矿和水能资源，64％的钒、93％的钛、98％的钪，以及1/3的钴、铬、镍等资源，冶金辅助材料如石灰石、白云石、矽藻土、黏土及石墨等非金属矿产也十分丰富。另外还有铜、铅、锌、锡、锰、重金石、玛瑙、金等30多种小矿藏。资源结构的多元化，使攀枝花成为发展冶金工业的一块宝地，被誉为"富甲天下聚宝盆"。攀枝花现已发展为中国西部重要的钢铁、钒、钛能源基地和新兴工业城市，人均GDP雄踞西南地区首位。

然而很长一段时间，攀枝花这个名字都是保密的，关于这里的一切都是国家机密。党中央为了确保三线建设重点项目——攀枝花钢铁基地的绝对安全，对外隐去了攀枝花的全部地理位置和名称信息。为便于保密后对外联络的需要，攀枝花更名为渡口市，四川有大渡河，重庆有大渡口区，以混淆视听。直到1987年完全解密，由国务院批准才正式恢复攀枝花的名字。

为叙述方便和尊重历史，本文此后将此地统一称为渡口。

关于攀枝花，如果说毛泽东为攀枝花描绘了蓝图，程子华则是进行深化设计的人，而中建三局等建设者是具体的实施者。一场由国家发起，牵动着伟人、领导者和普通老百姓的伟大建设拉开了序幕。

3.探路弄弄坪

渡口有个不起眼的小坪，名字很奇特，叫"弄弄坪"。

据《解放军报》2011年5月28日一篇文章介绍，初建攀钢时，有人向周恩来汇报,这里没有平地,建设难度很大。周总理诙谐地说:"地不平,弄弄就平了嘛!"于是有了这个地名——弄弄坪。

1964年6月22日,由国家计委副主任程子华、王光伟带队,在成都组成联合工作组,前往西南各地,对成昆铁路重点工程和乐山、攀枝花、西昌地区进行考察。出发前,周恩来召开会议,传达了毛主席"攀枝花建设要快,但不要潦草"的指示,要求在8月底以前回来向中央汇报。包括国务院十多个部委办和四川、云南负责同志及技术专家80多人的工作组,经过一个月的调查,于7月底在西昌召开会议,拟定了西南三线整体规划和重点项目。程子华回北京向周恩来、李富春汇报时提出,攀枝花钢铁基地、六盘水煤炭基地、成昆铁路三大项目必须配套建设,同时列入国家计划,同时上马。周恩来、李富春表示同意。邓小平代表中央书记处确定了"攀枝花的矿、六盘水的煤、钟摆式运输"的西南工业发展规划。

程子华,黄埔军校五期学员,参加过井冈山时期的第二次到第五次"反围剿"战争,曾任第四野战军十三兵团司令员,在抗日战争、解放战争中均立下赫赫战功,可谓戎马半生。这年,他的职务是国家计委副主任,亲自带队去渡口选址、探路。

在这个工作组中,有一个叫岳洪林的人,时任建工部西南工程管理局副局长。

多年后,他在回忆录中这样写道:

8月的一天,我突然接到指示说是到一个有工程的地方考察。于是我和施工管理处处长丁元锐、工程师鲍定祥等同志一起在成都参加了由国家十几个部委领导组成的一支考察队。队伍由中央委员兼国家计委副主任程子华率领。我们从成都到西昌，又从西昌到仁和，没有公路，所有人都步行，直到乘小木船过了金沙江才到达我们的目的地，我这才知道此行的目的是考察在渡口建设钢铁基地的问题。

岳洪林的回忆录与程子华的行程高度吻合，相互印证了此行的真实性，同时也说明了此行的重要性。如此高规格的考察队和严格的保密措施，足见中央对此项目的极度重视。此后岳洪林成为中建三局首任领导班子成员，担任过副局长、临时党委书记等职。

程子华的秘书单兰山后来在一篇回忆文章中写道：

1964年8月，程子华、阎秀峰、谢北一等人翻山越岭，步行20余里来到位于攀枝花西边的宋家坪渡口进行现场调研。这里紧靠矿山，附近有宝鼎山煤矿，还有取之不尽的金沙江水源，位置很优越，可以规划建设大型水泥厂。为了加紧解决建设攀枝花钢铁厂所需水泥的问题，几位领导同志当场研究决定将四川德阳的一套水泥设备迁往渡口，建立一个水泥厂，程子华还当即批了400万元专款，要求水泥厂在1965年第四季度投产。当大家在现场议论水泥厂厂名时，程子华提议："就叫渡口水泥厂好不好？"（此渡口水泥厂是中建三局进入渡口后首批施工的工程之一。）

大家听后都热烈鼓掌，纷纷表示赞同程子华所提的厂名。那时的工作作风真像战争年代，只要经过现场调研，把情况调查清楚了，就马上拍板，既不行文也不召集方方面面的负责人开会，而是当场研究如何解决问题。

为解决攀枝花钢铁厂和铁路建设所需木材，我们随程子华沿雅砻江而上，来到原始森林地区进行考察。原始森林现场的调研十分艰险，走在浓密的树林中，脚踩在半尺厚的腐烂树叶以及野草上，如同在软床上行走，像我这样的年轻人都使不上劲，对程子华那么大年纪的老人来说就更加吃力了。在三个多小时的现场调研中他摔倒了两次，我想搀扶他，他不让。途中，当地老乡告诉我们，深山里面有老虎，叮嘱我们别往深处走。程子华听了却说："怕什么？打仗不是很危险吗？不还是照样往前冲？！"

在整个实地调研期间，联合调查组遇到的困难是难以想象的。这个地区属于干旱酷热的亚热带气候，周围都是荒山野岭，白天烈日当空。联合调查组转战在深山峡谷中，进行实地调查研究。调查组都住在临时搭建的席棚中，吃的是干咸菜、硬干粮。考察中，大家手持甘蔗当拐杖，渴了就啃甘蔗。程子华爬山比其他同志要困难得多，因为他的双手在战争年代负过伤，行动起来很不方便，但他携带着水壶、毛巾、草帽以及拐棍"四件宝"，和调查组其他成员一样实地考察。途中，他与大家谈笑风生。为了鼓励大家战胜困难，他经常坐在山坡上给大家讲述红军长征的故事，以及延安艰苦奋斗和自力更生的光荣传统。大家集中在一起休息时，他还亲自组织唱歌等活动。调查组全体成员被程子华的精神所感染，一路上感到很快乐。

过金沙江时，当时江上没有架设桥梁，船工说，现在正值金沙江水上涨的季节，前几天曾经发生过几次翻船事故，为安全起见，你们还是不要渡江。旷伏兆和我也劝程子华暂不过江，另想办法。程子华批评我们："不过江怎能了解弄弄坪的全面情况？怎能完成党中央、毛主席、周总理交给我的任务？！"我们再三做船工们的工作，他们才勉强同意载我们过江。程子华登上船后面带笑容地说："思想政治工作就是灵嘛！"为了防止意外，我们几个工作人员紧紧地围在程子华身边。就在船工将小船推向江心的瞬间，船只失控，被激浪冲出数里外，幸好在一个急转弯的地方被一处礁石拦住了，小船才得以靠岸。下船后，程子华说："很顺利地渡过了金沙江嘛！"为了表示感谢，我拿出一些钱给船工，他们说："我们可不能收你的钱，大队干部对我们说，毛主席和周总理派人来开山建钢铁厂，这是造福我们的大好事。要啥子钱嘛？"

弄弄坪，从此在三线建设的历史上写下了浓墨重彩的一笔。

弄弄坪，其实不那么好弄。

4.我要上三线

1964年国庆节前，岳洪林随队考察了两个月后带着任务赶到昆明，时任建工部云南工程总公司党委书记兼经理的刘贤正在等他。

刘贤，生于1918年11月，比岳洪林小一岁。山东阳谷人，打虎英雄武松的同乡，身材魁梧，国字脸，双目炯炯有神，做事雷厉风行。

刘贤凭着高度的政治敏感，知道有艰巨的任务来了。他亲手为岳洪林泡上一杯茶，说："老哥，这趟你辛苦了。"

岳洪林是山西祁县人，1938年参加革命工作。他与刘贤的出生地正好隔着一座太行山脉。在他们人生的前半段，分别在不同的岗位和地方工作，有相似的革命经历，两人一见如故。

岳洪林说："这次党中央、毛主席有大任务派给我们了。"

刘贤笑着说："让我猜一猜，是不是跟三线建设有关？"

岳洪林说："不错，党中央、毛主席要在渡口建大型钢厂，我们是先头部队。"

刘贤说:"马上发通知,召集人马,一定要好人好马。"

岳洪林说:"可明天就是国庆节了……"

刘贤说:"放心好了,我的队伍我最清楚,不信你就等着瞧。"

果然,通知一发出,云南工程总公司的干部职工争相报名,要求去条件最艰苦地方的请战书纷纷塞到刘贤的办公室。

"报告。"

"进来。哎,王开文,怎么是你啊?"

门口一个看起来文弱的中年男人涨红了脸,手上攥着一张纸说:"刘书记,我要参加三线建设。"

"胡闹,你妈正在生病,再说你以前受过伤,你不能去!"刘贤打断他。

"俺媳妇能照顾俺娘。俺要参加三线建设,这是俺的申请书。"王开文递上申请书后又说,"俺受过伤不等于是废人。"

刘贤接过他的申请书,看到上面有个用鲜血摁下的指印。这样的申请书他接到很多,有一个在战争中腿部受伤的干部也提交了请战血书,那名干部在申请书中说:"战时我能流血,建设时期我也能流汗!"现在刘贤看了看王开文,对他说:"你先回去吧,等我通知。"

王开文说:"刘书记,俺是笨,可你是想用缓兵之计吧!你不答应,俺就不走。不是说好人好马上三线吗?你不答应就是说俺不是好人好马,你瞧不起俺。"

刘贤笑骂道:"臭小子歪理挺多的。好吧,我同意了,你回去好好把家安顿好。"

王开文高兴地转身就跑,生怕刘贤反悔。

刘贤听着他的脚步声渐行渐远,缓缓坐下,看着桌上一大堆的申请书，禁不住眼眶潮湿。

10月8日，由40人组成的先头部队开进渡口，这就是中建三局第一批到达渡口的建设者。他们负责探路、搭窝棚、测量等前期工作。其后一个月内，又有500名勇士陆续抵达，组成一〇一工地。在他们中有许多人都是刚刚脱下军装就穿起了工装的转业军人，他们是中建三局的开路先锋。

5.去毛主席要我们去的地方

不要问为什么那么多人义无反顾地奔向这方热土，只因为一个共同的使命：听党的话，去毛主席要我们去的地方。

1965年1月，华北第三建筑公司由石家庄成建制调迁到渡口；5月，山东济宁建筑工程公司抽调1000名员工、青岛建筑工程公司抽调500名员工合并后成建制到达；同时，西南第二建筑工程公司2307名职工从成都移师渡口；在海南岛施工的建工部机械化施工总公司土石方一处也奉命调迁渡口，与上海、南京、西安、兰州、石家庄等地建工部所属单位调入渡口人员合并，共1007人，组建为第五土石方公司。在短短一年时间内，陆续有数万建设大军进驻渡口，他们来自五湖四海，为了一个共同的目标聚在一起。

岳洪林清楚地记得自己第二次进入渡口的时间是在1964年12月，那时他正好47岁。作为山西人，他对于西南大山中这种阴冷潮湿的气候很不适应，但他义无反顾。临行前他不能对家人说要去哪里，因为那地方是保密的，他也不清楚自己几时可以回来。他只对妻子说："我要去毛主席要我们去的地方。"

早先，我们只听说邓稼先等研制"两弹一星"的专家为保守国家机密而必须隐姓埋名，连自己的去向也不能告诉家人。不曾想，在三线重点工程建设中，还有许许多多普通的建设者来到这些以代号命名的地方，也不能告诉家人自己的真实去向。

在岳洪林的行李中，最珍贵的恐怕就是一支钢笔、一个笔记本和一个手电筒。他的主要工作是调查生产、生活物资的供应情况，主持编制渡口工矿区配套工程的建筑施工规划，特别是将建材生产设施列入重要的计划项目。

因为渡口都是大山，又根据中央"隐蔽、分散、靠山、进洞"的建设原则，数万人的施工大军分散在方圆数百公里的大山之中，交通工具只能是双腿。他从一个施工点到另一个施工点往往需要走上一整天，甚至常常露宿在荒郊野外。

1965年3月，建工部副部长许世平在渡口召开会议，宣布成立"渡口建工指挥部"，将来自各单位、各地方的施工队伍统一归口管理，刘贤担任总指挥，岳洪林、李俊杰（华北三公司党委书记）任副指挥。为保密及对外联络的需要，"渡口建工指挥部"对外改称"渡口第十指挥部"，通讯地址为"四川渡口10号信箱"。

西南第二建筑工程公司即现在的中建三局二公司前身，当时随队伍一起转战此处的职工田云贵这样回忆：

> 到渡口后，我们的驻地在金沙江畔的烂泥田，炊事员忙着用"三石一锅"为我们做饭。最大的困难是饮水难，全靠人工从一百多米深的崖下取水。有人风趣地说：我们是背着风雨上山。一天早上，我正准备将头天晚上节约下的一瓷盅水洗脸漱口，忽然有人叫我："别忙！我来搭个伙！"我回头一看，原来是公司副经理刘振山。那天早上，就那么一盅水，解决了我俩洗脸漱口的"大问题"。

1965年7月13日，这个日子应当被所有的三局人铭记。这一天，国务院批复撤销建工部西南工程管理局，成立建工部一、二、三、四工程局。7月17日，建工部发文决定，将部属云南工程总公司和原西南工程管理局在渡口、西昌地区的施工力量组建成立建工部第三工程局。是日，艳阳高照，在大西南的大山深处，在渡口一个叫"烂泥田"的地方，以天空为盖，以大地为桌，举行了"建工部第三工程局"成立大会。刘贤任党委书记兼局长，岳洪林、魏金耀任副局长，高兰生任党委副书记兼政治部主任，邹予明任党委副书记兼政治部副主任。

这就是三局第一届领导班子。其后，班子不断充实，贾立身任副局长、李玎任副书记。据有关资料显示，高峰时期，以刘贤为首的团队统一指挥的施工总人数达五万余人。

如今，他们的名字，都已经镌刻在三线建设的丰碑中；他们的故事，也深藏在大西南的山水间。这些新中国建设的先行者们，在那个穷困岁月发愤图强的壮志豪情，是中华民族再次屹立于世界民族之林的坚强支柱。无论我们将来走多远，都不应该忘记出发的地方！

第二章　献完青春献终身

"先生产，后生活。"没有水，去金沙江挑水，硬是用手端用肩扛解决生产与生活用水。没有蔬菜，利用工余时间垦荒种菜。有什么保障？艰苦奋斗就是我们胜利的最大保障。

1.工棚偷灯

1965年2月26日，中共中央、国务院作出《关于西南三线建设体制问题的决定》，成立西南三线建设委员会，以加强对三线建设的领导。这一天，在听取了李富春等人的汇报后，毛泽东说："三线建设要是搞不好，我是睡不好觉的。"

消息传到渡口各建设工地，所有人都感到压力倍增。压力就是动力，"要让毛主席睡好觉"就是当时大家最大的动力之一。

"三块石头架口锅，帐篷搭在山窝窝。"这是建设者们生活情景的真实写照。

"小路巴掌宽，机器要上山。一声喊，抬上肩！"这是建设者们工作状况的生动描绘。

"不想爹、不想妈、不想孩子不想家，一心想着攀枝花，不出铁水不回家！"这是建设者们的豪言壮语。

为把金沙江水引上600多米高的工地，工人们在酷暑下光着膀子抬着水管、电机和水泵上山，一天竟抬断200多根扁担！

当时的生活状况就是"守山餐，伴山眠。风梳头，汗洗脸"。刘贤、岳洪林等同大家一样住竹席棚、吃干咸菜。"先生产，后生活。"干部与工人"四同"，同吃、同住、同劳动、同学习。所有进渡口的双职工都实行分居。

工棚没有墙，只有一个顶，夜里除了蚊虫，还会时时听到野狼的嘶吼。在这片荒无人烟之地，野狼才是这儿的主人，它们对这群衣衫褴褛的外来人似乎感到愤怒，常常嗷叫着。岳洪林随身带着一个手电筒，这可是他的宝贝。有一次在山路上摔破了玻璃片，怎么也找不到配的，只好将就着用。白天翻山越岭跑现场，晚上要靠这个手电筒做记录编计划。这天，最后的两节电池用完了，他心急地在工棚外转来转去，想去"偷"一盏马灯。马灯就是煤油灯，外面有一个玻璃罩，山里风大，马灯的作用明显。他想到这东西只有技术部有，就偷偷去副总工程师王世威的工棚，一看那马灯正摆在木架上呢，心中高兴，刚摸到手，就听到黑暗中传来王世威的声音："好你个岳洪林，堂堂副局长，竟做小偷？"

岳洪林嘿嘿一笑说："居然还没睡，我借来用用，明天还给你。"

王世威索性从床上坐起来："好吧，你拿去吧。"

岳洪林高兴地说："那好，多谢了。"

"不过，已经没油了。"王世威嘿嘿地笑着说。

"我说你怎么这么大方呢！"岳洪林笑骂道。

王世威说："岳局长，你也不年轻了，革命也要注意休息。明天我帮你想法子。"

岳洪林说:"毛主席都睡不好觉,我们怎么能去睡觉?"

王世威说:"是啊,毛主席有一句诗:'一万年太久,只争朝夕。'我要想办法解决滑模的问题,不然可能会影响施工进度啊。"

岳洪林知道他最近在没日没夜地研究这个滑模技术,作为工地上为数不多的技术人员,王世威的作用无可替代。可是,他的灯没油了,这让他干着急。两人沉默着,听着工棚外的虫鸣。此时,野狼的嗥叫已基本听不到了,可能是它们感觉到这帮人是不会轻易离开了,只好选择了远遁。不远处传来工友们此起彼伏的鼾声,他们太累了,即使山里的蚊虫叮咬得厉害,他们也能沉沉睡去。

岳洪林"偷灯"不成的故事,充分反映了那时条件之艰苦,干部职工们斗志之高昂,同时也表现出他们精神之乐观。此事很快在工地上传播开来,成为佳话。

但是此时此刻的岳洪林没有想那么多,他抬头望着漆黑的夜空,担忧地说:"只怕快要下大雨了。"

2.渡口暴雨

暴雨来得比想象中的更为猛烈。

局总部发出紧急通知,要求各工地注意安全,特别是山洪暴发引发的泥石流和山体滑坡。当时由三局承建的项目主要有渡口指挥部办公楼及招待所、渡口第一水泥厂、第二水泥厂、洗煤厂、两座砖瓦厂、三座电厂等。这些工地棋子一般分布在渡口的大山深处,暴雨对他们来说是最大的威胁。

仁和沟,一个即使是当地人也不太清楚的偏僻之地,一面靠山,一面紧邻金沙江。此处是三局建材公司的一个采砂场,采出的砂用来供应附近几个工地。

8月8日凌晨，雨越下越大，刚刚采好的砂又被冲回金沙江，王开文看着急得直跳脚。因为在这深山之中，砂就如同黄金一般宝贵。

工人苏学熙说："老王，你急也没用啊，等雨停了，我们再加把劲哦。"

王开文说："砂被冲走，就意味着我们前期的许多努力白费了，这是三线建设的必需品啊。"

听到三线建设，苏学熙话锋一转："我说老王，这三线建设要是搞完了，你回家第一件事最想做什么？"

王开文看着工棚外的大雨说："俺想娘了，不知道她老人家的身体好不好，上次收到信已经是两个月前的事了。"

苏学熙笑道："肯定也想嫂子了吧？"

王开文嘿嘿一笑，嘴角轻扬，便有了幸福的感觉，说："尽废话，当然想了，等你将来娶了媳妇就知道了。喂，臭小子，你好好干，等搞完了回去，我让你嫂子帮你介绍一个好女孩。"

憨厚的苏学熙挠着自己的头说："我这样的大老粗，能有姑娘看中我吗？"

王开文说："傻样，咱们是毛主席的好战士，一般的女孩咱还瞧不上呢。"

据后来有人回忆，两人就这样有一搭没一搭地在工棚中聊着天。到了天明，暴雨更像是瓢泼一般，金沙江的水位越涨越高。王开文想，照这样下去，说不定采砂设备和电机会被淹，那损失就大了。他犹豫了一下，冲了出去。苏学熙跟在后面也冲了出去，口中喊着："喂，危险啊，老王，你等等我，我来帮你……"

突然一股洪流挟着泥沙如同猛兽般从山上呼啸而来，只一瞬间，王开文和苏学熙消失了。

几天后，工友们在下游找到他们的遗体。

这场暴雨是那些老前辈们心中最悲壮的回忆之一。

在那方热土，王开文与苏学熙并不是最早牺牲的战友。几个月前，就有一名职工因山石崩落砸在头上而献出年轻的生命。据岳洪林回忆，这是三局在三线建设时期牺牲的第一个建设者。在三线，在大山之中，有多少建设者奉献了生命，长眠于此？

比如亓伟，原云南省煤管局副局长，1965年参加攀枝花建设，任渡口宝鼎山煤矿建设指挥部党委书记，是三局在宝鼎山煤矿工程施工中的建设方。他参与指挥了年产75万吨的太平煤矿会战、年产90万吨的大宝鼎煤矿的建井会战。他带病指挥，日夜奋战，保证了渡口建设的需要。身患癌症后仍坚持工作，1972年病情恶化。他去世后，人们在他的日记中看到："活着建设攀枝花，死后埋在攀枝花。"人们尊重他的遗愿，将他葬在这片热土。

青山作证，青春如火。

作家沈国凡在《一九六五年后的彭德怀》一书中这样写道：

> 时任"大三线"建设副总指挥的彭德怀去渡口视察，去看施工中的成昆铁路，沿途有不幸牺牲的建设者的新坟。他从那些新坟的前面一个一个地走过去，见许多坟墓都没有墓碑，有的也只是简单地用木板写了一个名字插在墓前，就对随行的人员说："同志，这样不行，这样我们对不起这些为三线建设牺牲的战士和工人！要让祖国和人民永远记住他们！赶快请人来给我们牺牲的战士和工人立块石碑吧，碑上要刻上他们的姓名、年龄、籍贯，烈士的亲人们也好来看看他们呀！"

现在，当人们乘坐列车沿成昆铁路在崇山峻岭中飞驰而过的时候，就会看到沿途那一座又一座肃穆的烈士陵园和高耸的烈士纪念碑。

青山处处埋忠骨，献完青春献终生。他们站着是顶天立地的汉子，倒下去是巍峨连绵的青山！

3. "闯将"和"金花"

每个时代都有自己的明星。

渡口时期，最红的明星是"八闯将"和"六金花"。

"八闯将"中的杜永义，"六金花"中的杨桂兰，就是三局的职工。在当时数十万建设大军中，三局一下出了两个标杆人物，这让每一个三局人都引以为豪。

45年后的2010年3月5日，《攀枝花日报》用《历史不会忘记》专题，回顾了当年那段历史。先说杨桂兰吧。杨桂兰，"六金花"之一，当年人称"知难而上的红姑娘"。《攀枝花日报》这样记述：

1964年12月，杨桂兰从云南来到渡口市第一砖瓦厂（注：三局成立时，原渡口建工指挥部企业公司与材料供应处合并，组建三局建筑材料公司，下辖第一砖瓦厂、第二砖瓦厂、采砂场等单位）时，还是个不满17岁的花季少女。每天吃的是干板栗、南瓜汤，喝的是河沟里的水，劳动强度却特别大。每天早上六点钟起床，去仁和沟里挑水，然后将水倒进事先挖好的泥坑中。吃完早饭，就要卷起裤脚，脱掉鞋子，跳进泥坑里双脚来回地踩，直至将泥巴踩细，将泥巴和水踩匀。踩好泥巴后，紧接着就是脱土坯。那可是力气活，双手托起黏糊糊的泥巴，"吧嗒吧嗒"地往模子里灌，灌满后将其抹平晾在一边，第二天去除模子再使用。

杨桂兰就这样每天坚持干10多个小时的活，从没有叫过一声苦，喊过一声累。1965年4月，随着建设大军一批批开进，土窑生产出来的砖已经不能满足需求，上级决定急建20门新窑。为加快建窑速度，土窑一烧好砖，就提前出窑。

杨桂兰几次硬往窑里钻，领导和同志们都拦着她说："这活不是女娃娃干的。"不管说什么，杨桂兰都听不进去。窑里的温度高达70多度，高温烤焦了她的头发，烤煳了她的手套，烫伤了她的手，可她就是不肯出来。

在杨桂兰的带领下，由每天出窑600块，一下提高到1000多块。每次从窑里出来，那一身汗就不用说了，那一脸的灰就只剩下两个眼睛在转。没地方洗澡，她就和姐妹们等到天黑后跑到仁和沟里用手挖一个坑，待水清一点就蹲在里面洗。

随着渡口建设的加快，为确保轮窑的砖坯需要，组织上成立了一个改码组，由杨桂兰担任组长，带领22个平均年龄不到20岁的女同志去完成这一艰巨而光荣的任务。杨桂兰和她的姐妹们都没有干过这个活儿，她就领着姐妹们苦练基本功，早上练，中午练，晚上练，别人下班睡觉了，她们还在练。经过一个多月的苦练，姐妹们不但突破了每天7000块的定额，有9人还达到了改码15000块的纪录，并且没有砖坯倒塌。

回忆这段难忘岁月，她感慨万千：渡口人是钢铁炼成的，他们都有一股吃苦耐劳、舍身忘己的革命精神。

杜永义被称为"炉窑铁兵"，攀枝花档案馆中还有专门的先进档案留存，上面这样介绍：

杜永义是建工部三〇一建筑工程公司（注：1965年9月，建工部批复山东济宁公司改称为建工部三〇一公司，后正式编入三局建制，更名为三局三公司）的钢筋工组长，1965年参加攀枝花建设后，任施工队长。出身贫苦农民家庭，15岁就给地主干活，饱尝了旧社会剥削和压迫的痛苦，解放后参加工作，表现十分突出，连续11年获得先进生产者和五好工人的光荣称号，曾8次出席部、局、市、区的先代会。由于他刻苦钻研，除能熟练掌握钢筋工业务技术外，还会各种焊接、铆、锻技术。对钢筋弯曲机、切断机、调直机、卷扬机等11种一般机械，都能自己动手修配，还掌握抹灰、砌砖、浇灌混凝土的技术。群众说他有三手：技术操作多面手、机械修理是里手、技术革新是能手。在"三通一住"会战中，干打垒住房需草盖顶，他带领钢筋工小组上山割草，每天走20多里路，全组平均每人每天可割草100多斤，超定额30%。为就地解决建筑材料，组织上决定由杜永义带领一支由11个民族的工人组成的91人队伍去烧砖。当时困难很大，不仅少数民族语言不通，全队只有一名会烧砖的技工，但杜永义还是愉快地接受了任务。他带领全队工人，边干边学，出砖的数量和质量，一次超过一次，按时完成任务。

1966年2月25日，中央政治局委员、全国人大副委员长彭真亲切接见了杜永义和杨桂兰，彭真紧紧握着他们的手说，我代表党中央、毛主席对你们在渡口建设中做出的贡献表示感谢，也想通过你们转达对全体职工的慰问。

杨桂兰泣不成声，这是她一生中最幸福的时刻，她说毛主席也知道我了呢。五十年后的2015年5月24日，当年的"金花"杨桂兰已年近古稀。这天她在攀枝花的家中突然接到一个电话，说是中建三局的领导来看望她，她激动不已，想不到离开三局这么多年，三局竟然还记得她。原来正在攀枝花开展"寻根之旅"的三局董事长、党委书记陈华元和总经理易文权托人找到了她，专门为她送上鲜花和慰问金，并邀请她到武汉中建三局总部去看看。

4."两命"和"两干"

当年渡口流行"两命"和"两干"，即革命加拼命，苦干加巧干。

在震天响的劳动号子中，唯有王世威沉默着，嘴唇干裂、发如乱草、满脸油污地蹲在工地上，厚厚的眼镜片后是布满血丝的眼睛，已经说不清他这样鼓捣了多久。

岳洪林走到他身边也跟着蹲下，王世威瞪了他一眼说："少说话。"

岳洪林委屈地说："我都没说话。"

"我猜你肯定是要劝我休息一下什么的。"

岳洪林张张嘴，愣了片刻："我是说，也不急于一时，好不好？这个滑模我们没有搞过，哪有那么容易就搞好了呢？"

王世威没好气地说："让开一点，别妨碍我做事。"

岳洪林笑眯眯地站起来，对身边的工友说："把世威同志架回去休息，让他再好好洗一个澡，简直臭死人了，真是臭脾气。"

几个工友有备而来，强行把王世威架起来就走。

王世威挣扎着大喊："岳洪林，我跟你没完。"

但王世威实在是太累了，别人帮他端来饭菜时，他竟然已经趴在桌上睡着了。随后进来的岳洪林与大家一起把王世威抬到床上，轻轻地挥手示意别吵醒他。

王世威醒后，少不了骂岳洪林。不过在501电厂的大型深水泵房施工中，滑模工艺得以成功运用，效率提高了许多，仅用100天就完成了施工任务，比原定工期提前了三个月。以王世威为代表的技术人员队伍，攻坚克难，先后利用多项先进施工技术：在承建502电厂百米高烟囱施工中，三局首次采用活动自升式吊笼施工法；在503电厂的施工中，采用大跨度拱顶锚杆支护喷射砼和大面积洞壁喷射砼等技术，获得国家建委表彰；在503电厂压力输水洞施工中，又采用了当时最先进的钢模支撑成型、风动混凝土输送一次浇筑成型新工艺，输送距离达到418米，比当时的全国纪录220米几乎提高了近一倍。

王世威天天埋头摸索，将手动滑模改进成为液压顶升，不久他又改进为连动液压顶升，而且能够大面积内外筒同步滑升。这个连煤油灯都舍不得借出去的"家伙"，所节约的材料、工时无法用具体的数字表示。

怀着"要让毛主席睡好觉"的愿望，干部职工们更加斗志昂扬。程子华将军亲自选址定名的渡口水泥厂也交由三局施工，从1966年3月到12月，仅用九个月的时间，年产20万吨的水泥厂建成投产。这是整个渡口建设最基础的工程，后续十年持续建设所用的水泥，大部分靠此厂提供，而且还有力支援了成昆铁路的建设。此后他们又用不到一年的时间，建成年产180万吨的巴关河洗煤厂、500吨库容冷冻厂、年产28万吨的石灰烧结厂、宝鼎山煤矿等。其施工速度，即使用今天的技术和管理手段来评价也是非常快的。

20年后，三局在深圳创造了闻名全国的"深圳速度"，所用的滑模技术正是在上述基础上形成的。攀枝花日报记者唐波在《历史不会忘记》一文中，曾这样写道："他们艰苦奋斗、无私奉献的精神，虽历经大江的波涛冲刷，却愈发凝聚，闪耀着金子般的光辉，成为攀枝花人民永不忘却的记忆。"

5.彭帅视察"席棚城"

"先生产，后生活。"在建设渡口总指挥部招待所时，没有水，职工就去金沙江挑水，硬是用手端肩扛解决生产与生活用水。没有蔬菜，利用工余时间垦荒种菜。困难再大，没有怨言。心往一处想，劲往一处使，自力更生、艰苦奋斗。这的确是那个时代的精神写照。

刘贤说："没有这股精神，三线建设不可能搞起来。有什么保障？艰苦奋斗就是我们胜利的最大保障。"

在这困难重重的条件下，他们把聪明才智发挥到极致，发明许多土办法解决了施工中的难题。没有打基础的碎石，领导干部带头去金沙江边拣；没有模板，他们就用床板；没有混凝土拌和工具，把床板钉起来当拌盘，晚上再拆了睡觉。当时有一句俗语是这样说的："白天杠杠压，晚上压杠杠"，形容得极其形象。就这样，三局的建设者以不可思议的速度建成了12793平方米的渡口招待所工程。工程为16栋"青砖为柱、黄土为墙、小青瓦屋面、一楼一底"的楼群，这是渡口市最早的楼房。其中的第13栋最为有名，一经建成，就接待了多位党和国家领导人。1965年11月30日至12月2日，时任中共中央书记处书记兼国务院副总理的邓小平受中央委托来攀枝花考察，就住在这里。

几个月后的一天，"13栋"又迎来了一位特殊的客人。67岁的彭德怀元帅奉毛主席之命，出任总部设在成都的西南"大三线"建委副主任。1966年3月31日傍晚，他乘坐斯大林赠送给他的那辆苏式吉姆车，在朦胧暮色中驶过横跨在金沙江上的铁索桥，朝渡口指挥部开来。

渡口建设总指挥徐驰早已站在山坡上等候。

彭德怀握住徐驰的手说："真对不起，让你久等了。"

徐驰忙说："彭总，我从望远镜里已看到您的汽车停在江对岸的索桥前排队哩，本来想给桥头的护桥部队打个电话，让您的车先开过来，但是我没有这样做。"

"为什么？"彭总问。

"我怕您批评。"徐驰说。

徐驰是从冶金工业部副部长的位子上调任特区总指挥的，可以说是彭德怀的老部下。彭德怀任八路军副总司令的时候，徐驰就受命领导着一支工兵队伍，在太行山区用土炉子炼铁，制造地雷、手榴弹，为八路军生产枪支弹药。彭德怀听了徐驰的话，高兴地说："你做得对，要是我们干部的小车子不管有没有急事，都要叫别的汽车让路，那不就成了像国民党那样的官老爷了！现在参加攀枝花建设的十几万大军在这深山峡谷，最需要的就是那些物资和大型设备，而不是我彭德怀。"

当夜，站在山坡上，彭德怀朝对岸看去，只见一片灯火，层层叠叠，灿若星空。汽车的喇叭声和隆隆的开山炮声，透过夜幕和江风，阵阵传来。彭德怀激动地说："这荒山野岭中有这么多灯光啊，真像到了一座大城市，要不是那开山炮声，我还以为是到了山城重庆呢！"

徐驰说："彭总，您别看这夜里灯火灿烂，一层层盘旋而上的灯光，就像一座座高楼大厦，等明日天亮一看，这一切都没了。"

第二天清晨，当彭德怀推开窗户向外望时，对岸一座座"大楼"果真没了，看到的只是创业者搭起来的竹席棚子，它们一排排顺山而上，在荒山野岭之间构成了一座"席棚城"。伴随着机声隆隆、炮声阵阵、喇叭声声，建设工地上一片沸腾。

彭德怀对随行人员说："快，把望远镜给我拿来！"

彭德怀举起望远镜朝对岸望去，这时的他仿佛又回到了当年金戈铁马的战场，听见了进军的号角、震天的呐喊和千军万马奔腾的脚步声。他的神色是那样严肃，目光是那样兴奋。

江对岸的弄弄坪，三面被金沙江水环绕着，从地形上看如同一艘战舰，正待起锚远航。这里山峦重叠、沟壑纵横，光秃秃的很难找到一棵树木，只有裸露着的山岩在早晨的阳光下闪着赤褐色的光。几条运送物资和设备的简易公路已经修通，沿着山峦层层而上。无数的建设者正在热火朝天地劳作，山风传来他们高喊着的劳动号子，他们要把这里的山峦铲平、沟壑填平，在这块长约2.5公里、宽约1公里、高差达80米的深山陡坡上，用双手"弄"出5个大台阶、28个小台阶，盖起165万平方米的厂房，安装14万吨设备，建设一个年产150万吨钢的三线大型钢铁基地。

这是中国向工业化进军的历史上前所未有的壮举。这里正在开创世界钢铁史上前所未有的奇迹。4月1日夜，彭德怀心潮澎湃，久不能眠，提笔写下了一首诗：

天帐地床意志强，渡口无限好风光。
江水滔滔流不息，大山重重尽宝藏。
悬崖险绝通铁道，巍山恶水齐变样。
党给人民力无穷，众志成城心向党。

6.我们是"野战军"

1965年岁末，由三局负责的渡口钢厂基础工程及主要配套工程接近尾声，此时的三局第一次面临何去何从的问题。当时冶金部提出，渡口将来肯定会发展成一个城市，有许多市政工程要建设，三局素质过硬，建议留在渡口。

冶金部的提议初步得到了三线建设指挥部以及建工部的同意，消息传到三局，大家议论纷纷。刘贤同岳洪林等班子成员商议。刘贤说我们是建筑的"野战军"，就应当做难活、做大工程，为国家三线建设做更大的贡献。

有人说："可是上级的意见是要我们留在渡口啊？"

刘贤说："我们要去争取，三线建设正需要我们这样的'野战军'，所以我要上北京去。"

1966年初，刘贤赶到北京，在多个部门中反复奔走。刘贤找到建工部，副部长许世平是他的老领导，也是三局成立的见证人之一。他认真听取了刘贤的汇报，笑着说："市政工程难道不是革命工作？"

刘贤说："我们是几万人的建筑野战军，我们能为国家建设做更大的贡献。"

许世平点点头，似乎表示同意这个观点。但他没说怎么办，只说让刘贤再等等消息。

正当刘贤无计可施的时候，突然听说中央新立项了一个011系统工程。刘贤急忙又与建工部联系，许世平副部长说："我正想找你，你赶紧过来吧！"

刘贤赶到建工部，看到许副部长办公室里有几个陌生人。许世平简单地介绍说："这几位是国营松陵机械厂的人。"但刘贤还不清楚这是一家什么样的厂。

对方有人问刘贤："你们都建过哪些厂房工程？"

刘贤说："那可多了，渡口的许多厂房都是我们建的，又好又快。"

来人翻着手头上的资料说："成都一三二厂是你们建的？"

刘贤突然明白，这些人就是011系统工程的人，成都一三二厂是国家重大国防工业工程，因保密，对外都称代号。刘贤响亮地回答："当然是我们建的。"

来人又问："四〇六厂也是你们建的？"

"是，当然是。"

"让你们去贵州建工厂，有困难吗？"

"再大的困难，我们也能克服。"

他们点点头，为首的那人与刘贤亲切握手后走了。许世平送走来客，转身对刘贤说："你赶紧回渡口，动员职工，尽快赶往贵州，011系统工程将由你们来承建。三局还是建设的野战军。"

这是三局历史上一个具有里程碑意义的决定。

松陵机械厂最早是张学良在1930年修建的飞机场，1951年在此基础上创建了"国营112厂"，1957年改名为国营松陵机械厂，也就是今天的沈阳飞机工业（集团）有限公司前身。011系统工程正是根据当时三线建设的总要求，由东北转移到贵州的生产基地，如今演变为"贵州航空工业集团公司"。

刘贤"赴京"换来了011工程的建设任务。他马不停蹄地赶回渡口三局总部，宣布了这一重大决定，全体沸腾。

于是又有了在贵州大山中艰苦创业的传奇。

第三章 大山深处写春秋

人间几度凉热，黑发红颜变成白发沧桑。时光几乎可以改写一切，唯真情与赤子之心，依然在他们的岁月中闪闪发光。

1.铁脚板先锋队

1966年初，三局发布了动员令，要从渡口转战贵州。局党委决定将队伍分成两部分，一部分继续留在渡口，设立三局渡口指挥部，完成后续施工任务，由邹予明担任总指挥；另一批队伍转战贵州深山，刘贤任总指挥，实行军事化管理。

当时条件有限，车辆严重缺乏。二公司第六施工队100多名职工向党支部递交决心书，要求步行到贵州省平坝县，早日完成建设任务。第六施工队党支部书记冯怀洲和队领导同意了大家的要求，决定带队伍走到平坝，并把大家的决心书交到了公司党委书记楚福和的手上。楚福和拿着这份饱含热情的决心书，思考再三，给予支持。2月15日，公司党委批准了他们的请求。

消息传回六队，职工们都很兴奋。正准备回家探亲的混凝土工蒋显正也到冯怀洲这儿来请战："冯书记，我不回家探亲了，我也步行去平坝。"

冯怀洲说:"不行,你还是先回家吧。"

蒋显正再三恳求:"只要同意我加入步行大军,即使明年不让我探亲也行。"

"书记,机会难得,就让他去吧。"有职工为蒋显正求情。还有类似情况的陈青山也跑来要求随队出征。冯怀洲最终同意了他们的请求。

2月19日早晨,旭日初升,霞光满天。欢送仪式简单又热烈。刘贤亲自来送行,授予行军队伍一面队旗,鼓励大家高举队旗奋勇向前。楚福和在会上说:"我们是毛主席的队伍,绝不能被困难吓倒!"于是,这支包括16名党员、27名团员,共计91人的队伍踏上了从渡口到平坝的漫漫征程。

走在队伍最前面的尖刀班8人,常常跑步前行,为队伍联系吃住。尖刀班班长、共产党员谢君舜,一次高烧40度,行走困难。大家纷纷上前搀扶,劝其休息,可他坚持行军。

途中,冯怀洲向大家提出了"三走三不走"原则:即太阳大、风大顶着走,吃不上饭、喝不上水饿着走,脚上打起血泡坚持走;借老乡东西未还清不走,人不齐不走,地未扫干净、水缸不满不走。

因此,每到宿营地,大家都不顾疲劳,放下背包就开始扫地、担水、煮饭、切菜。早上出发前再行打扫,保证驻地干净。这种铁军精神,让沿途群众赞叹不已。

其中有两件事,让大家至今记忆犹新。

一天,雷应华买来两张红纸写感谢信,因售货员没发票,暂未收钱。第二天走得匆忙,他竟忘了此事,直到走了几十里路后才突然想起。怎么办?返回去必然影响行军速度。有人说"几角钱没什么了不起",有人说"这是纪律问题,不能当儿戏"……最后冯怀洲说:"这不是小事,我们可以把钱邮寄回去。"

在宿营云南元谋县时，当地旅馆只有一家有床位，可人家偏不让住。大家好说歹说，结果只同意他们在院子里打地铺。尽管如此，大家依然放下行李就扫街道、冲厕所……他们的行动感动了服务员，服务员为所有人安排了床位，还主动帮助队员们补衣服、洗衣服。临走时，冯怀洲坚决要付钱，服务员却坚持不收，他只好悄悄地把钱和感谢信一起压在茶壶底下。

旅馆的一位老奶奶感动地说："你们真是没穿军装的解放军！"

为发挥党支部的战斗堡垒作用，行程中，冯怀洲和队长等5人组成临时党支部，把施工队改为1个连、3个排、9个班，并指定骨干担任排、班长。同时开展党小组包排、党员包班、先党内后党外的一帮一、一对多的谈心活动。

从云南白露到武定，不是山高路陡，就是羊肠小道，一不小心就有可能跌下悬崖。队员们相互扶持、相互鼓励，没有一人掉队。

一天，一位队员出发时忘记拿挂包，走了10余里才猛然想起。因包里有钱和新衣服，他焦急万分，可疲累让他怎么也挪不开半步。

冯怀洲得知情况后，让这名队员直接回宿营地，自己不辞辛劳往返30余里，最终找回了挂包，让大伙儿感动不已。

经过10天的长途跋涉，行程近千里，提前4天到达昆明。云南省委主要领导得知消息后，亲自接见了这支队伍，称赞他们是名副其实的"铁脚板队"。

在云南省委的关怀下，大家乘车于1966年3月7日到达贵州平坝，迅速投身于火热的三线建设。

陈青山回忆说："许多人的脚打起了血泡，有人中途病倒，但大家坚持着，没有一个人掉队。"

二公司党委专门组织召开了远征总结会，将远征队的事迹提炼为

"铁脚板精神"。从此，"铁脚板精神"深深地烙进三局的历史，成为激励一代又一代建设者继往开来的传家宝。

据查，当时三局一共有三支"铁脚板"先锋队，分别从不同的地方步行出发，其中局总部也派出了一支队伍步行前往贵州安顺。只是二公司这支队伍人员最多、影响最大。

2014年，已经88岁高龄的陈青山回忆这段经历仍然兴奋不已。他说："走过'铁脚板'路的人，没有什么困难不可以克服，三局能有今天，就是因为敢走！"

岁月无痕，青山有证。开拓不惧远，攻坚不畏难；求实不图虚华，奉献不争名利；争先不断超越，创新永不自满。拥有一双"铁脚板"的三局人，必会走得更远。

2. 一二三四

喊着"一不怕苦，二不怕死"的口号，踏着"一二三四"的铿锵脚步，随着各路铁脚板先锋队步行挺进贵州大山，这支建筑的野战军大部队陆续转战到云贵高原。

他们的总部设在贵州安顺。这个时期，建筑系统的国家队也随着国家建设布局的调整发生了很大变化。云南总公司撤销了，成立三局昆明指挥部。一些人奉调离开了，更多人加入进来。建工部四局四〇一公司划归三局领导，成为今天三局一公司的重要一脉；二局四公司的部分人员调往贵州水城特区承担水城572电厂、水城水泥厂等工程的施工任务，按就近管理原则划给了三局，当时被称为三局五公司，也就是今天的三局三公司。

40多年后的2012年11月，三局一公司举行了企业成立60周年庆典；三局三公司在2013年迎来建司60周年；2014年4月，三局二公司也隆重庆祝60华诞。这就有了一个奇怪的现象，即上述三大公司的创建时间都比母公司中建三局还要早。为什么？因为这几大主力公司在中建三局之前成立。

一公司始建于1952年，原为华东军政委员会建筑工业部工房工程处，主要由复员军人及一些私人建筑公司人员组成，是一支具有优良传统的红色之师。曾先后承建上海中苏友好大厦、华东化工学院、龙华机场、上海锅炉厂、上海江南造船厂等新中国成立初期一大批国家重点工程。1965年，一公司奉命调迁四川参加三线建设，隶属建工部第二工程局，对外称二局三公司。1966年根据国家要求"工改兵"，公司1350名员工参军随军。1968年11月进入贵州承担水城水泥厂的建设，划归三局管理，称为"三局直属第二工程处"。1970年12月，直属二处3000名职工与原四〇一公司支内迁返浙江后留下的1847名职工合并，组建成为三局四公司。1978年11月更名为"三局一公司"。

二公司其核心主力是当年刘邓大军下属第四师的一个工程团集体转业而来。1954年，西南第二建筑工程公司在重庆成立，它由西南行政委员会建筑工程局属第四、七工程处全部，六处一部分及国防工业部八局四处合并组建，拥有职工6000余人。1955年初，二公司奉命调迁山西太原，更名为"建筑工程部华北太原工程局第四工程公司"，承担245厂、908厂、太原化工厂等工程建设。1956年，二公司回师成都，建成成都民航双流机场（时为西南最大的民用机场）、峨眉电影制片厂等国家重点工程。1965年初，二公司奉命转移渡口，参加攀枝花钢铁基地建设，同年9月划归三局，更名为"三局二公司"。

三公司前身是原建工部西南建管局第四建筑工程公司，成立于1953年12月，总部在重庆。1965年改名为建工部二局四公司，1966年建工部二局在全国率先试行"工改兵"，二局四公司第一至四工程处的3000余人整编成基建工程兵二〇四大队；1966年9月，二局四公司第五工程处精选1300余人组建成五公司，奉命调往贵州水城特区参加三线建设；1966年10月19日，建工部决定将调往水城特区施工的二局五公司划归第三工程局，名为"建工部三局第五建筑工程公司"。1978年11月更名为"三局三公司"。

四公司即三局原机械施工公司，其主要由原西南机械化施工公司、云南总公司机械化施工处组成三局机械化工程处，这支队伍一直跟随三局转战南北。1971年1月，机械化施工处改组为三局机械化施工公司，并在1974年迁到湖北，总部位于武昌县纸坊镇。1998年5月，根据市场要求，在原机械施工公司的基础上组建成立中建三局四公司。2007年11月16日，局决定对四公司实施歇业及人员分流，其人员及在建项目分别由总承包公司、华东公司和钢结构公司负责接管。

1970年3月，随着三线建设任务的逐渐完成以及地方建设需要，三局昆明指挥部及其所属队伍下放至云南省；1971年1月，三局渡口指挥部及其所属施工队伍下放至渡口市。

"革命友谊深过海，五湖四海奔拢来"，就是那个时代的写照。由三局主承建的011系统工程包括27个制造工厂和一个试飞机场，都是国家重点国防工程，配套基础工程还有水城水泥厂、水城发电厂等。这些工程同样分布在方圆数百公里的大山之中。

3.水城映山红

2013年8月17日，贵州省三线建设博物馆在六盘水市开馆。六盘水也是一座与攀枝花类似的因三线建设而兴起的城市，由六枝、盘县、水城合并而成。今天人们漫步其中，可感受到一派安宁与繁华。但半个世纪前，六盘水只是闭塞贫困的穷山沟。

1966年10月的一天，还在重庆的顾晴霞一夜未眠，抱着三岁的儿子亲了又亲。因为明天她就要去贵州水城参加三线建设。这个29岁的母亲不知这一去何时才能回家。第二天，她含着泪水同三岁的儿子告别，儿子还看不懂母亲泪水的含义。同儿子分手后，她在火车站黑压压的人群中泪如雨下。她艰难地挤上火车，一路没有吃东西，饿到贵阳时人已经感到头晕眼花了。从水城县城再乘上大卡车，一路颠簸来到一个叫夹皮沟的地方，她下车一看，大山之中，到处都是热火朝天的人群和劳动号子。顾晴霞浑身的劳累仿佛突然不见了。她知道，自己不是一个人在战斗。

这个1958年毕业于清华大学土木工程系的文弱女子就这样投身到深山沟里的建设中，起初她住在用木板和竹席搭成的工棚里，数十人一间。在这样的条件下，即使是夫妻，也得分开住集体工棚。约半年后，这里才开始有了"干打垒"的泥巴墙房子。

要在这山沟里修建厂房，就得天天开山放炮，硬生生把一座座山搬走，弄出平地来。顾晴霞天天过着炮声隆隆的日子，如果哪天没有放炮，她反而会感觉不习惯。冬天来了，夹皮沟的雪经久不化。还经常下冻雨，当地人称"桐油凝"，蒙蒙的冻雨落在树上、草上，结成厚厚的晶莹剔透的冰。虽然很美，但是对施工生产带来极大麻烦。人也不能顺利行走，需要给鞋绑上稻草防滑。屋檐下挂着一米多长的冰凌，太阳下山后，人就冻得直哆嗦。

数千人就这样在大山深处一边过着单调的生活，一边从事着繁重的工作。她所在的三局五公司（即后来的三公司）建起了水城电厂，装机容量达34万千瓦。一公司承接了水城水泥厂、安顺轴承厂等工程；二公司承建了011系统工程中的红湖、枫阳、新艺、平水、长征、青松等机械厂，以及第七砂轮厂、地方上的平坝化肥厂、清镇合成洗涤剂厂等工程。需要特别说明的是，在水城发电厂的施工中，高达120米的烟囱和双曲线冷却塔，采用了内外井架滑模技术，在水泥厂的施工中则采用了连体滑升新技术。据考证，三局是当时全国最早最大范围成功应用此技术的施工企业。

漫长的冬季终于结束了，美丽的春天到来了。是的，在那里，你才会特别感受到春天是多么美丽。工地四周的山上开着漫山遍野的映山红。顾晴霞跑到开满山花的山头过了自己30岁的生日，她很想家，想三岁的儿子。她在回忆录中这样写道："我30岁生日那天正逢星期天，难得一天假期，我独自一人在山上，想遍了同学、朋友、过去、未来，想到年届三十，不免心怀惆怅，摘了不少山上酸酸甜甜的野果吃，扯着嗓子大唱一气，过了一个今生难忘的生日。"

这个毕业于清华大学的学子，正值她一生中最美好的时节，她是工地上数万建设大军中难得的高级知识分子，同时也只是普通的一员。她把青春如种子播撒在这片青山绿水之中，把根深深地扎在坚硬的石头里，种子长成大树，一岁一岁迎风摇曳。

山上的映山红开了又谢，谢了又开。数十年后，顾晴霞自己也说："其实我们这些建设者就如同那些开在山上的映山红，只为一个信念就可以开得那么彻底，那么灿烂，无怨无悔。"

4.千锤姑娘

"让高山低头，叫河水让路"，说起来容易，做起来难。在千军万马的建设大军中，有个"女子排"，排里有个叫程立芳的姑娘这几天可吃尽了苦头。

虽然出发前她和姐妹们已经有了心理准备，但是困难还是超出了她的想象。这个工厂有一半是建在山体中，需要开山放炮清理石块，没一样是轻松的。"女子排"的姐妹们跟"男子排"一起比着干，手磨出了血泡、肩膀皮肤磨破、腰酸脚痛，躺下去就起不了床。真不想干了啊……可是，不干了还是毛主席的好战士吗？

"女人嘛，哪能上三线？"

"妇女只能转锅台，哪能抢铁锤掌钢钎？"

"小姑娘们，回家吧！"

"打一个炮眼得挥动数百下大铁锤，砸破一块大石头也得数百下。这活就不是女人能做的。"工地上小伙子开始嘲笑她们。

姑娘们含着泪水又强撑着上山了。程立芳经过"男子排"，小伙子陈道光说："看看我们是怎么打锤的。"

陈道光脱掉上衣，露出古铜色的健壮身材，挥动巨大的铁锤。铁锤就如同有了生命的精灵般翩翩起舞，击打在钢钎上迸发出灿烂的火星。那撞击的声音如同一首欢快的音乐，陈道光的身上开始发热，腾起氤氲的热气。程立芳和姑娘们愣住了，原来铁锤还可以这样打？小伙子们说："你们就去做饭吧，这山可不是你们待的地方。"

程立芳不服气，大声地说："我们也可以做到的，不信等着瞧。"

一场苦练抢锤的战斗开始了。腊月天气，北风呼啸，寒风刺骨。手背冻裂了口子，手掌磨起了血泡，每打一次，汗水就浸透一次衣裳。苦累威胁着姑娘们，困难考验着姑娘们。她们一遍又一遍地朗诵："下定决心，不怕牺牲，排除万难，去争取胜利。"毛主席的教导像一股强大的暖流，鼓舞着姑娘们勇往直前，她们重活争着干，轻伤不下一线，月月出满勤，劳动工效高。

经过一段时间的苦练，姑娘们从打十几锤增加到几百锤，程立芳更是一口气打锤上千次。只见她紧一下武装带，麻利地把头发向脑后一扎，往手掌上缠上几层纱布，然后右手轻轻一拨铁锤的把手，那铁锤如同听话的皮球一下就跳了起来。然后，她双手挥柄，铁锤就飞在了空中，划出一道优美的弧线，"砰"的一声，重重地落在钢钎上。在喝彩声中，铁锤又跳了起来，然后迅急落下，准确地击中纤细的钢钎，钢钎又向岩石中前进了。姑娘们脆生生地帮着她数数，"998、999、1000、1001、1002，哇，突破一千了！"

"千锤姑娘！千锤姑娘程立芳！"女工们惊喜地喊着，清脆的声音在贵州的大山中回荡。

欢乐的汗珠挂在程立芳红扑扑的脸上，她停止了跳动的铁锤。不远处围观的小伙子们有些目瞪口呆，她看到陈道光，陈道光正看着她，黝黑而帅气的脸上挂着笑，陈道光向她竖起了大拇指。两人的视线在空中碰撞了一下，程立芳脸更红了，娇羞地低下头。

"千锤姑娘"程立芳声名远播，三局各工地甚至其他建设单位都听说三局长征机械厂工地有个漂亮女孩能够一次挥锤超千下，纷纷来学习。

但不久，程立芳听说陈道光竟然可以一次挥锤达到3000下。确实，陈道光简直成了数十万建设大军中的"战神"。陈道光捍卫了男工们的尊严，却再也没有人去取笑女子排的姑娘们了。

程立芳等人的青春是今天的年轻人不可想象的。在那个与世隔绝的大山中，她们以青春作笔，用汗水和热血研墨，描绘着三线建设中成千上万建设者心中最动人的画卷。

5.芬芳岁月

那是一个激情燃烧的时代，是一段散发着芬芳的岁月。

1968年9月，三局分配来一批大学生，有孙文杰、洪可柱、吴国洪等，日后他们在中建系统各有建树。

孙文杰，1967年从同济大学建筑机械系毕业，正值"文革"，留校待分配。1968年9月，他被分配到三局四〇一公司，在做了一段时间的木工后去了双阳的机械设备站，负责机械设备的维护保养工作。"文革"期间，孙文杰每天挖土、修机器、抬木头、养猪、管食堂，什么都做过，就是不参与派系斗争。他买了一个小收音机，利用业余时间开始学习英语。

他不甘于平凡，又能守住寂寞。在默默劳动的时光中不忘学习，如此在贵州大山中干了7年。守得住寂寞，方能承受得了喧嚣。多年后，孙文杰成为中建总公司总经理，无时无刻不处于热闹和喧嚣之中，他也能冷静地工作和继续学习，实与这段时光有关。2014年，已经退休的他回顾这段往事，这样说道：

> 从1968到1981年，我在三局工作了整整13年。20多岁到30多岁是青春年华的最好时光，我都奉献给了国家的三线建设。回想起来，那个时候业务能力的提高是第二位的，最主要的是，在三局这座大熔炉里，锻炼了自己的思想意志、道德品格和争先意识。这些宝贵的财富，使我在最艰苦的日子里，从不放弃人生梦想，更让自己在以后的工作生涯中受益无穷。

半年后的1969年元月，李传芳、王广让、任正非等也从重庆建筑工程学院毕业同时分配到三局，其时他们都正值20多岁的青春年华。

李传芳背着简单的行李来到贵州安顺，满目荒凉中，她流下了委屈的泪水。那时她还没想到，她还要被分到更偏远的地方——双阳的四〇一公司预制连，当一名锯木工。这一年李传芳24岁，在大学时她就是风云人物，是校学生会主席和重庆学联副主席。大学一毕业，她就被下派到此"接受贫下中农再教育"。

李传芳毕竟是要强的。她自己悄悄抹去泪水，调整心情，投入到紧张的工作中。她的任务是把大树砍倒，削枝去皮后锯成木枋和木板，供三局各个工地使用。她年轻又充满活力，深受领导和同事喜欢。

几个月后，预制连来了一个瘦高的中年汉子，名叫张恩沛。李传芳听说张恩沛本来是公司领导，但被"造反派"打倒下放，也成了一名锯木工。早来几个月的李传芳与他搭伙拉大锯，教张恩沛开桁车，成了他的师傅。

张恩沛，1929年2月生于黑龙江，1947年参加解放军，曾任黑龙江省军区整训28团1营2连连长、独立团政治处干事、省委组织部指导处组长。后调入冶金部建工局安装公司工作，1964年任浙江安装公司第一、第二工程处主任。1965年率大队人马从浙江进驻贵州，系四〇一公司的核心人物之一。1965年3月任四〇一公司党委副书记，在贵州三线建设时期任三局政治部主任。但此时他受到"文革"冲击，好在他乐观豁达，很快便成了一名熟练的锯木工。多年后李传芳回忆说："张恩沛才是我真正的老师，是一个慈祥宽厚的兄长，教会了我如何面对挫折、如何坚定信念。"

是金子就会发光，很快李传芳因为普通话标准，领导让她兼任连队广播员。每天早上，第一件事就是播放歌曲《东方红》，大家就在"东方红，太阳升，中国出了个毛泽东"的歌声中开始学习毛主席著作，然后才进入车间开始一天繁重的工作。她还写得一手好文章，常常写些连队新闻在广播中播出。

后来，李传芳与毕业于同济大学的预制连混凝土班青工俞飞熊结婚。结婚之日，他们将各自的木板床拼在一起就算搭伙过日子，新房就是竹席做的工棚，没有窗户。那时，李传芳最大的愿望就是能有一间带窗户的房间，这个愿望一直到队伍调迁到湖北后才实现。在这荒凉的大山之中，爱情是他们那个时代最珍贵、最动人、最温暖的花朵，是支撑他们发奋工作的动力。

而王广让、任正非则被分配到位于贵州平坝的三局二公司安装工程处，王广让来到安装一队参与洪湖机械厂的施工，任正非则分配到安装二队生产股，参与黎阳机械厂的施工。

这一年，任正非25岁。据当年与他同一办公室的黄家锐回忆，学暖通专业的任正非当时就表现得与众不同，喜欢小改小革，比如安装管道中所用的试压泵，任正非就先画出图纸，大家一起动手制作出来。在当时十分艰苦的条件之下，任正非也表现出积极的革命乐观主义精神，思想活络而又能埋头学习。

1974年7月，正值三局调迁湖北之际，因国家开始辽阳化纤总厂的建设，任正非被借调到该厂，从而成为一名基建工程兵。日后，他创办了举世闻名的"华为集团"。功成名就的任正非没有忘记当初一起在贵州大山中拼搏的中建三局的兄弟们，偶尔会与这帮老哥们相聚怀旧。

2014年9月，已经70岁的任正非到武汉专门请在三局工作期间的老同事荀学超、王广让、黄家锐等一起吃饭，还自费送给每人一部华为手机。半世纪风云激荡，五十载时空运转，当年的青春少年都成白发老人，他们在长江边一起回忆当初的激情岁月。

而从清华大学毕业来的洪可柱则经过大半年的适应，已经从一名学生变成了一个熟练的砖瓦工。

洪可柱被分配到三局四〇一公司二大队参与云马机械厂建设，他在砖瓦班成为一名砖瓦工，他们主要负责车间的砖墙抹灰工作。这年冬天，上级要求他们在三个月内完成云马机械厂总装车间十万平方米的厂房。寒冬腊月，大雪纷飞，他和师傅们顶着风雪抢工，整天蹲在窄小的竹跳板上。洪可柱所在班组的师傅们，当年是新四军旗下的四平山游击队成员，后来进入解放军序列，抗美援朝时又参加了志愿军，回国后兵改工又参加国家建设，他们每一个人都是共和国的功臣。

这是一支经历枪林弹雨、舍生忘死的铁军之师，他们钢铁般的意志、强烈的责任感使得年轻的洪可柱深受感染，这里成了他的第二所大学，为洪可柱的成长奠定了坚实的精神基座。

1969年1月，洪可柱所在砖瓦班新分来一个清秀的小女生，名叫樊凤兰。她是地道的武汉姑娘，开朗活泼而又富有主见，自然成了工地上一帮青工的梦中情人，也如同一股春风吹进洪可柱心田。但洪可柱从来不主动表露自己的心意，只是在工作中不露声色地百般呵护这个清秀的小女生。

在交往中，樊凤兰发现了洪可柱乐于助人的品质和扎实的知识功底。有人向他请教问题，他从不拒绝帮助别人，而且不管什么样的难题到他这儿总是迎刃而解。这时候，不善言谈的洪可柱表现得特别健谈，这让樊凤兰更为欣赏。

在公司组织的一些政治活动中，洪可柱也表现出了多才多艺的一面，比如写诗、办黑板报等。但是，尽管他们互生爱慕，洪可柱就是不开口表白。

1971年，洪可柱到了另一个工地，担任了综合工长。他和樊凤兰暂时分隔，正是这样的分离让洪可柱感到了情感上的难以割舍。与他同年分配来的吴国洪劝他说："你喜欢她就勇敢地追，人家不会总是在那儿等你，你得知道有多少人盯着她呢！"

洪可柱这才下定决心。这天下班后，他走了好久来到樊凤兰的宿舍前，鼓起勇气敲开门。当他看到樊凤兰那亮晶晶的眼睛时，突然就充满了勇气。他们沿着刚刚建好尚未启用的飞机跑道走了很久，洪可柱才怯生生地牵了樊凤兰的手。樊凤兰感觉到洪可柱手上的粗糙和热烈的温度。这只手不再只是一介书生的手，而是带着长年在一线劳动锻炼出来的力量与担当，就连他手心的汗水也分明带着男人的真诚与期盼。樊凤兰没有拒绝，他们就这样手牵手走了很久，一点也不觉得累，只有满满的幸福与甜蜜！

在贵州深处的大山中，在震天响的劳动号子声中，两个怀揣梦想的年轻人终成恋人。他们的爱情之花如同那漫山遍野的杜鹃花，开得那么朴实、自然而浓烈。

人间几度凉热，红颜变成白发。时光几乎可以改写一切，唯有真情与赤子之心在他们的岁月中闪闪发光。今天提起当年往事，樊凤兰还有些许羞涩，正如这首《因为爱情》：

> 因为爱情不会轻易悲伤
> 所以一切都是幸福的模样
> 因为爱情简单地生长
> 依然随时可以为你疯狂
> 因为爱情怎么会有沧桑
> 所以我们还是年轻的模样

6.山砂奇迹

在水城电厂工地，胡企才、张君寿等人有段时间跟砂石较上了劲。他们天天如小孩过家家似的，调制试块，打碎，再调制，再打碎，看似无聊的举动背后，却是关系水城建设能否顺利进行的重大课题。

建筑需要砂石，就如同做饭需要大米一样，而水城的大山之中，要找到河砂却很困难。过去用砂，都从广西或桂黔边境运来，一是路途遥远，二是来源无法保证。河砂来之不易，如能在贵州用山砂代替河砂，不但可以就地取材，给国家节约建设资金，减轻运输负担，更主要的是可以加速工程建设。然而山砂因含泥量及杂质较高,一般并不能运用到建筑的主体结构中。这个问题,成为当时施工的拦路虎。

如何解决这个问题,成为水城会战成败的关键。胡企才、张君寿、汪镜霞、罗政策、雷富善、金承文等技术人员组成了攻关小组。他们对山砂混凝土的立方和棱柱抗压、抗拉、抗折、抗疲劳、弹性模量、变形模量、残余变形、收缩、强度软化等材性进行了数百次试验,掌握了数千组数据,得出了相应结论。那段时间,张君寿常常半夜提着马灯去观察。谁要是不小心弄坏他的试块,温文尔雅的他会暴跳如雷,追着别人骂。

有人说:"这些破玩意是你媳妇啊?天天抱着睡觉得了。"

张君寿嘿嘿地笑说:"媳妇都没有它重要啊!"

经过长时间的试验,他们终于找到了山砂运用的秘密。他们一共形成六篇关于山砂混凝土的应用试验资料及研究报告成果、专题论述,其中《山砂混凝土疲劳性能试验》一文刊登在由中国建筑科学研究院情报所出版的《建筑技术通讯—建筑结构》1977年第3期上,这是三局有记录的发表在国家级核心期刊上的第一篇科技论文。后来,此科技成果被评为"全国科学大会奖",这也是三局历史上第一次荣获国家级科技大奖。

细小平凡的山砂,在三局科技工作者的手中,变成了三线建设及后来的山区建设不可或缺的宝贝。这项成果为工程项目充分利用当地自然资源、降低工程造价、节约国家资金、加快工程建设速度做出了重要贡献。

7. "文革"风云

三局进入贵州后,所有的项目都进展顺利。刘贤根据当时的情况,在安顺等地选定42900亩荒沟山坡,种植粮食、蔬菜、瓜果、茶叶,饲养牲畜,一方面解决三局数万名干部职工的生活补给问题,另一方面支援了地方群众。就在一切都步入正轨的时候,1967年,"文革"风潮刮进了三局。许多人受到冲击,如四〇一公司的张恩沛、二公司的楚福和等均下放基层劳动。还有一个叫万德舟的人也在"文革"中遭受到巨大冲击。

万德舟,湖北黄冈人,14岁参加革命,曾是刘邓大军麾下的一名基层指挥员。新中国成立后历任教导员、县委副书记、四川古蔺县县长等职,人看上去清瘦而严谨。1953年,万德舟受命率刘邓大军下属的中国人民解放军建筑第四师第一团集体转业,成为新中国成立后建设大西南的一支铁军。万德舟在部队转业大会上说:"脱下军装、穿上工装,从现在起我们就是建筑工人了,我们要当建筑业的先锋。"

1954年组建的国家建委西南二公司,下设24个工程处,万德舟所在团是第7工程处,施工任务是恢复兵工厂、建设成渝铁路以及九龙坡电厂、507发电厂、大渡口码头砖瓦厂等。在三局从渡口转战贵州时,原华北三公司成建制地返回到原籍,万德舟奉命率领西南四公司的2000多人马增援,补充了华北三公司离开后的建制。

就是这样一个功臣,在1967年9月,被"造反派"抓了起来。据当时的见证人、二公司退休员工张学康回忆,万德舟天天挨批、被打。万德舟是张学康的世交伯伯,张学康的父亲张人俊在新中国成立前曾是私人营造厂的老板,是爱国爱党人士,追随万德舟也加入了二公司。

挨批被整的不仅仅是万德舟,还有刘贤。1967年10月,"造反派"组织夺权,三局首任局长刘贤被赶下台。"造反派"将他与万德舟一起下放到锅炉房当锅炉工。

1967年9月17日,三局成立革命委员会筹备小组。10月6日,撤销了原局机关所有的部、处、室,设立政治工作领导小组、生产领导小组和秘书处。

1968年1月3日,贵州省革委会批准成立了三局革委会,委员17人,常委7人。李玙任革委会主任，成为此时三局实质上的最高领导。刘凤来、梁勇（军代表）、岳洪林、邓继福任副主任。

李玙，生于1916年，也是一个老革命，年轻时任山东单县县委青委会书记、区委书记兼区长等。后任建工部中南三公司党委书记、建工部对外局副局长等职，1966年调任三局党委副书记。

1970年3月，昆明军区对三局实行军事管制，军管会进驻三局。张化民任三局军管会主任，杜须金、高玉峰任副主任。年底，三局革委会"补台"后由49人组成，常委15人，李玙、岳洪林任革委会副主任，后又补任贾贯之为革委会副主任。

1972年初，中共贵州省军区委员会批复成立中共国家建委三局核心小组，成员12人，张化民任组长，高玉峰、杜须金、岳洪林任副组长。

刘贤和万德舟这对好战友烧了四年开水。1973年1月23日，刘贤重新回到领导岗位，任三局革委会主任。万德舟也重新回到工作岗位，刚刚恢复工作，他就主动要求担任水城电厂工程指挥长。同年2月，贾贯之调往贵州省公安厅工作，贵州省革委"五七"干校负责人明子善（老红军）调任三局党的核心小组成员、革委会副主任。

1974年8月，军代表撤出三局。第二年初，中共贵州省委批准成立三局临时党委，委员24人，常委11人，楚福和任第一副书记，刘耀华、熊凤舞、李玙、岳洪林、张荣任副书记。同时，任命楚福和为三局革委会主任，李玙、岳洪林、邓继福、杨锦江为副主任，明子善为革委会副主任兼工会主任，张恩沛为革委会副主任兼四公司党委书记、革委会主任，刘耀华为政治部主任。

1975年4月26日，贵州省委常委傅爱农率中共贵州省委、省革委会慰问团慰问三局职工和家属。他说："你们在贵州十年，完成了140万平方米的工业、国防和民用建筑，完成了国家基本建设投资34000多万元的建设任务，使270多个项目竣工投产，基本上建成了国防系统的011基地。你们还为地方工业建成了一批工矿，如水城电厂、水城水泥厂、虹山机械厂、矿山机器厂等，为"大三线"建设做出了应有的贡献。"

"文革"终究结束，而三线建设也接近尾声，在十年三线建设时期，三局历尽艰辛，排除"文革"干扰，累计建成153个工程项目，为新中国的国防事业和国家重点建设做出了不可磨灭的贡献。

五十载风雨兼程，拂去岁月的尘埃，回头审视三线建设带给整个国家、民族的影响，可谓深远。三线建设是特殊时代的特殊产物，它为完善中国工业体系、为西南贫困地区的大发展居功至伟。

"自力更生、艰苦奋斗、大力协同、无私奉献"这十六个字是三线精神的写照，也是流淌在中建三局血脉中的文化基因。回首往昔，他们是这样说的："三线是我们出发的原点，三线精神永远是我们的精神图腾。"

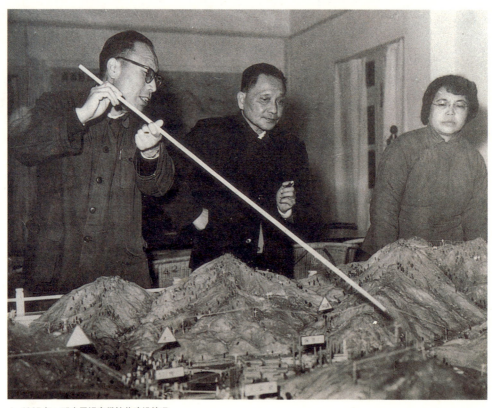

▲ 1965 年，邓小平视察攀枝花建设情况

▲ 1965 年，大批职工乘坐"十号信箱"（渡口建工指挥部代号）汽车进驻渡口

▲ 1973 年，三线建设时期的三局女兵合影

▲ 1965 年，三局职工施工"干打垒"房，建成渡口市最早的楼房，号称"万人招待所"

▲ 1965 年，三局承建的攀枝花 501 电厂扩建工程开工大会　▲ 渡口建设时期的"六金花"，其中杨桂兰是三局的职工

▲ 1973 年，三局贵州水城电厂工地技术人员研　▲ 1968 年，三局第一台车床自制成功
　究图纸

▲ 1968 年，三局职工在贵州安顺施工场景　▲ 三局建设水城时期的宣传队

▲ 渡口建设总指挥部招待所第13栋，三局在渡口修建的最早楼房，曾接待多位党和国家领导人

▲ 渡口新庄发电厂，时为全国唯一地下战备火电厂

▲ 渡口河门口电厂，时为攀西地区最大的火力发电厂

▲ 贵州双阳机场，为贵州011系统工程主要项目之一

▲ 贵州水城水泥厂，厂内窑、磨等主机设备均是国内第一次设计、制造、安装和使用

▲ 贵州虹山机械厂，为国家重点工程，总建筑面积5.51万平方米

▲ 昔日弄弄坪

▲ 攀枝花新貌

> > > 第二篇

春天故事

　　穿过三线建设的烽烟，三局千里移师荆楚。改革开放的春风吹拂神州大地，中国人开始了一个春天的故事。三局则正在经历一个从"给饭吃"到"找饭吃"的艰难转变。这不仅是三局从"国家建筑队"到"国有企业"的转变，更是国人思想深处的转变。

第四章　移师荆楚

时光匆匆，逝水流年。老一辈的三局建设者们，以他们的青春甚至是生命深刻阐释了什么是责任如山、什么是拼搏奉献、什么是信念不死！

1.饮马长江

为在中、美、苏关系间取得战略主动，毛泽东经过深思熟虑，决定打破中美间的对峙局面。1971年4月14日，周恩来总理在北京亲自迎接到访的美国乒乓球代表队，从而传出了影响世界的"小球转动大球"的外交佳话。1971年7月，美国总统尼克松的国家安全事务助理基辛格秘密访问中国。1972年2月，尼克松访华。中美关系走向正常化，进入一个新的历史时期。

此举意义重大，这使中国与世界主要发达国家的联系加强，为日后的改革开放创造了外部环境，并在当时使中国不处于两面受敌的不利局面。

此时，中建三局在贵州大山中承建的011系统工程也结束了。在国家布局进行战略性转移之时，三局的数万大军又面临着何去何从的问题。这支在三线建设中屡建奇功的"国家队"再次站在了命运的十字路口。

时势再一次把刘贤推向前台，他将又一次充当领路人的角色。

当时三局内部形成了两种意见，一种主留，一种主走。

留就是整体留在贵州省。他们对这片山水已经产生了感情，也习惯了这儿的气候，不少干部职工倾向留在贵州。但是，留也有困难，三线建设后期，留下来的建设大军不只三局一家。即使贵州省愿意接收，也不太可能一次性接收几万人。刘贤和岳洪林等三局领导班子成员十分纠结。可是如果走，又去向哪儿呢？

三局与北京方面联系，传来好消息，中央决定在河北邢台建立重型汽车制造基地，需要建设厂房、办公楼、道路，以及其他配套设施。刘贤得知消息后很兴奋，这才是符合三局"野战军"特色的任务。

但是，左等右等，就是不见正式通知。刘贤按捺不住，决定再次进京了解情况。到北京跑了一圈，得知的消息如同一桶凉水浇得刘贤透心凉：邢台重型汽车制造基地暂缓上马。因为1966年邢台曾发生强烈地震，许多专家认为，邢台处于地震带上，这样重要的基础工业选址应当更谨慎些，于是邢台重汽工程被拖了下来。刘贤十分着急，可是毫无办法。难道就真的让三局拆分、解散吗？

历史有时充满了戏剧性。当时天津大港地区发现了大油田，而驻扎在湖北的国家建委六局（今天的中建一局前身）正是一直与石油工业部合作的另一支国家建筑队伍。根据上级的安排，六局随即整体搬迁进驻北京、天津，开始了北京燕山石化总厂及天津大港油田的建设。这样湖北省就留下了一个建设队伍的相对真空，国家建委指示三局可与湖北省建委联系。

刘贤急忙试着与湖北省建委联系，湖北方面明确表示欢迎三局到湖北参与建设，只是没有系统的工程交给三局。刘贤带着消息返回贵州安顺三局总部，通报了这一情况，大家分析后，还是有两派意见：主留派认为既然都是参与地方建设，留在贵州与转移到湖北又有何区别？主迁派认为湖北的发展条件会更优越，机会肯定比留在贵州多。

刘贤拍板，不如先去湖北看看再说。1973年4月28日，他亲率各大公司领导、局相关部门负责人抵达湖北。湖北省建委的领导代表湖北人民热情欢迎了他们，并真诚地邀请三局来湖北参与建设。

刘贤带队先后到武汉、襄樊、宜城、荆州、宜昌、枝江、黄石等地考察。考察完毕后，返回贵州，召开会议通报了考察情况。

刘贤说："湖北省的态度很诚恳，而且从长远来看，湖北省的环境更适合我局的发展。"

有人提出异议："据了解，湖北的工程多为民用建筑，我们这些年多是建设工业厂房，业务上有出入啊。"

刘贤笑道："不会做就不能去学嘛！"

岳洪林也说："从长远来看，国家要发展肯定离不开建筑，将来我们还有可能建30层、40层的高楼，我们不能总守着这一亩三分地不放。"

有人说："许多职工已经在本地安家了，不愿意搬走怎么办？"

刘贤说："我们搞建设的，四海为家，走到哪都是我们的家，要给职工们做工作。"

岳洪林坚定地支持老搭档刘贤："我们本来就是砖瓦沙石，国家建设哪儿需要往哪搬，我看去湖北就很好。"

刘贤说："老岳说得对，其实我们并没有选择的余地，需要我们领导干部思想上先转过弯来，大家分头去做工作吧。"

1973年7月23日，国家建委正式发出通知，在完成贵州011工程等任务的前提下，三局分批调迁湖北，承担四〇四、六〇〇五、葛店化工厂、青山发电厂、荆门发电厂等项目的施工任务。

在历史的十字路口上，刘贤两次进京影响了三局的发展命运。五十年后的今天，我们不妨假设一下，假如在1966年的渡口时期三局选择留在渡口市、在1973年留在贵州省，就不会有今天的中建三局了。但历史没有假设，今天的中建三局正是在前辈的旗帜之下一步步发展而来的。多少白发苍苍的老职工们至今犹记当年刘贤在职工动员大会上大手一挥，豪气冲天地说："让我们饮马长江吧！"

2.千里大转移

工人杨利华蹲在菜地里已经很久了，他把菜地中的土又拢了一遍。菜地里有红色的辣椒、紫色的茄子、长长的豆角，都长势喜人。这片菜地是他响应"自力更生、艰苦奋斗"的号召，将一片荒地经过几年的精心打理，终于变成一块肥沃的熟地。作为三局五公司（即今天的三公司）的一名普通工人，他对水城这方热土倾注了太多的感情。不仅仅是菜地，才从工棚里搬出来，有了自己的干打垒房子，他实在是舍不得离开。

支秉阳，时任三局五公司党委副书记。他和许多干部职工一起在山沟奋战多年，公司才刚刚建起四层的办公楼，有独立的小院子，有黑板报、小广播，且院落敞亮明净。接到调迁通知后的一天，支秉阳走到菜地前蹲下来，和杨利华一起仔细地拔草。

良久，支秉阳说："走吧，湖北也会有菜地给你种的。"

可是支秉阳回到办公楼前还是忍不住眼眶潮湿，这幢小楼才建成没多久，是他们一砖一瓦亲手盖起来的，就这样离开了？

几乎没有什么好准备的，大家每人扛起一个旧模板钉成的木箱就踏上了征途。仅有的几台解放牌卡车拖着设备，其余的人则挤上了火车。

年近60岁的岳洪林率领先头部队抵达湖北。8月4日，成立了三局湖北指挥部，岳洪林任指挥长，明子善、刘玉龙任副指挥长。杨利华在乘坐了很长时间的大卡车之后终于到达枝江的工地，第一件事是放下旧木箱，开始搭工棚。

这里没有家，也没有亲友。他们直接拖着行李向工地奔去，所有的一切仿佛是当年进驻渡口和水城的重演，只是重重叠叠的大山变成了空旷的平原和起伏的丘陵。对了，他们许多人还是第一次看到宽阔奔流的长江。

在长江两岸，二公司首先承接了葛店化工厂；一公司承接的是荆门地区的六〇〇五工厂、宏图机械厂、荆门热电厂等工程；三公司承接的是湖北枝江四〇四厂。不久，二公司还接到华中工学院扩建工程任务，承担起武汉的八大院校建设工程。

1973年10月5日，3300人的主力大部队进驻湖北，其中枝江四〇四厂1100人，荆门六〇〇五厂1200人，中南金属结构厂和湖北化肥厂共1000人。到年底，全局员工共计14650人，约有一半员工已经进驻湖北，饮马长江成为现实。

3.西瓜皮与铁姑娘

1973年，李传芳所在的水城水泥厂工程竣工，她和队友们成为三局最早调迁到湖北的队伍之一，然而一切又得白手起家，从头再来。

进入湖北后的第一个工程就是宏图机械厂。这里原先有一幢三层小楼，小楼一层住着宏图机械厂内部员工，二层是办公室，三层便是李传芳所在的工程队。

李传芳第一次住进了有玻璃窗户的房子，她别提有多高兴了。

但是这房子有一个问题，没有下水管道。工人们图省事，就直接从窗户向外泼水，时间一长，后窗的楼下就成了污泥塘。李传芳跟工程处领导提出安装下水管道，但领导考虑到费用问题没有同意。李传芳想这样下去迟早要出事，果然这一年夏天就出事了。

一天，住在三层的一公司职工们吃完西瓜后，又跟往常一样将瓜皮从后窗扔出去，瓜皮溅起的污泥飞进了一层的宏图机械厂职工宿舍中，弄脏了人家的衣被。这让人家怒不可遏，纷纷上楼来与一公司的职工理论，从口角渐渐发展成了打斗。

这就是一公司进驻荆门后比较著名的"西瓜皮事件"。事件发生后，组织上派李传芳负责协调，经过她细致耐心的工作，最终与机械厂方面达成和解。

不久，李传芳出任施工队队长。其时施工队不好管理，吃"大锅饭"的体制下，部分职工就"磨洋工"，因而效率比较低。后来改成定额制，工人们的积极性是提高了，但又有了新的问题，许多工人早早就去上班，拼命抢工把三天的活一天干完，然后其余两天就干别的事。如此一来，又改回考勤制。李传芳"双管齐下"，一是自己带头，二是将出勤和计量相结合。她凭借自己身体素质好，200来斤的水泥预制板抬起来就上墙头，由于她积极肯干，因此被机械厂的领导称为"铁姑娘"。但她终究不是铁打的，繁重的体力劳动影响了她的身体健康，她的第二个孩子也流产了，可她只休息了几天又坚持工作。

队长这么拼命，工人们也跟着拼命，计量制也提高了工人们的积极性。她的施工队是唯一每年都能完成计划的单位。

因为条件艰苦，没有幼儿园和托儿所，许多职工只得背着孩子来上班，效率低而且危险性大。李传芳想出一个点子，组织女工轮流看管孩子。这个办法短期内作用很大，大家都能轻装上阵，工作起来效率自然高了许多，但这终究不是长久之计。一天，有个孩子因疏于看管掉入厂区的洗灰池中淹死了。听着孩子母亲撕心裂肺的哭声，李传芳陷入了深深的自责。几天后，她的一个邻居，也是她的好姐妹又在另一个工地出了安全事故。这几件事让她受到极大的打击，"铁姑娘"一度患上了神经官能症，整夜整夜地失眠，甚至出现了幻觉。

三局调迁湖北后，一切都重新开始。这个白手起家的过程是如此艰难，不仅仅是工作，还有生活以及情感。值得庆幸的是，她在领导的关心和亲人的陪护下慢慢走出了阴影，她将要开启新的征程。

4.我们可以

1975年3月，三局的首任局长刘贤离开三局，调入四川省测绘局任局长。刘贤一生戎马倥偬，为革命事业奋斗不息，他是三局的主要创立者之一，特别是在关乎三局早期发展的两次重大抉择上，发挥了至关重要的作用。刘贤于1987年光荣离休，后于1995年7月病逝于成都，享年77岁。

1975年5月8日，三局机关从贵州安顺搬迁到武汉市，标志着三局基本完成了这次整体转移。

三局与湖北省协商后，相关机构也都落户湖北：其中局机关设在武昌洪山区；一公司因在荆门的工程较多，驻扎荆门；二公司选址武汉市武昌县（今江夏区）纸坊镇，后又迁往武汉洪山区关山；机械施工公司、机械修配厂也设在纸坊镇；三公司定在蒲圻（今湖北省赤壁市）。

1975年，洪可柱和樊凤兰也随队转移到湖北荆门，组织任命洪可柱为三局灯泡厂厂长。这个灯泡厂是当年建工部六局转移时留下来的，厂里仅有一条残缺不全的白炽灯泡生产线，三局一公司"接管"六局的地盘后，为解决职工家属的就业问题，决定再投入一部分资金重新开张。洪可柱开始充满激情地筹备灯泡厂，整理厂房、建章立制，一方面聘请上海亚明灯泡厂名师做岗位培训，一方面想方设法修复生产线，他专门到武汉购进大量的灯泡制造工艺类的书籍来学习。灯泡厂在鼎盛时期发展成中南地区同类企业前三名。

这个处于计划经济与市场经济夹缝中的集体小厂，虽然在三局的历史上影响不大，但其完全竞争状态的市场环境，让洪可柱早早就感知到市场的气息，接受了市场的洗礼，培养了他的竞争与成本意识。洪可柱与樊凤兰在1976年结束了长达7年的爱情长跑，结成伉俪。

三局的队伍继续开进湖北，三公司率先进入湖北枝江的工程一处，边搬迁边施工，当年就超额完成工程任务，被湖北省国防工办评为"工业学大庆先进单位"。

但上述都只是三局先头部队的小规模战斗。真正的大战，很快就开始了。1976年，二公司承接到青山热电厂工程，这是他们来到湖北后碰到的第一场硬仗，主要挑战来自于150米高的烟囱施工任务。岳洪林问二公司党委书记王培生，有没有把握拿下来？

王培生是一个话语不多的人，沉默半晌后说："没问题，我们可以。"二公司决定采用液压滑模技术，这项技术在渡口时期初创，经过多年的发展，已经有了一定的进步，但是应用于这么高的构筑物还是第一次。为保险起见，二公司派出技术人员到一些做过烟囱的企业学习取经。当别人听说要用滑模技术时，当即否决。其时正值冬季，武汉的冬天寒冷而漫长，可工期又紧，不可能等到明年春天再开工，但是冬季低温又是混凝土的天敌，怎么办？时任二公司二处队长的王汉民提出了一套方案，二公司组织人员进行认真评审后，上报给岳洪林，得到肯定的答复。他们采用的方式是，把烟囱的作业面用篷布围住，引来电厂的热蒸汽，形成温室效应，轻松化解了混凝土冰冻和内外温差的问题。

滑模经过改进也达到了施工要求，最快时一天能上升四米左右，这在当时是一个奇迹般的速度，这项技术不久又被成功运用到荆门热电厂的施工中。

二公司赢得了信誉与尊重，但是此前三局都是以工业建筑为主，进入湖北后，更多的是民用建筑。为解决这一问题，二公司开展劳动竞赛，当时二公司一共三个处九个队，每个处选一个队进行竞赛，同一天开工，看谁完成得最快。开始是"背靠背竞赛"，后来又在武汉地质学院（现中国地质大学）开展"面对面竞赛"，这大大提高了二公司的整体素质与施工水平。

1978年10月，国家建委调整三局领导班子，岳洪林任三局临时党委书记，楚福和任三局局长。11月，三局正式将原三局四公司改名为"三局一公司"，原三局五公司改名为"三局三公司"。

1979年，武汉地质学院在武昌南望山兴建。当时湖北省分管教育的田英副省长等领导到现场视察，校方提出当年10月要招生开学，对建筑业十分熟悉的田副省长摇摇头说："不可能哟，只好等到明年再说。"要是换了其他人听到这话还真是求之不得，可是作为该工程总指挥长的万德舟却"不识时务"地再次表态："没问题，我们可以的，我们保证不影响学校按时开学！"

说到就要做到，7至9月间，万德舟带着职工大战三个月。此项任务主要是由二公司第一工程队负责。施工高峰期，时值"火炉"武汉最热的季节，即使是炎热的中午也坚持施工，人人都晒得如同黑猴一般。万德舟常常半夜前来工地突击检查，可是此时的万德舟已经病魔缠身，身体虚弱。

三军用命的结果是他们果然优质高速地建成了武汉地质学院3栋近2万平方米的教学楼和宿舍。地质学院歼灭战的胜利，翻开了二公司发展史上新的一页。省委、省政府召开现场会，对二公司的辉煌战绩给予了充分肯定。

人称"自行车经理"的黄随保让老职工们印象深刻，他是当时为数不多的大学生，1963年参加工作，战渡口，征贵州，1975年又随队调迁湖北，此时他正任二公司副经理兼二处主任，但你从外形上根本看不出他是一个"知识分子",他总是骑着一辆"二八"的载重自行车,戴着一顶大草帽或藤条帽(相当于现在的安全帽),卷起裤腿儿,一脚高一脚低地踩着自行车奔波在华工、地大、武工大、测绘大学等各个工地之间,抽的是自己卷的叶子烟,唯一不同的是他总随身带着一本书。

1984年8月30日,通过职工代表大会民主选举,黄随保以97%的选票当选二公司经理。

随后数年中,二公司陆续承建了武汉地区十几所大专院校工程,其中武汉地质学院、中南民族学院和中南政法学院是全新建设项目,武汉地质学院、中南民族学院更是创造了当年开建、当年招生的奇迹。

5.激战荆门热电厂

就在二公司的院校工程和青山热电厂工程建设进行得如火如荼之时,一公司承接到荆门热电厂。相比青山热电厂,这是一个规模更大、工艺更复杂的项目。张恩沛在"文革"中受冲击后复出不久,于1975年开始任三局革委会副主任兼一公司党委书记、经理。他的身上有着显著的雷厉风行、敢作敢为的军人气质,此时作为总指挥再一次站在前台。

荆门热电厂是三局进入湖北后的第一个大型建设项目,总装机容量62.5万千瓦,主要工程有主厂房、主控制楼、输煤系统、化学水处理系统、32公里长的钢管双线取水管道,以及高180米、210米的烟囱各一座、淋水面积3500平方米、高90米和淋水面积5000平方米、高115米的双曲冷却塔各2座,堪称一套"小三线"工程。

这一仗关系到一公司调迁湖北能否扎下根、站住脚。公司决定把机关本部搬到现场办公,简单地搭起一个工棚就是办公室。没有干部和工人之分,大家一起劳动,一同吃饭,这也是从三线建设时期传承下来的好传统。施工高潮时,职工家属、子弟学校的孩子们都参与到施工生产中，甚至连幼儿园的小朋友也参与到端茶送水的行列，整个工地热火朝天。

一天傍晚，劳累一天的员工们在工棚中休息，张恩沛例行巡视工地，这是他每天必须要做的工作。突然工地传来微弱的"救命"呼声，这个声音似乎很遥远，又好像很近。张恩沛一个激灵，"莫不是发生了安全事故？"这对刚进入湖北的三局来说，绝对是不可承受的沉重打击，他忙顺着声音的方向寻找，终于在一处开挖的基坑中发现了呼救的人。只见三名灰头土脸的女工正疲惫地在一处坑道中抬头看着他。张恩沛急忙大声呼喊，大家纷纷从工棚中跑出来，张恩沛连声命令："搬梯子，送水来！"

大家七手八脚地救起了她们，原来这三人是灯泡厂的女工。

在热电厂项目最忙时，灯泡厂也派出女工们过来帮忙，这三名女工工作异常努力，只想着多帮企业一点忙，却因为经验不足，随着基坑越挖越深，竟然在深坑中爬不上来了。

张恩沛又是感动又有几分好笑。救出她们后，马上宣布一项纪律，以后凡收工前必须进行现场清理工作，查看人员、机具、用电等情况，做到工完场清。

谈到施工管理，不能不提一个叫侯公权的人。侯公权出身于上海建筑世家，祖上从民国时期开始就是上海滩知名的木结构建筑营造商，专门承建纯木结构建筑。新中国成立以后，私营企业收归国有。1952年，只有20岁的侯公权加入了华东军政委员会建筑工业部工房工程处（即一公司前身），意气风发地投入到祖国的建设事业。他是当时建筑工地上少有的文化人之一，特别是成本意识远超其他人，在贵州三线建设时期就开始排工期、写方案、做预算、组织生产。在荆门热电厂，他开创性地提出"综合单价"概念，经他仔细核算后得出公司承建烟囱类构筑物的综合单价为1万元/米,这也为后期一公司在此项目上实现赢利打下了坚实基础。

新中国成立初期,我国建筑业的管理普遍都比较粗放,但是管理水平的提高绝非一朝一夕之事,需要一个漫长的积累和自我修正的过程。三局此后的项目管理以及企业管理独成一派,既有被动学习其他先进企业的方面,但更多的是依靠自身的积累成长。又或者说,管理手段或许有高下之分,但绝无好坏之别,只有适合不适合本企业的需要。因此,只有懂得自我修正、自我完善的企业才能永葆青春活力。

滑模技术再一次在项目中大放异彩,在冷却塔的施工中采用钢模"双翻"、爬升运输和多嘴喷涂技术,而在烟囱的施工中采用无井架液压"双滑"工艺和激光铅直对中技术。这些技术的应用对三局以后的发展至关重要。技术的发展同样是一个长期积累的过程,三局的一些具有核心竞争力的技术就是在长期的施工中依靠数代人的积淀得来的。一批管理和技术方面的青年人才也在荆门热电厂的施工中涌现出来,李传芳已经是独当一面的工程处负责人,樊凤兰也成为一公司二处主管生产的副主任。还有王毓刚、吴国洪、俞飞熊、罗君东等人,都在各自的岗位上发挥着重要作用。

荆门热电厂的成功还标志着三局开始赢利。三线建设时期,三局执行的是配给制,即工程项目、材料、设备等都由国家安排,住房、食宿等虽然条件艰苦但也都由上级统一分配,企业只管生产,不用担心吃饭问题。后来,国家开始对三局实行预算制,指示三局在完成国家分配任务的同时要自己找活干养活自己。队伍转入湖北后,自己养活自己的形势更是紧迫,"等、靠、要"的观念必须彻底改变。荆门热电厂的成功承接,第一次实现了企业的赢利,虽然不多,却是向市场迈出的坚实一步。

6.晴川历历孤舟远

"晴川历历汉阳树，芳草萋萋鹦鹉洲。"唐代大诗人崔颢站在黄鹤楼上写下了千古名句。位于武汉龟山脚下的晴川饭店，背倚龟山，面朝大江，至今依然雄伟瑰丽。

今天的大武汉，高楼大厦如雨后春笋。但是当年的晴川饭店却是武汉第一高楼，是江城开放的最早标志。滚滚长江、滔滔汉水，荆楚大地，先贤辈出，风流何曾少过？从晴川饭店开始，三局建设者就不断刷新江城的天际线。

三局在前期的一系列表现，得到了湖北省政府和人民的信任。1980年，他们把当年的武汉第一高楼——晴川饭店交给三局施工。晴川饭店24层、高88.6米，这在当时的国内并不多见。三局还从来没有承建过如此高大的民用建筑，这是极大的挑战。

时任副局长兼二公司党委书记的万德舟派张希黔任本工程的主任，抽调二公司精干力量进驻现场。结庐龟山下，汲水长江边，在项目上，他们过起了近乎原始人的生活，好在员工们都是从贵州的大山中走出来的，很快也就习惯了。

第一道难题就是晴川饭店离长江只有50米，地质条件复杂，多为流沙土质，开挖速度没有透水速度快，而且泥沙随时有塌方的危险。张希黔以前没遇到过这种情况，他只能边摸索边请教。

他一方面利用武汉高校众多、专家学者云集的优势找人咨询，一方面让人查找国外的相关资料，他还真总结出了一套解决地下水和流泥地质的方法——浅层放坡、打深井降水，同时采用多台高压水泵抽水，还开创性地运用锚杆边坡支护等工艺。这些工艺在今天看来或许很平常，然而在1980年却是具有开创性的。

第二道难题是他们竟然买不到用于高层施工的塔吊和施工电梯。当时全国范围内的高层建筑并不多，塔吊和施工电梯更是稀罕物。但是如果没有这样的施工设备，高层建筑只能说是空中楼阁。

从这个侧面也说明当时中国国内的装备制造业水平较低。这个难题出给了局临时党委书记岳洪林、局长楚福和及万德舟。难道还用传统的肩挑手扛？

岳洪林、楚福和与万德舟站在施工现场，面前是张希黔以及一大帮从渡口一起走过来的同事，他们眼巴巴地看着三个领头人。

岳洪林对大家表态说："我们一定会想办法弄到设备。"可是到底怎么弄？有钱也没地方买啊。万德舟提议，要不派人去建设部看看。

派出的技术人员到北京找建设部，但建设部告诉他们，他们所需的大型塔吊只能先打报告申请去国外购买，可这样一来费用太贵，二来时间不等人。正在一筹莫展之际，建设部有人说，我们只有一套来自波兰的加工塔吊的图纸，要不要？

他们只得带着图纸返回武汉，万德舟叫来工程技术人员认真研究图纸，突然说："我们按这个图纸，自己做一套塔吊和施工电梯吧。"可这是个技术活，大家从来没有做过啊。但万德舟说："凡事都有第一次，没有做过就不能试试吗？此外你们还有别的法子吗？"报告再次送到岳洪林、楚福和这里，局两位主要领导在关键时刻对万德舟的想法表示了支持。

于是，生产塔吊的任务被安排到二公司第四工程处。第四工程处位于武昌县（今江夏区）纸坊镇，主要从事预制机件和简单的铁件加工。

"做一台塔吊？"他们接到任务后也有些发愣。万德舟拖着病体赶往车间为员工们打气，说："凡事都有第一次，外国人能做的，我们为什么不能做？我相信你们能做出来。"

就这样，自己加工塔吊和施工电梯的工作开始了。他们边做边学，有人负责细化图纸，有人负责找技术参数，有人负责材料采购，有人负责焊接工艺。几个月后，加工好的塔吊运到工地，安装上去，没想到竟然完全符合要求。再后来，施工电梯也加工完毕。这两样设备大约是三局历史上第一套现代化的施工机具，而且是自己加工完成的。

因为有了这次成功的先例，后来二公司曾一度想把第四工程处改为"工业公司"，走一条专门生产施工机具的路子。那时中国的施工机械生产还处于起步阶段，中联重科、三一重工等企业还没有创建。他们算是先行者，但是最终因"不务正业"的反对理由而流产，工业公司成立不到两年即下马。如果他们坚持走下去，说不定今天在中建系统的序列中会有一家企业叫"中建重工"。

三十多年后，当过"工业公司"经理的张学康在接受采访时，依然一脸惋惜之情。

塔吊和施工电梯的成功运用使得晴川饭店的施工进度大大加快。主体还没封顶，全国各地前来参观、取经的同行络绎不绝。在当时，谁也没见过这么先进的施工工艺，确实都感到稀奇无比！

就在这时，万德舟病倒了。1981年4月，万德舟的肝病越来越严重，当时晴川饭店项目正在紧张施工，他放心不下，坚持让家人搀扶着到了工地现场。

他的眼睛接近失明，家人和同事们扶着他慢慢走进施工现场。万德舟如同抚摸着最疼爱的孩子一样，轻轻地抚摸着新浇筑的混凝土梁。江风浩荡如歌，白发飘扬如旗，万德舟喘息着说："这我就放心了！"

仅仅几天之后，1981年4月27日，万德舟因严重肝病引发静脉血管大出血，经抢救无效在武汉中建三局中心医院与世长辞。局及二公司为万德舟举行了隆重的追悼会，许多曾追随万德舟一起出生入死的老职工自发前来，痛哭流涕。大家说，万德舟一生无愧于党，无愧于三局。

时光匆匆，逝水流年。万德舟和以他为代表的老一辈三局建设者们，以他们的行动深刻阐释了什么是责任如山、什么是拼搏奉献、什么是信念不死!

晴川历历今犹在，长江滚滚孤舟远。万德舟确实可以放心了，他的继承者们没有辜负他的期望。1981年，全局竣工面积34.89万平方米，完成总产值首次突破8000万元大关，实现利润588万元，连续四年实现赢利。至此，三局完成了"立足湖北、走向全国、放眼全球"三步走战略中的第一步。

第五章　深圳速度

深圳国贸大厦高高耸立，直插云霄。建设者在这里创下三天一层楼的建筑奇迹。不仅是速度，青灰色的墙体在夜灯的照射下，像婴儿的皮肤柔和光滑……沉默的墙体有了生命，是大楼的精灵，它们在欢歌，在向建设者微笑。

1.大抉择

1979年4月5日，中央在北京召开工作会议。广东省委汇报了利用广东的地域优势，在沿海划出一些地方单独管理，设置类似海外的出口加工区和贸易合作区，以吸引外商前来投资的想法。

会议间歇，邓小平与广东省委第一书记习仲勋谈话。邓小平说，你们上午的那个汇报不错，在你们广东划出一块地方来，也搞一个特区。过去陕甘宁边区就是特区。中央没有钱，你们自己搞，要杀出一条血路来。

这次会议正式明确深圳、珠海、汕头和厦门试办出口特区，并指示广东省委先重点抓好深圳。

1980年3月末，国务院在广州召开广东、福建两省工作会议，研究并提出了试办特区的一些重要政策，并同意把原拟的"出口特区"名称改为"经济特区"。1980年8月26日,第五届全国人大常委会第十五次会议批准了《广东省经济特区条例》。这一天,成为深圳经济特区成立日。这也是中国全面走向改革开放的重要标志,是这个伟大国家的重大抉择。

1981年10月的一天,岳洪林在办公室接到国家建工总局的来电,希望三局派人到深圳特区承揽任务,以支援国家对深圳特区的建设。放下电话,岳洪林就先找楚福和商量。岳洪林说:"特区建设工作量肯定巨大,这将是我局的一个机会。更何况我局一向以响应国家号召为己任。"

楚福和也说:"是啊,我们三局似乎与'特区'特别有缘,当年在渡口时就称之为'攀枝花特区';队伍开拔贵州后,所在地又称为'六盘水特区';这一次的'深圳特区',我们三局当然是不能错过的。"两个主要领导在出征深圳的重大抉择认识上达成了一致。

派谁去呢?岳洪林提出了张恩沛。他说:"我看先期派出一公司比较合适,主要是基于三个理由,一是张恩沛是个勇于开拓的领导,他早就有出征的愿望;二是一公司待在荆门这个内陆城镇,任务量不大,也需要找米下锅;三是一公司在承建荆门热电厂、荆门炼油厂之后,资金积累比较充裕,还有部分材料节余,有冒险的本钱。"

楚福和表示赞成:"张恩沛是当兵的出身,敢闯敢拼,有责任、能担当,我看行。"

岳洪林、楚福和召集局领导班子成员开会讨论,时任副局长明子善、杨锦江、刘玉龙,副书记熊凤舞、张荣、王亚平等均一致同意派一公司赴深圳开拓的决议。

张恩沛临行前去找岳洪林汇报,楚福和正好也在。岳洪林亲自端上自己刚沏好的茶,说:"大胆去吧,这杯茶,算我们班子给你壮行。"

张恩沛看着两位老领导、老战友,有些不安地说:"万一失败了怎么办？"

岳洪林和楚福和对视一眼，觉得有必要给他再壮壮胆。岳洪林说："我给你设想三种情况，一是赔它个几百万，二是不赔也不赚，三是赚一点回来。不管哪一种情况，我想局党委都是可以接受的。"

楚福和郑重地说："无论什么事情，我们都要大胆地去试一试。我想中央搞经济特区也是没有经验的，中央领导都不怕，我们'光脚汉'怕什么？"

岳洪林说："国家建工总局对我们提出了三点希望：一是创名牌、树信誉，影响东南亚；二是用我们的力量抵制境外力量；三是总结一套与外商打交道的经验。这也是我们代表组织对你提出的希望，你要努力去实现它。"

张恩沛得到局领导集体的支持，信心满满，仰头喝下那杯茶，颇有壮士远征之慨。第二天，张恩沛带着夏祖根（一公司合同预算科科长）、刘敏智（局经营部工作人员）两人踏上了南下的火车。

就在张恩沛率队出征深圳之际，1982年6月26日，中国建筑工程总公司在北京成立，原国家建工总局下辖的六个工程局和四个设计院全部划归中建总公司。此后，中国人民解放军两个基建工程支队集体转业，分别组建成中建七局、中建八局。从这一天起，国家建工总局第三工程局正式更名为"中国建筑第三工程局"，简称"中建三局"。

按国家行政机构改革部署，原建工总局行政职能部分划归新成立的建设部，而企业经营部分改立"中建总公司"。变"建工总局"为中建总公司，不只是更名那么简单，这意味着由计划经济向市场经济转型，由国家指令性计划的"给饭吃"转变为必须自己主动向市场"找饭吃"。谁能敏锐地看到这一点，谁就能先行一步。在这一重大转型期，以岳洪林、楚福和与张恩沛为代表的中建三局建设者，是名副其实的先行者。

2.四砸马赛克

先行者往往也意味着更多艰辛与更高风险。

1981年的深圳，还是个偏僻的小渔村，同时是一个大工地，到处尘土飞扬，别说宾馆很少，就算有，张恩沛也舍不得住。他和夏祖根、刘敏智住进了一间板房中。

他们白天奔波在各个部门之间，找工程、要任务；晚上就在活动板房中下点面条凑合一下，碰头通报情况，相互鼓励打气。其时，深圳建设刚刚起步，任务量不算太重，更何况深圳曾一次性接收了两万名的兵转工基建部队，任务一般要优先安排给他们。与张恩沛同来的其他单位的同志看机会似乎不大，先后回去了，但是张恩沛却下了"不接任务誓不回家"的决心。他们苦苦煎熬了多日，不停地给自己鼓劲。

"再坚持一下！"人生往往就是这样，可能你坚持了很久，觉得再撑下去也是徒劳，但只要你咬咬牙，再坚持一下，便可能柳暗花明。张恩沛的"再坚持一下"为他们赢得了进入深圳的第一个任务——市人民医院门诊部工程。

这个工程并不大，张恩沛的原则是"任务不分大小、条件不分好坏、路途不分远近"，只要有利可图就上。更何况这是三局进驻深圳特区的第一个工程，不仅要做，而且必须做好、做精，即使是杀鸡也要用牛刀。

1982年大年初四，正当人们还沉浸在春节氛围中的时候，一公司一支13人的先遣队在张恩沛的命令下再次进驻深圳，领队为一公司副经理王亲民和二处主任王毓刚。关于这段历史，王毓刚在2014年有一段回忆是这样写的：

> 我们到达深圳后，在一间18张床位的招待所里安顿下来，以这里作为先期工作和生活的暂居地。在王亲民副经理的安排

下，我们分成了几个工作小组，我在任务承接组。

当时深圳市政府的办公地点在现在的市委大院，政府部门很精干。全市的基本建设管理部门叫作基础工作组，在市委大楼一楼的东面。他们很快帮忙解决了几块临时用地。一块是做加工厂用的，占地近2万平方米（即现在的深圳特区报社所在地），另一块做临时仓库（即现在的国宾大厦所在地）。

当时基础工作组一位叫陆炳生的科长很热情，他给初来乍到的我们推荐了一个议标工程，即位于深圳市建设路和深南大道交汇处东北角的人民医院门诊部。当时，深南大道路段正在大开挖做地下方沟，其他很多地方也都在挖方填方，我们所处的地方就是一个工地，整天都是尘土飞扬，喧嚣声不断。在这样的环境中，我们不仅没有烦恼，反而处于一种莫名的兴奋之中：南下"找米"找对了。

张恩沛指示要不计成本，用绣花般的功夫做好这项工程。为了做到文明施工，他们在马路边砌了围墙，还刷了白灰，自己掏钱主动将工地与马路完全隔开，尽量减少对市容市貌的影响。这一举动在今天看来太过平常，但是在当时全国都不多见。

工程优质高效地推进，特别是装修真正做到了精雕细刻的程度。在贴山墙马赛克的过程中，第一次业主发现一些小问题，他们二话不说，指挥工人打掉重新做。再请业主来看，业主认为差不多了，他们心知肯定还是不够满意，又主动打掉重新再贴。业主又看，认为不错了，但是张恩沛又发现了一些小问题，再一次主动砸掉重做。业主十分惊讶，张恩沛说，必须精益求精才行。直到第五次，贴上去的马赛克可用精美绝伦来形容，这一次业主无论如何也不让砸了，拦着他们说："这些都是艺术品啊，再打掉我们就不依了。"

当时在安装铝合金门窗时，因为对工艺、技术都不熟悉，也是再三返工。此项工程，张恩沛承认并没有挣到钱。这似乎不合乎他"只要有利可图就上"的原则，但是他为什么要这样做？只是"利"在张恩沛眼中，并不仅仅是眼前的"蝇头小利"，还包括企业信誉、客户信任、工程质量，以及技术积累和人才培养。真正的围棋高手或者三军统帅，从来不纠结于一城一池的得失，而是把眼光放在更为开阔的全局。张恩沛是这样的高手，他赢得了比金钱更珍贵百倍的东西——信誉！

1985年，"海尔"创始人张瑞敏曾经因为砸掉73台有质量问题的冰箱而闻名，1982年"张恩沛四砸马赛克"的故事尚鲜为人知。今天我们回头解读这两起"自砸"事件，无论是张恩沛"四砸马赛克"，还是张瑞敏"砸冰箱"，都表现出那个时代的企业家对产品质量的孜孜追求，对客户高度负责的态度和精神。这种精神对自己的企业亦影响深远。截至2015年，三局先后荣获156座鲁班（国优）奖，这在同行业中首屈一指。

三局在深圳市人民医院门诊楼项目的"牛刀小试"，让医院领导十分满意。市基建办马上决定又给了深圳电讯大楼和金城大厦两项工程。为三局在深圳特区站稳脚跟打下了良好基础，由此也为三局发展史上一个具有里程碑意义的工程——深圳国贸大厦的承接埋下了伏笔。

3.鱼与熊掌

1982年8月，电讯大楼工程正上主体。此时，深圳已开始以招标的方式发包工程，逐渐形成了公开竞争的建筑市场。三局边干电讯大楼边追踪新项目，准备利用已有的信誉和竞争的机会接一个大工程。他们承接到港资工程"金城大厦"，但就在这时他们得知，深圳国际贸易中心大厦即将招标。

深圳国贸大厦，53层（其中地下三层），设计高度160.5米，建筑面积约10万平方米，将是中国第一高楼。比30层高、6万平方米的金城大厦，多出了4万平方米。如果能够承接深圳国贸大厦工程，其深远的意义不言而喻。他们暗暗下定了全力争取国贸的决心。

可是，市基建办副主任丁学保代表深圳市政府对他们明确表示："如果你们要参加国贸的投标，就必须放弃金城大厦。"他们的态度也很坚决："我们两个都干，力量还用不完。如只允许干一个，我们宁可放弃金城大厦，也要争取国贸！"

一边是到了嘴的肥肉，一边是飞在空中的天鹅，鱼和熊掌不许兼得，怎么办？

局及公司内部产生了严重的分歧，致使张恩沛也难以取舍。整整一周的时间，他吃不下，睡不着，满脑子纠结。有朋友劝他："别傻了，捡到篮子里才是菜，到手的肥肉不吃，为一个虚幻的天鹅梦较什么劲？"

也有老同事打来电话说："张经理，你不想想，金城大厦也不差啊，万一你投标国贸落选了，你怎么向全体员工交代？"

还有一些老领导也劝："你好不容易才在深圳打开局面，你的功绩足够大了，没必要再冒险了。如果不中标，金城大厦也没了，会影响你的发展啊。"

就连金城大厦的业主也来了，说："如果放弃国贸大厦的投标，你们施工金城大厦，我们愿意每平方米给你们增加30港元。"金城大厦6万平方米，也就是一共增加给他们180万港元。

那一个星期对张恩沛来说如同一年漫长。这些朋友、同事和领导的劝说都很在理，可是，中国第一高楼的诱惑更大啊。中建三局能在这样的机会面前退缩吗？

张恩沛召集大家开会，说"金城"是可以多赚一些钱，但做完也就做完了，能给企业带来什么？能有什么影响？而"国贸"是中国第一高楼，虽说经济效益目前难以估计，但产生的影响不可估量，给企业带来的社会效益将是长远的。

王亲民、王毓刚看着张恩沛，同时表态："张经理，无论你做出什么决定，我们都支持你。"

张恩沛向岳洪林、楚福和请示。岳洪林问："当初你们进深圳时，我们是不是给你提过三点希望？"

张恩沛说："是，我牢记着。"

岳洪林说："既然如此，我想你已经有了答案了。"张恩沛豁然开朗，"我知道怎么做了。"

他放下电话，面对与他朝夕相处、并肩作战的同志们，狠狠一拍桌子说："放弃金城，全力投标国贸！"放弃在手的"鱼"，去争可能失去的"熊掌"——这是他的第一次拍板。

张恩沛并不是头脑发热才决定参与投标，他说，局领导大力支持，这是"天时"；在深圳已有一定社会影响，这是"地利"；内部职工团结，这是"人和"。三项都具备了！他有充足的底气。

但在投标中发生了一件戏剧性的事情，一公司总工程师臧克勤亲自负责做投标方案，拿到招标文件却发现只是地下室部分，主体部分还要分开招标。张恩沛说，地下室就地下室吧，做好地下室也有利于主体工程投标啊。

戴着厚如瓶底近视眼镜的臧克勤半夜敲开张恩沛办公室的门，已经多天未睡的张恩沛正难得打个盹。臧克勤直接说："有20万，得你来定。"

张恩沛立马清醒过来："什么20万？"

"地下室施工，据我们测算，如果不加这20万有可能会亏的。"臧克勤保持着一贯的严谨，尽量把意思表达明白，"但是，如果加上这20

万，我们有可能会不能中标。"

张恩沛反问："你的意见呢？"

臧克勤嘴唇紧闭，显然不想多说。

张恩沛命令："召集投标小组所有人员开会。"

人到齐了，加还是不加？大家争论不休，不加则公司会白白损失20万元的效益，加则有可能鸡飞蛋打，中不了标。

会议一直开到凌晨两点，这时臧克勤说话了："我们要搞清楚，建设方最在乎的是什么？他们最在乎技术方案是否可行，施工进度与质量是否能保证，这20万元可能并非他们关注的焦点所在。"

张恩沛看着这个老战友，心想臧克勤是值得信赖的老技术人员。张恩沛再次拍板，加上这20万！

果然，他们中标了。后来大伙都说，大家少睡两个小时，为公司换回20万，值！

4.约法三章

1983年2月，深圳国贸地下室工程完工，比合同工期提前了13天。建设单位按合同支付了15万元工期奖和5万元质量奖，这在当时是不多见的。

不久，主体工程招标，张恩沛在投标书中明确提出，要使用滑模技术高速度完成此项工程，这在所有参与投标的七家公司中是最有技术特点的方案，因而受到建设方的青睐得以中标。

对于滑模技术，三局早在渡口时期就开始应用，又经过贵州水城电厂、湖北青山热电厂、荆门热电厂等项目的发展，逐步成熟，这也是张恩沛敢以滑模工艺投标的重要原因。中标的消息传回荆门，一片欢腾，许多人喜极而泣。一公司发布紧急动员令，首批500名精兵强将在一周之内挺进深圳。

此前，张恩沛已被任命为三局局长，楚福和任局党委书记，岳洪林因年龄原因光荣退居二线，担任企业顾问；在此前数月明子善也已经离休。同时，中建总公司党组对三局领导班子进行了一次较大调整，王亚平任党委副书记，刘玉龙任副局长、党委常委，陈昭禧任副局长兼总工程师，鲍定祥任副局长，王培生任工会主席。

3月1日，主体结构开始施工。当上局长的张恩沛仍然把主要精力放在国贸工程的建设上。尽管当时三局的滑模工艺比较成熟，但是他们仍然遇到了问题。

深圳国贸大厦每层面积达到1530平方米，在如此巨大的单层面积上使用滑模技术，国际上都尚无先例。

如果要了解什么是滑模，就先要了解一下我们传统的翻模工艺。翻模是由模板、支架、钢管脚手架工作平台组合而成，形成接升脚手架→钢筋接长绑扎→浇铸混凝土→拆模、清理模板→翻升模板、组拼模板→中线与标高测量→灌注混凝土和养护的循环作业，直至达到设计高度。

用这一传统工艺的话，每一层主体结构施工最少需要15天时间，地上50层，则一共需要750天。显然，这样的工期不符合深圳特区建设的要求。

而滑模则是以安装在支撑杆上的穿心式液压千斤顶为滑升动力，在成组千斤顶的同步作用下，带动工具式模板或滑框沿着刚成型的混凝土表面或模板表面滑动，混凝土由模板的上口分层向套槽内浇灌，当模板内最下层的混凝土达到一定强度后，模板套槽依靠提升机具的作用，沿着已浇灌的混凝土表面滑动或是滑框沿着模板外表面滑动，如此连续循环作业，直到达到设计高度，完成施工。通俗地说：翻模工艺像是手工订制，而滑模工艺则像是批量生产。

教科书上说，采用滑模工艺具有机械化程度高、施工速度快、现场场地占用少、结构整体性强、抗震性能好、安全作业有保障、环境与经济综合效益显著等诸多优点。但实际效果如何？没成功实施之前谁也不知道。

问题来了！

很快，时任深圳国贸项目现场总指挥的李传芳接到报告，滑模失败了。1983年4月，当年的"铁姑娘"已经成长为三局副局长，正是因为她的"铁"，所以被张恩沛派到深圳驻点，全权负责三局在深圳的业务工作。

李传芳意识到这项工程干成功了，将成为三局信誉和效益的金牌；干糟了，不仅本人身败名裂，三局的队伍也会被赶出深圳。她走马上任第一天，就在动员会上严肃地宣布了一条铁的纪律："我们来了30多对夫妻，从今晚开始必须住单身宿舍。"话音刚落，一些人就笑出了声。因为李传芳的丈夫俞飞熊也在工地上，并担任项目总工程师。她说："我也不例外，全部实行军事化管理。"她还宣布："除特殊情况外，都不准回家，也不准家属来队，国贸大厦成功那天，这条纪律才能作废！"顿时，全场响起一片掌声。

虽然身处特区深圳，但是大家仍然住在工棚中。工棚是用油毛毡和竹竿、竹席搭起来的，闷热又潮湿，被大伙戏称为"竹园宾馆"。夏季的深圳高温酷热，又经常下雨。工地实行"12个小时轮班倒，人停机不停"的工作方式。周雪娟当年还是一个年轻的女工，是女子钢筋班中的一员，喜欢音乐、爱笑，她每天在烈日烘烤下作业，大汗淋漓，衣服湿了又干，干了又湿。3.5厘米粗的螺纹钢扛起来就走，肩膀磨破了皮，晚上睡觉时偷偷地哭，可第二天照样起来接着干。

她因为喜欢音乐买了一台录音机，这在当时可是时髦的东西。轮班休息时，她最喜欢的就是听邓丽君的歌，《小城故事》百听不厌。可是一场台风让她的录音机泡了汤。

李传芳在一篇回忆录中写道：

记得1983年9月11日夜间，12级台风正面袭击深圳，工棚全部被毁，有人被刮到铁丝网上，一时竟动弹不得。工人们全身湿透，在露天的大风大雨中熬了一夜。当时我住的工棚也被吹跑了，只好把洗澡木盆顶在头上挡雨。第二天一早，工人们顾不上收拾住处，都先跑到工地上整修设备，下午就正常开工了。

周丽娟的录音机被泡在水里，她哭得很伤心。李传芳轻轻地抚着她的头说：

"别哭了，傻孩子，等国贸建好了，咱再买个新的，天天听。"

周丽娟含泪点头，抹抹泪水又跑到工地去了。

许多老员工在回忆这段往事时都感叹地说："无论是张局长，还是李指挥长，都没有特权，吃住都跟我们在一起。"

那时的人民南路还是一片泥泞，不比今日的繁华。局长张恩沛为了让加班的员工填饱肚子，亲自给大家煮从湖北带来的挂面。有时下雨，他就撑着伞挡住锅，公司副经理王亲民煮面，等面差不多熟了，王亲民一声"走起"，用抹布包住锅沿，双手端起锅，向工棚里冲，张恩沛则撑着伞挡住锅跟着一路小跑，口中还喊着："小心点，别洒了。"

因此，至今还有许多一公司的老职工很自豪地说，我可是吃过张恩沛局长亲自煮的面。

然而，耗费大伙不少心血、被寄予厚望的"大面积内外筒整体液压滑模"，第一次开滑就失败了。

5.四顶红帽子

滑模技术其实已经有些年头了，但一直在建筑业内没有普遍推行，原因就是：技术要求太高，太难把握了。此前三局的滑模技术多数运用在烟囱、冷却塔等工程上，高是够高，但一次性浇灌的混凝土量较少，而且单层面积都较小，容易把控。

他们遇到了前所未有的挑战。此前在国际上，曾因滑模失败，丹麦一次性死伤了30多人，在美洲的一个工程则损失过几百万美元。没有人愿意这样的厄运出现在深圳国贸项目上，但是这样的阴影却时刻缠绕着他们。

工地当时有四个年轻人，工地主任、施工指挥王毓刚，支部书记、副指挥厉复兴，总工程师俞飞熊，滑模主管罗君东。这四人都风华正茂，是张恩沛、李传芳最可信赖的骨干力量。由于这四人总戴着红色的安全帽出现在施工现场的各个角落，他们这个管理团队被人们亲切地称之为"四顶红帽子"。

第一次试滑，因为滑模起提速度太慢，正在凝固成型的墙体被严重拉裂，里面的钢筋暴露出来，操作工们只得48小时不下"火线"忙着处理"废墟"。

深圳市主管基建的罗昌仁副市长亲临工地为他们打气："失败乃成功之母，千万别气馁，把拉裂的墙体打掉重来！"

干部和工人们憋着一股劲，调整了滑模的提升时间，即在水泥初凝之前开始提升。但是，第二次试滑仍然失败了。

市基建办总工程师、全国人大代表黎克强来到工地。他把滑模试验视为己任，虽然63岁高龄，但三顿饭都吃在工地，与大家共同攻关，经常忙到半夜才回家。

滑模究竟能否成功？有一种乌云压顶的感觉。那时，王毓刚36岁、厉复兴39岁、俞飞熊40岁、罗君东才26岁，大家在一起日夜加班，人人眼含血丝。

深圳市梁湘、周鼎等市领导再次来到工地视察，他们面色凝重，作为"华夏第一高楼"，又在香港对岸，这不仅是深圳市的窗口工程，甚至将代表中国的国家形象，不容失败啊。

再滑一次吧，市领导给予了支持。

这一次还是失败了！有的墙体被提升时的力量拉裂，还有的直接坍塌。气氛仿佛如那些作废的混凝土一般凝重，沮丧写在了每一个人脸上。随之而来的是各种指责。

有人说风凉话，滑模滑模，要是从顶层往下滑，滑不成只影响一层；现在从下往上滑，滑不成，得影响几十层。还是别再搞了。

业主方有代表说，不是不允许失败，但是拿中国第一高楼做试验风险太大！

国贸大厦耗资1.2亿元，弄糟了你们赔得起吗？

也有人好心地说，没有金刚钻，不揽瓷器活。按老办法搞吧，翻模虽然慢，但保险。

各种各样的指责和劝阻如同一座大山压得他们喘不过气来。李传芳作为现场总指挥，她这段时间经受的压力可能是这辈子最大的。多年后她回忆说，她当时之所以没有崩溃，是因为她看到了1600多名参战员工支持的眼神，她不能放弃。

"四顶红帽子"甚至都没有时间去叹息，他们一头扎进工地，做实验、测数据，他们终于找到了原因：一是混凝土应当达到一个最佳的强度系数，这个系数他们已经掌握了；二是混凝土在浇灌时的速度问题，这个速度必须有一个最佳值才行。

四个人一起去找李传芳，要求再滑一次。

而这时，李传芳犹豫了，她不得不犹豫啊。尽管她相信她的团队，可是再次试滑，恐怕需要市领导以及三局领导的支持才行。

张恩沛再一次来到现场，在简易的会议室中，"四顶红帽子"齐刷刷地站在他的面前，以慷慨赴死的决心望向这个他们敬爱的领导，这个三局的"带头大哥"。

张恩沛听了他们的汇报，心潮澎湃。

听毕，张恩沛问："你们确定要再试一次？"

"四顶红帽子"齐声回答："我们要！"

"四顶红帽子"之一，同时也是李传芳的丈夫俞飞熊说："我是技术负责人，如果再次失败，我愿去坐牢。"

6.第四次试滑

张恩沛再一次狠狠地拍了下桌子，震得桌子上的茶杯、图纸都跳了起来，"好，就再试一次！"

这是三局历史上著名的张恩沛三次拍板。在今天的人们看来，似乎只是一个故事，人们可以轻松谈论的一个传说，然而却是中建三局历史上三次决定前途与命运的拍板。

张恩沛和李传芳以及"四顶红帽子"所经受的压力是今天的人们难以想象的，也是常人所难以承受的。张恩沛的这一掌拍出了三局建设者的气势和豪情——他拍得如此有力，因为他知道，在他的背后，有局领导集体的充分信任，有项目技术团队的艰辛努力，有全体员工的无私付出。

张恩沛去找深圳市的领导，要求再次试滑。张恩沛对犹豫不决的深圳市领导说："若再不成功，我们加倍赔偿损失；其二，组织上怎么处理我都可以，甚至法办，我也毫无怨言。"

罗昌仁副市长见张恩沛态度如此坚决，经多方论证后，他表态说："国内首次把滑模技术运用到高层建筑中，失败在所难免，如果又回到过去的老路上，我们还有什么进步可言？这与中央设立特区的精神是相悖的。因此，我建议再给三局一次机会！"

有了深圳市的支持，大家又鼓足勇气开始准备。然而，1530平方米一层的平台，需要2400多立方米的混凝土从多个方位同时浇灌。因为设备不足，施工现场混凝土供给量跟不上。

这就要求必须引进先进的设备，可是三局当时并没有这么多的资金积累。退一步讲，就是有钱，根据规定购置5万元以上的设备还需要打报告给上级批准。张恩沛等不到"公文旅行"的时间，他求得业主协助，向银行贷款300万港币，一次性购进两架爬塔、三台混凝土输送泵和一台混凝土搅拌站，他本人为此承担了极大的政治与经济风险。

后来，由国家12个部委组成的联合调查组明确此举违犯了财经纪律。在调查中，深圳市领导、建设方都帮他说好话，说质量好、速度快，特别是创造了"深圳速度"，立下了大功，给深圳做了大贡献等等，调查组这才给他下了"功大于过，下不为例"的八字评语。开始他怎么也想不通，但后来还是释然了，毕竟国家规定就是国家规定，深圳虽然开放了，但是国家的金融政策还是没有变，外汇管理规定没有变。后来他也给了自己八个字的评语：无私为公，值得值得。

根据新的施工方案，第四次试滑于1983年9月18日晚9点开始。这是一个让人窒息的时刻，罗昌仁也赶到工地，鼓舞军心。

夜深静谧，海风轻拂，灯光通明，1600人的工地静得针落可闻。

张恩沛缓慢而沉稳地走向指挥台，他目光如炬，人们只听得他浑厚而沉稳的声音传来，"同志们，4个月的努力和煎熬，今晚就要见分晓！深圳市委市政府和三局的全体员工都在等着我们的好消息。可以肯定的是，所有技术上的难点和障碍都已被我们克服了，现在就看我们的临场发挥，看人的因素了。所有的岗位、所有的工序、所有的作业都不能有任何的疏忽与差错。今晚，我们一定要把滑模拿下来。大家有没有信心？"

"有！"工地上各个岗位的1600名员工，同时发出震耳欲聋的呐喊。

张恩沛发令："开始！"

一声令下，静静的工地突然声音大作，搅拌机和输送泵开始轰鸣。大地微微颤动，混凝土像汹涌的河水涌进平台上各个进料口，也如同壮士胸中压抑了太久的豪气，在这一刻喷薄而出。如果说张恩沛是主帅，"四顶红帽子"就是屡败屡战的将军，那1600多名员工则是万难不屈的勇士，而这喷薄而出的混凝土就是他们射出的利箭！

那场面无比壮观。

晚11点，是预定的第一次滑模提升时间。工地上一片肃静。分布在1530平方米操作面各个关节点位置的576个油压千斤顶同时启动，"哒、哒、哒、哒"，576个马达的声响清晰而惊心。

罗昌仁、张恩沛、李传芳、黎克强和工程指挥部的成员们蹲在滑模平台的下方，眼睛一眨也不眨地盯着拉模的过程和效果。

那滑模上升的声音就如同有人在张恩沛、李传芳的心坎上踢踏，又仿佛有人拿刀在他们的心尖上磨砺，每一秒都如此漫长。自重280吨、结构庞大的滑模，慢慢地被同步顶升起来，一厘米又一厘米。混凝土墙脱离了模板，像长城，稳稳地矗立在眼前！青灰色的墙体在夜灯的照射下，像婴儿的皮肤柔和光滑……脱离模板怀抱的墙体，那已经不是混凝土，那是破蛹而出的蝴蝶，那是丹青妙手笔下的骏马。沉默的墙体有了生命，是大楼的精灵，是先贤鲁班的英灵，它们在说话，在欢歌，在向这些建设者们微笑。

继续浇灌，继续提升，滑模整体提升后，宣布一层大楼完成。经过激光检测，楼层的水平度和垂直度完全符合标准（工程竣工时，大厦倾斜度只有3毫米，远远低于国际标准误差）。

张恩沛命令工程师再仔细检查一遍。"四顶红帽子"受命奔赴各点检查，一一回报："我们成功了！"

成功了！

巨大的喜悦代替了巨大的压力。

张恩沛再也忍不住泪水，任其肆意流下，"四顶红帽子"也哭了，罗昌仁副市长也哭了。这是喜极而泣的泪水，这是生命的华丽乐章，这是一群真汉子们的铮铮誓言。

罗昌仁副市长擦着眼角的泪花，与张恩沛和李传芳一一握手，感叹地说："太不容易了！祝贺你们！祝贺中建三局！"

李传芳按捺住猛烈的心跳，拿起麦克风对着工地周围沉默着等待已久的1600名员工说："同志们，告诉大家一个好消息，滑模成功了，我们胜利了！"

工人们听罢，先是瞬间的寂静，接着就欢呼起来。工人们把安全帽从头上摘下，使劲地挥舞着，喊叫着，拥抱着，泪水与汗水交织在一起！

7.邓小平两赴国贸城

滑模的成功，无论在三局发展史乃至中国建筑史上，都具有划时代的意义。从最初7天一个结构层，又提升到6天一层、5天一层、4天一层，到了19层之后，达到3天一层，最快时是2天半一层，而且质量完全合格。为了消除人们对混凝土强度的担心，也为了给以后的投标留有余地，从第31层开始，把速度控制在3天一层。"深圳速度"诞生了！

1984年1月24日，鼠年春节前夕，邓小平首次亲临深圳特区视察，此时深圳经济特区刚刚成立4个年头，特区的建设热火朝天。下午4时40

分，邓小平登上罗湖商业区22层高的国际商业大厦的天台，俯瞰建设中的罗湖新城区。60多幢18层以上的高楼大部分正在建设中，到处是吊机伸出的巨臂，一片繁忙景象。此时，已近黄昏，冷风袭人。随行人员几次要为80岁高龄的邓小平披上大衣，都被他拒绝了。眼前火热的建设场景感染着邓小平，他看完后说："我都看清楚了。"

在参观深圳市容途中，经过正在施工的深圳国贸大厦，车队停了下来，深圳市委书记、市长梁湘指着正在施工的国贸大厦告诉邓小平，现在深圳三五天可以盖一层楼房。邓小平问："都是国内的工程技术人员吗？"

梁湘答："都是。"

小平同志高兴地笑了。

这是邓小平第一次来深圳国贸大厦。

关于"深圳速度"的传播也颇有意味。据王毓刚回忆：

"1984年3月的一天，国贸主体滑模已经到了四十层以上，工地来了一名年轻人，他问我，你们干的叫什么工程，用的是什么工艺，连脚手架也没有。原来，他是中国青年报的记者张扬。我推荐他采访厉复兴（时任国贸工程工地党支部书记），厉复兴作了非常详细的介绍。张扬当晚即写了稿件传回北京。第二天，在《中国青年报》上看到了张扬宣传国贸三天一层楼的报道。一石激起千层浪，随后，《人民日报》《光明日报》转载了这一消息。源自深圳的建筑，自己的媒体竟然没有报道，这引起了深圳市领导的重视，决定让报社加强对深圳市基本建设报道的力度。深圳特区报专门抽调记者成立了基建报道组，特区报资深记者卓福田、叶兆萍成了中建三局的常客。"

1984年3月15日，新华社向全世界发布一条消息：正在建设中的中国第一高楼深圳国际贸易大厦主体建设速度创造了"三天一层楼"的新纪录，这是中国高层建筑历史上的奇迹，标志着我国超高层建筑工艺达到了世界先进水平。

需要说明的是，后来"四顶红帽子"中的两人王毓刚、厉复兴先后担任过一公司的总经理。

从此，"三天一层楼"的"深圳速度"享誉中外，成为改革开放迅猛发展的代名词，载入了特区建设、中国建设的史册。

随着媒体的宣传，中建三局名声大振，最直接的效果就是订单主动送上门来，其中包括当时的中国第一塔——辽宁广播电视塔。

鉴于宣传工作的重要性，1986年5月1日，《三局建筑报》正式创刊，先是月刊，后改成旬刊，现为每周一期，30年来从未间断，成为三局重要的文化园地与品牌推广窗口。

1984年9月4日，国贸大厦主体工程顺利完成。封顶仪式上，工人们买了一挂总长160米的鞭炮，从楼顶直挂下来，用钢丝绳拉着，足足燃放了20多分钟。

或许是夙愿未了，1992年1月20日，邓小平再次南巡。这一次他终于登上了中建三局修建的深圳国贸大厦。

当时的《深圳特区报》以"东方风来满眼春"为题发表了长篇通讯，其中这样描述小平同志来到国贸大厦的情景：

南国春早。

一月的鹏城，花木葱茏，春意荡漾。

跨进新年，深圳正以勃勃英姿，在改革开放的道路上阔步前进。

就在这个时候，我国改革开放的总设计师、各族人民敬爱的邓小平同志到深圳来了！

……

国贸中心大厦，高高耸立，直插云霄。这是深圳人民的骄傲。深圳的建设者曾在这里创下了三天一层楼的建筑奇迹。

1月20日上午9时35分，小平同志在省、市负责人陪同下，来到国贸大厦参观，在53层的旋转餐厅，小平同志俯瞰深圳市容。他看到高楼林立，鳞次栉比，一派欣欣向荣的景象，很是高兴。他欣喜地指着窗外的一片高楼大厦说："深圳发展这么快，是靠实干干出来的，不是靠讲话讲出来的，不是靠写文章写出来的。深圳的经验就是敢闯。"

邓小平听取了深圳市负责人的工作汇报，充分肯定了深圳在改革开放和建设中所取得的巨大成绩，并作重要指示，邓小平说："她是诞生'神话'的地方，她的'矗立'本身就是神话。"

深圳国贸开业至今已经接待过400多位中外政要，包括江泽民、胡锦涛、朱镕基、布什、尼克松等。

这座大厦已不仅仅是一座摩天大楼，她是深圳精神的体现，是一个时代精神的缩影。而"深圳速度"，不仅仅是深圳的速度，也不仅仅是三局的速度，已经成为我们民族崛起的速度！

穿越蜀山黔水的蜿蜒，转战千里，一路豪情；时光的年轮，不断铭刻下三局建设者与共和国风雨同行的轨迹。与此同时，带有中建三局鲜明特色的"敢为天下先，永远争第一"的企业文化，经过三线建设时期的充分孕育和改革开放初期的出征开拓，已初见端倪。

第六章　第一钢厦

世上总有这样一些人，筚路蓝缕，栉风沐雨，奋力开拓，只为了后人有路可走。他们总能在无路的地方辟出一条新路，把不可能变成可能。

1.国际竞争

1984年6月，就在三局的建设者创造"深圳速度"的时刻，他们又得到一个消息，紧邻国贸大厦的地方将要新建一栋更高的大楼——深圳发展中心大厦。

这栋大厦不仅比国贸高出5米，更在于它将是中国第一栋超高层钢结构建筑。这种结构能大幅减轻建筑物的自重，避震性能好，具有增大有效使用面积、缩短工期、施工灵活等特点。

张恩沛想要参与竞标，与以前一样，他又遇到了阻力。来自内部的阻力主要是：国贸大厦施工正在紧要关头，干部职工已经极度疲惫，需要休整，而且钢结构工程我们从来没有做过，万一搞不好会毁了刚刚赢得的信誉。来自外部的挑战则是：美、日等国家和地区共有10多家企业参与竞标，这是一次国际竞争。

怎么办？"如果退缩，这还是我们三局的作风吗？"张恩沛这样想。他至少看重两点：一是"国际竞争"，他认为随着改革开放的深入，将来的国际竞争会越来越多；二是钢结构建筑在中国刚刚起步，未来肯定前景广阔。此时机会就在眼前，岂能放过？

决定去争取！三局又一次以"舍我其谁"的干劲先干起来！

他们先行购进设备，引进技术，再请业主到国贸大厦参观。张恩沛说："看看我们干的活，再看看我们职工的精气神，活交给我们，你们尽管放心。"业主没有正面回答，只是看得更仔细了。有人说："你们是很了不起，可你这还是传统的土建工程啊。"

张恩沛说："以前中国人没用滑模技术做过这么高的大楼，但我们做成了。"

竞标的过程，同样惊心动魄。最后，中建三局中标。

美国人耸耸肩，他们认为这样的工程，中国建筑公司是拿不下来的。他们预言："我们将会看到第二座比萨斜塔。"

日本人也怀疑地说："中国人能行吗？"

2.东渡取经

1985年10月的一天，一架银灰色的中国民航客机徐徐降落在日本东京成田机场，从飞机上走下几个身穿蓝色涤卡工作服的乘客，在西装革履的人群中，显得有些独特。这是张恩沛派出前往日本学习的10个人。

要想干好中国首座钢结构大厦——深圳发展中心，就必须运用当时世界先进的二氧化碳气体保护焊接技术。三局精选出10人组成一个特种学习小组，组长叫鲍广鉴。

"这简直是开玩笑！"日本川琦制铁培训中心的专家晃着花名册，"经我们中心培训的各国焊工不下千名，文化高的也要学半年，最少也要3个月。你们很多是初中生，合同学习期只有一个月，这怎么行呢！"

组长鲍广鉴是此行中唯一的"高学历",也才是中专。他压住心中的不快,回到宿舍,同大家商量。最后大家一致认为,为了中国人的荣誉,我们一定要发奋学习!

这些年轻人每天集中学习7个小时,课余饭后互相探讨、切磋。二氧化碳气体保护焊弧光比普通弧光强12倍,没几天,一双双眼睛便被刺得肿起来,尽管疼痛难忍,他们手中的焊枪却不肯放下。

一个月转眼就过去了。11月17日,日本最大的钢铁企业川琦制铁株式会社培训中心,大厅前堂摆着五星红旗和日本国旗,培训班结业典礼正在举行。培训中心常务理事小寅部长面对着10名中国工人,热情洋溢地说,"10名学员,全部合格。祝贺你们!"他与鲍广鉴、魏大年等人一一握手,又赞叹道,"我们培训了许多国家的学员,一次性全部通过,你们是第一批。"

怀揣着美国、日本焊接学会联合颁发的结业证书,十名"东渡取经"的焊工踏上回国的路程。这是一次返程,更是一次征途如虹的出发。他们如同一颗颗种子,播洒在家乡的泥土里,开始生根发芽开花。

十年之后,鲍广鉴受命组建中建三局钢结构公司,即如今全国钢结构施工企业前三甲的"中建钢构"前身。今天的"中建钢构",钢构件加工厂和特大型钢结构工程遍布海内外,而这一切都源于当初中建三局承接深圳发展大厦时埋下的种子,又经无数人精心浇灌培育,终成参天大树。

世上没有无缘无故的成功,翻开世界500强企业名单,都有着自己可歌可泣的奋斗史,通用集团和大众公司如此,杰克·韦尔奇和李嘉诚也是如此。即使是信息时代的比尔·盖茨,也有着常人难以想象的艰难创业时期。

冰心说,成功的花,人们只惊羡她现时的明艳!而当初她的芽儿,浸透了奋斗的泪泉,洒遍了牺牲的血雨。

3.要求100%检测

工程进展到一定程度后，深圳市质检站从冶金部请来焊伤专家对工程已经焊接部分进行探伤检测。专家们忙了几天，最后的结论是：搞了这么多年探伤检测，这个工程的质量是最好的。

黎克强与三局合作较久，出于对三局的信任，说："根据三局的表现和现场作业人员的素质，我建议以后不对他们进行100%探伤检测，抽检就行了。"

鲍广鉴并不领情，他说："不行，我要求还是进行100%探伤检测，不能放过每一条焊缝，每一个焊接点。"

这不是鲍广鉴的自负，而是他的"负责"，即对这栋中国第一钢厦负责、对中建三局负责。

这栋大楼总用钢量为1.14万吨，所有的焊缝连接起来长达354公里，而且焊接难度最大的一处是焊透厚度达130毫米的钢板。当时，美国、日本钢结构施工技术属世界顶尖，他们所焊接的钢板厚度也只有110毫米。鲍广鉴们所要做的正是突破世界之最的活儿，每个人都不敢掉以轻心。

只见弧光闪烁，焊花飞舞，十名东渡取经回来的焊工领衔，焊工们个个挥汗如雨，这座中国第一钢厦在三局建设者的手中节节长高。二氧化碳气体保护焊接工艺，其速度是手工焊接的4倍，耗电量只有后者的1/3。这一先进工艺也给焊接者带来了困难和艰辛，比如施焊前，不仅基体需要加温，且周围得搭设纤维布防风保护棚，否则就会影响焊接质量。南方的天气闷热潮湿，靠近焊体作业面的一边温度常常高达七八十度，焊工们就是在这不足两米见方的棚内作业，往往胸前的衣服被烤得遇火即燃，后背则是被汗水浸透。这被鲍广鉴们称之为"冰火两重天"。

鲍广鉴还有些"不尊师重教"，比如在大厦二层的钢柱吊装时，上下衔接出现了偏差，虽然是在施工规范的允许范围内，就连日本技术指导也认为问题不大，但鲍广鉴认为不解决这一层的微许偏差，到了顶层，大楼就会跳"迪斯科"，势必造成大楼将来扭曲上升。可是怎么解决？特别是如何解决箱形梁焊接时产生的热胀和内应力引起的变形问题呢？没有资料，也没有专家能给出答案，他们只能自我摸索，采用的办法是两人对称焊接，保持参数、层次、速度相同，保证基体冷热均称。这就要求焊接技师高度默契，好在他们都如同生死兄弟，做到这一点并不太难。同时鲍广鉴改每层吊装焊接为每隔二、三层进行焊接，使箱体热胀冷缩过程完成，内应力部分释放后再焊柱口。果然，他们很好地控制了钢件的变形，使得发展中心大厦如同一柄笔直的利剑昂然出鞘，直刺苍穹。美国钢结构工程规范标准是向内倾斜76毫米、向外倾斜51毫米，而经三局建设者施工的大楼向内倾斜仅为25毫米，向外倾斜则只有20毫米，真真切切达到了国际先进水平。三局的工人们将手中焊枪使作丹青妙笔，在深圳特区、在中国的钢结构领域绘出了一道绚丽多彩的风景。

1987年5月18日，发展中心大厦胜利封顶，354公里长的焊缝经超声波及磁粉探伤检测全部合格，其中98%达到美国AWSDI-1规范的最高D级标准。本工程获得鲁班奖、国家科技进步三等奖。更为重要的是，它开创了中国人建设钢结构摩天大楼的新时代。

第七章　双塔奇兵

亚洲第一高度的辽宁电视塔，设计出来后，国内竟无人敢接，三局要远赴北国挑战不可能。而天津电视塔体量是"辽塔"两倍以上，高度更高80多米，且限时工期太短，三局建设者首次感到这是不可能完成的——但李瑞环却认为他们可能，于是不可想象的艰巨与奇迹一同诞生……

1.千万里寻找建塔者

1984年3月15日，距深圳数千里外的北国沈阳依旧大雪纷飞。一位名叫孙方垂的老人，从收音机中听到新华社播发的深圳国贸中心大厦正以三天一层楼的速度攀升、创造了国内外大型超高层建筑施工新纪录的消息，先是错愕，后是狂喜。他兴奋地喊起来："这太好了！"

老人正在兴奋中，电话铃响了，他接起来，只听对方说："孙老，你听到新闻没，有家叫中建三局的企业，采用滑模技术达到三天一层楼，这可是奇迹啊，我们的方案有救了。"

孙方垂说："老吴，我刚刚听到，也准备给你打电话呢，这真是太好了。我看我们立马去武汉一趟，找中建三局谈谈。"

孙方垂，时任广电部设计院总工程师，享受政府特殊津贴的知名专家，电话那头的老吴是辽宁广播电视厅的总工程师。他们为什么这么兴奋？原来这两人一辈子从事广播电视塔的设计工作，特别是孙方垂老人，年轻时留学美国，曾见过多伦多塔、法兰克福塔这样的经典电视发射塔，他多么想在中国的大地上树起一座由中国人自己设计、自己建设的电视塔啊。可是，辽宁广播电视塔设计稿出来了，国内无人敢承接。正当孙老为此烦恼时，无意中听到的广播消息让他兴奋不已，他认为有人可以帮他实现这个宏愿了。于是，他与老吴一起赶赴武汉拜会张恩沛。

不巧的是，张恩沛已经去了深圳，他们又马不停蹄地赶往深圳。到了深圳，得知张恩沛又去了广州，于是他俩又跟到了广州，张恩沛却又返回了武汉，于是他们又回到武汉。哪知到了武汉，张恩沛又去了深圳，他们再次追到深圳，绕了一大圈，终于在深圳国贸工地碰了面。

吴总一把抓住张恩沛的手，说："张局长，我们是东北的年糕，黏上你了，你甩都甩不掉的。"

张恩沛被他们的诚心所感动，"既然别人干不了，我们就试试看吧。"

他们在深圳国贸工地仔细地看，仔细地问。他们本是带着四个大问号来的，碰上"四顶红帽子"之一的俞飞熊，便问："电视塔是薄壳结构的基础，怎么建？"

俞飞熊胸有成竹地说："薄壳结构的关键是精确计算钢筋的张拉力度，严格控制操作程序，现在这个技术我们很成熟了。"

两人点头，表示俞飞熊说到了点子上，又问："你们将用什么方案来保证主体结构的质量呢？"

俞飞熊说："当然是滑模工艺，从国贸的施工实践来看，我们有把握。"

又问："在塔身207米处将向外挑出17米，吊装一个钢结构四层楼做旋转餐厅，这在我国还没有人做过，你们有什么想法？"

正在现场的局工程部吊装工程师杨柱站出来说："我们可以将塔身主体作为扒杆，通过内外筒预留洞，把根根钢构件伸出去，再一段段用螺丝铆接起来，先拉两根主筋，形成一个骨架，这时整个建筑就如同一把倒过来的伞。"

孙方垂与老吴喜不自胜，这简直就是天才的想法啊！孙方垂一拍桌子，大声说："好，好啊！"老吴又问："那一根长60米的钢桅杆天线又怎样装上去呢？"

……

张恩沛微笑地看着部下们与客人侃侃而谈，他如同一个经验丰富的老船长不露声色。

每一个从事市场营销的人员都有一肚子苦水向外倒，什么"做甲方的孙子"、什么"不把自己当人"等等。我们再看一下张恩沛与孙方垂的谈话。

孙："我们这是亚洲第一塔，让你们中建三局来干，你们不得不干啊。"

张："这个活，说实话，我们不想干。"

孙大惊失色："为什么？"

张："那地方太冷，我们都是南方人。"

孙："没问题，我给你们干部工人都提供砖房，通上暖气。"

张："我们吃不惯面食，我们喜欢吃南方大米。"

孙："没问题，我们专门派车从南方给你们运去大米。"

张恩沛挠挠头，又想出一个狠招："我们的合同条款很苛刻的。"

孙："只要不太违犯原则，我们同意。"

张恩沛又出"撒手锏"："我们要求预付款。"

对方也一咬牙："行，我们同意。你还有什么不满意？"

张恩沛无话可说，只得同意。如今看来，他们的对话颇有些小孩子过家家似的好玩，张恩沛拒绝的理由更是让人捧腹，可是这却在1984年的春天真实上演了。张恩沛后来回忆说："当然我也想做，虽然我们以前没干电视塔，但是凡事总有第一次，干好了，我们在北方又树了一座丰碑，又多一张名片。"

有技术、有能力，当然就可以"任性"一点，大约这就是核心竞争力吧。1984年，三局领导班子再次调整充实，增加洪可柱为副局长。其后，汪文儒、王毓刚任副局长。

2.辽塔会战

就在孙方垂与张恩沛会谈后不久，三局指派时任一公司副经理的洪可柱率队前往辽宁沈阳进行辽塔的合同谈判与签订工作。经过几轮细致深入的谈判，最终双方本着信任与双赢的原则签订了合同。洪可柱还与辽宁省广电厅的副厅长李克康成为很好的朋友，后来在施工过程中以及工程完工后的相当长时间里，李克康还积极宣传三局、帮助三局开拓辽宁市场。

辽宁广播电视塔，简称辽塔，由基础、塔座、塔身、塔楼、砼桅杆、钢桅杆及天馈线七部分组成，具有"高、大、新、难、紧"五大特点。

高为305.5米，时为亚洲第一、世界第六。大，砼总量12670立方米，钢材总用量3900吨。新，国内第一次，此前还无人施工过类似的电视塔。难，在没有超高吊装设备的前提下，完成塔身外壁标高184米至210米处最大悬臂17米、总重量500余吨的超高空吊装；在标高约300米处吊装90吨钢桅杆；近2000平方米的玻璃幕墙超高空安装。紧，工期较紧，而且沈阳高寒多风，冬季漫长，极端低温达零下35度，每年的有效施工时间仅8个月。

事实上，工程开始进展并不顺利。队伍拉过去后，好几个月都打不开局面，技术上困难重重，资源调动不比在武汉或深圳那样得心应手，同时他们发现合同报价很低，项目的利润并不高，因为已经实行了项目法施工，干部职工的收入与项目赢利挂钩，所以干部职工们收入也不高，于是队伍开始人心浮动，施工进度迟迟没有进展，孙方垂甚至有点后悔当初去武汉找张恩沛了。

局领导班子讨论后，指示一公司党委书记黄民清，务必组织强有力的领导班子把辽塔工程干好。一开始黄民清认为陈学锋经验丰富，做事雷厉风行，他去主持辽塔的施工再合适不过。可是，当黄民清了解到陈学锋以前施工时腰部受过重伤，一到阴雨天就痛得厉害，适应不了东北的气候，只好作罢。可是派谁去呢？大家都知道辽塔是一块硬骨头，谁去都不一定拿得下来。又选了几个人选，但最终都因各种各样的原因而否决。

此时有人提出，何不派樊凤兰去呢？黄民清眼前一亮，是啊，樊凤兰在基层主持过多年的施工生产，在荆门化工厂、荆门炼油厂等项目有较为丰富的施工管理经验。而且辽塔的大部分职工都是她以前的老部下。可是樊凤兰的孩子还小，她与洪可柱常年聚少离多，又是一个女同志，去那里能行吗？

黄民清决定试一试，先找樊凤兰谈谈。樊凤兰听后却犹豫了，此时洪可柱已经调任三局副局长，公务繁忙。一家三口分居三地，她正想着要接儿子到身边好好照顾呢，没有想到黄民清却让自己去主持辽塔这一艰巨的施工任务。

樊凤兰此时已经是一公司副经理，为组织分忧是应尽之责，她心中已经拿定了主意，但仍然给洪可柱打电话，征求他的意见，洪可柱说："组织信任你，你就去吧！"

樊凤兰知道是这样的结果，她说："好的，我去。"

当年那个文弱开朗的"小师妹"此时已经39岁，已经成长为独当一面的骨干。

她临危受命担任辽塔的指挥长兼党总支书记。1985年3月，她离开杏花春雨的江南，只身来到辽塔工地。她来到工地一不谈技术、二不说管理，首先给大家上起了"党课"："我们是国家队，从来没有失败过，也从来没给三局丢过脸，这一次肯定也不会。每一个党员干部都要明白，我们只能前进，退则名誉扫地，败则千古罪人。进虽如履薄冰，但尚有一线生机，而且我们只能进。谁要退？现在就可以站出来。"

她接着给大家"算账"："辽塔是可能挣不到什么钱，但这是亚洲第一的高塔，树起来的品牌价值将远超一点点金钱利益。我们能在深圳创下'深圳速度'，就能在辽宁创造'中国高度'，我们将要告诉人们以及后来者什么呢？是我们做不了最后撤退了，还是我们做成了创造了奇迹？"

樊凤兰的"党课"起到了很好的效果。她认为，辽塔固然很难，但最难的不是技术问题，不是资源调配问题，也不是气候适应问题，而在于大家思想上的"畏难情绪"，因此就有必要在艰难中给大伙鼓起勇气、激起斗志。

"东风吹、战鼓擂，三局将士怕过谁？"他们曾这样说。

一纸调令，将文质彬彬、颇有些书生意气的何景洪从深圳国贸项目调往辽塔担任技术负责人。他遇到的第一个难题是塔基施工。他首次将预应力张拉技术用于水平环向，有效地控制了张拉过程中的退锚、滑丝、孔道磨损问题，成功解决了126束预应力钢绞线张拉中的穿束、张拉、灌浆等难题，提前21天完成了塔基施工。

何景洪还带了一个徒弟名叫张琨，一个刚从大学毕业二三年的新兵。他每天跟在何景洪身后，爬高摸低，爱学好问。难题一个接一个，塔身为薄壳结构、外圆内方，樊凤兰和何景洪充分利用滑模技术，大胆创新，将以前在烟囱施工和在深圳国贸滑模施工的经验有机结合，设计出内外筒不等高平台，采用铰接的内高外低滑模平台体系，创造出"内外筒不同步液压滑模"，成功解决了超高空空滑12米高的施工难题。这一创新，将滑模技术又提升到了一个新高度。

从渡口时期王世威开始应用滑模技术，到青山热电厂、荆门热电厂，再到深圳国贸大厦，又到1985年的辽塔，20多年时间内，三局建设者用滑模技术在时空的经纬中滑出一条美妙的发展大道。

1986年10月27日，辽塔主体结构工程以中心垂直偏差小于允许值、强度控制超过设计要求的高质量顺利到顶，达到245.5米高度，正向着305.5米的亚洲之巅发起冲刺。

但是难题还远未解决。

1985年9月27日，刚从局机械修配厂厂长任上，调到连年亏损的局机械施工公司（以下简称"机施公司"）任经理才五十多天的傅开荣赶到沈阳辽宁电视塔工地。

他肩负着振兴公司的希望，想从一公司手里承接到电视塔工程的钢结构制作安装任务。但一公司却提出了必须连天馈线的安装都要包括在内才可以考虑的附加条件。

这对1966年从西安公路学院汽车系毕业后，参加工作以来就一直未离开过机修厂，生平从未干过钢结构吊装的傅开荣来说，无疑是一次进退两难的选择。

在决策要承接辽宁塔的钢结构制作安装时，机施公司内部就谈"塔"色变，毕竟公司从来就没有承接过这么大的钢结构制作工程，也从未接触过超高空吊装作业。所以不少职工都认为简直是不知天高地厚，是在拿职工的生命开玩笑，甚至说他是想用职工的鲜血保自己头上的"乌纱帽"。而今还要附加上这个最危险的天馈线安装，但是如果不承接这单任务，机施公司就面临没有任务开锅的境地。

面对这一严峻形势，傅开荣没有退缩。他虚心地向局施工计划处的吊装工程师杨柱请教，了解到武汉塔的钢桅杆和天线是怎样安装的。当时杨柱介绍了武汉塔的钢桅杆还不到40吨，所以采取塔身筒在地面拼成整体，再用卷扬机提升到塔顶就位的方法后，却又指出辽塔钢桅杆不仅重达90吨，而且塔身筒内电梯井与钢桅杆不同心，所以不能直接套用同一方法。

杨柱还特别强调说："现在最难的不是钢桅杆安装的问题，而是钢桅杆安装到位后，桅杆外壁两个频道的发射天线部件，桅杆上两个4.4米和4米直径的钢制桥修平台，以及桅杆外壁的喷漆装饰怎么搞上去，这才是最难的啊！就是有直升机吊桅杆，这些难题也解决不了。"

细心地听完杨柱的介绍后，傅开荣迅速开动他那多年前就被人所称道的"化学脑子"，认真地思考一会后，斩钉截铁地说："不怕，我们答应一公司提出的条件！"傅开荣自有他的底气。在机修厂工作的19年中，他曾多次独立攻坚克难，积累了深厚的理论功底、宽广的知识面以及丰富的实践经验，并养成了从不畏难、敢打敢拼、善于创新的一股"闯"劲。

傅开荣当即向在场的同志谈了他的创新设想，即设计出一整套液压顶升装置、钢桅杆、天线部件、桥修平台的安装与桅杆外壁的喷漆装修同步进行，从而完全摒弃传统安装过程中必须悬空作业的模式，从根本上确保施工人员的绝对安全。当他简要地把工艺操作过程讲解之后，大家都认为这是最安全的好方法了。但又担心无人能担当此任。这时傅开荣拍着胸脯直说："不用求别人，我亲自干！"

由此，机施公司顺利地争取到了辽宁电视塔全部钢结构制作安装任务。正是这一破天荒的大胆决策，为三局在国内外首创电视塔钢桅杆整体液压顶升，同步安装天线与喷漆装饰工艺提供了极好机遇和表演舞台，也为傅开荣成为首批政府特殊津贴获得者奠定了基础。此后的天津塔、澳门塔都是在他的指导下或亲自动手下，安全、高速、优质地完成的。

1987年7月上旬，傅开荣率队亲自上阵，仅用四天时间就将长67.4米、重90吨的辽宁电视塔钢桅杆，从塔内筒200米标高拼装平台，整体顶升到245.5米标高的钢筋混凝土桅杆顶端安装就位，并同步完成了桅杆外壁两个频道发射天线全部部件和两个直径分别为4.4米和4米的钢制桥修平台的安装，以及桅杆外壁的全部喷涂装饰。

当达到305.5米设计标高那天，沈阳城郊南运河畔挤满了关注的人群。人们议论纷纷，都在互相打听说："又没有一个人在上面干活，那么大的玩意，怎么才几天就长出来了？"接话者则神秘地说："人家是天兵神将啊！"

钢桅杆与天线安装这块硬骨头啃下来后，不仅极大地鼓舞了全体参战员工的士气，也使建设单位大为震撼，破例要求工地放假一天。他们要派专车把参战的机施公司职工送到旅游点去放松放松。

此后，机施公司的参战职工再发神威，在塔身顶部215米标高环形平面上装上两台自行设计制作起重能力达10吨的塔桅起重机，一鼓作气攻克了塔楼钢结构吊装难题，打胜了第二场攻坚战。

1987年底，辽宁塔施工中最难啃的"洋"骨头仍然是由机施公司承担。它就是安装在塔楼倒锥面上的2000多平方米从西德进口的单元式玻璃幕墙和幕墙维护机械——擦窗机的安装。

说它最难，是因为该单元式结构幕墙不仅单元重（最小单元300多公斤，最大则为800多公斤），更主要的是安装部位施工人员很难到达，悬挂幕墙的近600个节点的空间位置就更难确定。再加上当时玻璃幕墙在国内还是新鲜东西，像辽宁塔这种安装部位和结构形式，不仅当时是国内绝无仅有，放到现在也是比较少见。据说当初业主到西德考察订货时，生产厂家就说过，辽宁塔的幕墙如果中国人自己干，工期要一年，即使在他们的指导下，也要干6个月。为此，建设单位不得不花15万西德马克聘请两位西德专家提方案并来华指导安装。

傅开荣之所以敢拍板啃这块最难啃的洋骨头，主要还是基于当时一公司交底说，来华指导的西德专家已有一个具体的施工方法。傅开荣想，当徒弟也要争当敢于超过师傅的大徒弟，我们要通过啃下这块最硬的洋骨头，培养一批人才，进而在国内幕墙安装领域抢得先机，为振兴公司闯出一条新路。所以连相关资料都没看到就拍板接下来了。

任务到手后，他迅速组建实施班子，并安排他们先到国内相关工程去参观、取经。他调来西德方案，不看尚可，一看一头冷汗。原来建设单位花高价买来的方案根本不实用，因为中国当时根本不具备德方的设备。

怎么办？下班回宿舍后，他苦苦思考了一个通宵，在彻底摒弃西德方案后，一个创新设想浮现在他的脑海中。第二天上班，他又进一步研究了玻璃幕墙和擦窗机的图纸，一个比西德方案更为高明的方案在他头脑中慢慢清晰起来。此后连续四天，他加班工作到深夜，不仅完成了方案的文字编写工作，而且设计并绘制完成了方案实施时所必需的、独创性的多功能专用安装机械的全部零件加工草图。第五天上班，他把方案提交建设单位聘请的技术顾问单位审查。审查单位接到方案后一看，连连点头叫好，但因考虑到西德人太傲气，担心不一定愿意放弃自己原来的方案，便翻译成德文，发到厂家征询意见。

西德专家是高傲的，但并不固执。1988年6月上旬，在他们来到施工现场共同确定实施方案时，傅开荣在会上介绍完他编制的方案后，西德专家二话不说连称"OK！"

由此，傅开荣主持设计出国内首创的"筒内分段提升，倒序拼装成型，整体液压顶升，同步安装天线"的新工艺。打个比方，相当于今天房建施工流行的"逆作法"。他把桅杆截成9节,先将天线安装好,喷涂油漆,使工艺一次成型,然后把钢桅杆以先上后下的顺序一节一节地从主体的平台上顶升上去。这样既保证了安全,又节约了工期,大型的进口起重设备也不需要了。实施的结果是机施公司仅用两个月就安全、优质、高速地完成了这一最艰巨的任务。

安装进程十分顺利,这使先前还准备在中国过圣诞节的西德专家在8月份就把他们夫人接来中国团聚,不然就没机会来华旅游了。由于安装进度出奇地快,合龙质量出奇地好,西德专家在第一圈顺利合龙时就主动提出,请机施公司参战职工到酒店会餐;完工时,又再次主动掏钱请大家到酒店痛饮庆祝。

1988年9月22日至23日,由中建总公司举办的辽塔主体结构成套施工技术评议会在沈阳召开。

中建总公司系统、广播电影电视部设计院、辽宁省和沈阳市主管部门20位专家担任评议委员。74岁高龄的中建总公司科技司高级工程师王世威任主任委员。读者们还记得三局渡口时期有一个副总工程师也叫王世威吗?就是他!此时他已年过古稀,再一次以评审专家的身份回到"娘家"了。他是激动的,作为技术专家他又是严谨的。他带着评委们认真听取了辽塔塔基、塔身、塔楼、钢桅杆,以及天线、塔楼玻璃幕墙、擦窗机等多个方面的施工技术专题报告,仔细审阅技术资料,观看了施工录像并到现场实地考察。经过热烈、认真的讨论,最后全体一致认为:由中建三局一公司总承包、机械化施工公司分包,金属结构厂、科技发展中心协作的辽塔成套施工技术,在国内属于领先地位,达到了国际先进水平。后来,这项工程荣获1989年建设部科技进步一等奖,1991年又获国家科技进步二等奖。

就在辽塔施工进入尾声的时候,工地上来了一名特殊的参观者。时任中共中央政治局委员、天津市委书记的李瑞环在出访朝鲜归来后特意来到沈阳辽塔工地。他看得很认真，问得很仔细，特别问傅开荣："钢桅杆、天线是怎么弄上去的？"傅开荣讲解完后，李瑞环笑着对三局建设者们说："好，我们天津见！"

李瑞环不是来随便看看的，他是来考察的，因为天津市也要兴建一座广播电视塔，而且高度更高。于是，还没有干完辽塔的建设者们又接到了新任务——去天津修"天塔"。

1986年6月，正值辽塔大干快上之际，张恩沛调任中建总公司北也门共和国经理部总经理，由副局长洪可柱主持行政日常工作。1987年4月8日，洪可柱任三局局长，楚福和任党委书记，邢章宪任党委副书记，后改任副局长。周正一任副局长兼总工程师，王亚平任党委副书记，刘书强任局纪委书记，张荣任局工会主席。

3.天塔雄风

1988年，中建三局在李瑞环的邀约下来到天津，进行天津广播电视塔的施工建设。"天塔"高达415.2米，主体工期仅23个月，为世界同类建筑的一半。

施工天塔的人马这次换成二公司为主力。公司副经理梁其坤主动请缨担任项目经理，他带着工人们开始24小时轮班倒。冰天雪地，朔风劲吹，深达14米、直径60米的基坑中，连续7天7夜绑扎了800吨钢筋，又接着连续3天3夜搭起施工暖棚，浇灌混凝土。

1989年，大年初一，寒风飞雪，天塔工地热火朝天。

唐子敬，混凝土班长，一个粗犷的汉子，他带着兄弟们正在浇灌和振捣。他突然一声大喝，将身上厚重的冬装脱下，浑身上下热气腾腾，但见他双手紧持导管，管中混凝土如同黑龙出洞一般呼啸着扑向脚下的钢筋丛林，然后四散、游走，最终安静下来。在他的带领下，百十号兄弟发出整齐的吼声，都脱了冬装，露出健壮体魄，浇筑的浇筑，振捣的振捣，在北国的寒风中个个身上热气腾腾，汗如雨下。机器声、呐喊声交织成一曲美妙的乐章。工棚外大雪纷飞，工棚内热火朝天。在施工现场的洪可柱倍受鼓舞，当即赋诗一首：

众志凌云摩天外，不恋团圆恋登攀。
此情可令海河动，何愁难谱热血篇！

从1989年6月11日塔身滑模一次试滑成功，到同年11月30日塔身滑模施工进入冬休时，塔身已滑升到184米，平均每天滑升1米，应该说工程的进展是比较快的，但有关领导认为速度还是太慢了。天津市相关部门和建设单位的领导多次与三局沟通，并征询了相关专家的意见，双方达成了力争1990年年底完成天塔主体滑模施工、确保在北京电视塔前竣工的共识。其时正在施工的北京电视塔比天塔早开工16个月，进度却已落后于天塔。

但是按这个进度，要想保证在1991年春节开播仍然不行，已经担任中央政治局常委、中央书记处书记的李瑞环指示天津市和中建三局再多想办法，一定要按时兑现让天津市人民早日看到清晰电视节目的承诺。

所以，1990年春节刚过，天津市政府又出面邀请国内相关专家及设计、施工方的相关领导到天津开会，研究进一步加速天塔的施工进度问题。副局长兼局总工程师周正一带领局机关相关部门、二公司、机械施工公司、科研所和有关工程技术人员前往与会。大家按照李瑞环同志"工期倒排、空间占满、时间不断"的指示精神，对滑模施工的每一处细节，对塔身、钢桅杆等一体化天线每一个构件的吊装运行、就位时间等都进行了详细的计算和推演，经过近十天的认真研究、摸排，最后形成了还是维持此前达成的力争1990年底全面完成工程主体滑模施工、尽可能相机做好塔楼钢桅杆结构安装的部分准备工作的总体汇报意见。

1990年2月，傅开荣升任局党委副书记，此前在辽塔会战中有着出色表现的杨柱接任机械施工公司经理，这一次他们又将亲密合作。同月，三局召开党政领导扩大会，明确了天塔工程为1990年"第一号"重点工程，不久中建总公司也确定此工程为"第一号工程"，三局为此派出精英团队。由于时间太紧，几乎是一项"不可能完成的任务"，周正一干脆长驻项目，与几年前开拓深圳时一样，再一次扮演起了"项目经理"的角色，亲自整合资源，协调生产和设计技术方案。

可以说，有了前期辽塔的经验与技术积累，天塔的施工是顺利的。但是，事情并不这样简单。李瑞环深切关心天塔的进展，1990年5月5日，塔身已经超过250米，他再次亲临听取天津市、中建三局的汇报。

李瑞环早年在北京市建筑企业工作过，是名副其实的"建筑老兵"，他知道还有潜力可挖。

李瑞环对洪可柱说："小洪同志，我相信你们一定可以按时优质高效地完成任务。"

洪可柱表示一定想方设法完成任务，当天连夜向三局的将士们传达命令：科学加拼命，建好电视塔。他让人在工地上树起一块倒计时牌，鲜红的大字，让人警醒，催人奋进。时任二公司天津分公司党委书记的顾锡明带着数百名工人庄严宣誓，不拿下天塔誓不回家。工地上每个人如同一台高速运转机器上的部件，没有半点松懈。滑模队长刘家浦已经多次推迟了婚期；年过半百的动力队队长邱忠贵爬上265米高的塔外，带领一帮青工搭设垂直运输井架；指挥长梁其坤也在291米高的作业面上亲自督战，改装平台。

5月9日，洪可柱又率队到北京，向建设部林汉雄部长汇报三局落实李瑞环同志指示精神的具体措施，三局成立天塔工程现场指挥组，全权负责天塔工程施工的现场指挥协调工作，并决定指派傅开荣作为指挥组组长，驻天塔工地统一指挥。

千斤重担压在了三局建设者的肩上，这群辽塔施工时的"天兵神将"能有办法完成这个不可能完成的任务吗？

4.责任我负

肩负巨大压力的傅开荣头脑中留下的唯一印象就是：所有的同行都认为李瑞环提出的"务必在1991年春节试播两个频道"的要求是无法实现的！

如真要实现这一要求，首先必须在1990年8月下旬完成天塔工程主体的钢筋混凝土施工，然后又必须在70天内完成天塔塔楼1560余吨、2300余件钢结构的安装工作，还必须在1991年元月中旬以前将钢桅杆一体化天线顶升到位安装就绪。但是，上述三个节点按现有情况都几乎不可能实现，尤其是主体结构的既定施工方案，连年底完成天塔主体滑模施工都不能确保，就更不要说在8月下旬提前完成了。

傅开荣开始深思如何突破有关瓶颈，随后向二公司的梁其坤、肖励生等负责人提出具体建议：一是在塔身标高261米以上的塔身外壁，悬空增设两座高约40米的超高空井架。这不仅解除了施工电梯运送钢筋的负担，而且把一条垂直运输线变成了两条，可成倍提高工效；二是将井架内腔作为正锥和钢筋混凝土桅杆的混凝土转运通道，施工电梯将混凝土送到261米以上标高楼层后，以接力赛的方式转由设在井架内腔的垂直运输料斗提升到291米以上的工作平台浇筑正锥和钢筋混凝土桅杆。

但时任技术攻关组副组长的肖励生认为在超高空施工中，这种大胆惊人的设想，国内外没有先例，风险太大，不愿实施，并将他个人意见报局总工程师周正一。周在与傅开荣交换了意见后，明确表示支持傅开荣的方案。两天后，肖励生赶到局与傅开荣交换意见，肖励生说："傅书记，你这套方案好是好，但是危险性太大，一旦出了问题，后果将不堪设想。"

傅开荣说："老肖呀，如果不是要我在天塔驻点任指挥，我绝不会出此险招。天塔不仅体量是辽塔的两倍以上，而且高度也比辽塔高80多米，如果不采用这一措施，实际工期就要比辽塔的两倍还长。"

肖励生说："傅书记，你说的道理我懂，但是风险确实太大了啊！万一出了问题，后果比完不成任务更严重啊！"

傅开荣给他续上茶又继续说："风险确实很大，但只要我们措施得力，就可以避免出现问题。"

肖励生仍然摇头。

傅开荣进一步说："如果你还认为风险太大的话，那么井架的设计、图纸均由我来完成，你们按图实施。一旦出了事，责任我负，坐牢我去！"

肖励生连忙表态说："既然您都这样讲了，还是我们自己设计出图吧！有困难一起挑、有风险一起上。"

他说完，看着傅开荣，四目交汇，两人都在对方眼神中读懂了信任和责任。

然后四手相握。这里没有豪言壮语，但有志同道合、共赴艰险。

到6月下旬，当此独创方案在天塔亮相后，同行都拍案叫绝。当一些同行和专家问及这么好的方案为什么从来都没有透露过时，他们听到的回答是："这是我们的秘密武器！"

正是这一惊险招数的提出和大胆而又严谨的应用，才使塔身285—

291米的正锥仅用了28个日历工期，正锥以上291—335.5米的钢筋混凝土桅杆仅用了37个日历工期，终于提前在8月23日胜利完成，为钢结构安装的提前插入和为天塔决战目标的提前实现奠定了基础。

如今再回头分析一下这两人当时的情形。傅开荣是肖励生的上级，他做出"责任我负、坐牢我去"这样的表态，就如几年前在深圳国贸工地时张恩沛和俞飞熊"责任我担、坐牢我去"的表态一样，在关键时刻有领导者勇敢地站出来担当。而肖励生没有因为傅开荣是上级领导而盲目服从，而是专业专精，同样高度负责。事实上正是他的反对与质疑，进一步完善了施工方案。

今天，可以这样说：敢于担责、勇于担难、善于担险，这是融入三局建设者血脉的文化基因。

接下来，又有巨大的难题在考验着他们。

特别是140吨钢桅杆一体化天线在超高吊装、拼接和整体液压顶升进程中，多次发生了意想不到的险情。一次是因外围浇筑的卷筒轴承中的一个，发生隐蔽缺陷断裂，从而导致钢桅杆坠落事件。在需要重新提起时，现场人员手足无措，又是傅开荣站出来指挥，大家按他的意见成功排险。

施工中多变的天气让施工机具也遭遇了险情。有一次起吊扒杆滑轮出现了故障，悬在半空中欲上不能，欲下不得，急坏了所有人。此时，大家想到了已经退休的老工人冯汝华，此人有一项常人没有的绝技，可以徒手攀爬极高的光滑物。冯汝华人在南京，接到通知，二话没说就搭火车又转汽车火速来到天塔工地。

老人身材瘦小，但透出精干。他站在平地上，眯眼看着291米高空的吊装扒杆，高空中的吊装设备及那根悬在半空中的钢梁看起来如同一根树枝那么纤细。

老人说："没问题，我上。"

他需要从291米处爬到横着向外延伸20米的扒杆的顶端，将出现问题的滑轮换掉。这可是一项玩命的活，常人就是看一眼都会头晕目眩。

所有的人都为他捏着汗，老人却淡然地说："我只是三局一老兵，生为三局人，死为三局鬼。"

朴实的言语中透露出信心和自豪。顾锡明端来一杯茶，说："老哥，我以茶代酒敬你！"

冯汝华嘿嘿一笑道："无妨，等我下来再喝。"

但见冯汝华紧贴着光滑冰冷的扒杆，蛇一样向前游走。这20米如同千里一样漫长，却也如同眨眼间电光火石的一瞬，这个为企业奋斗了一辈子的吊装老工人在那时想过什么吗？

人们都站在地上，仰头看着他，但见蓝天之下，老人的身影是那样的渺小，他坚定前行的身影注定不会在天空留下任何痕迹，却永远定格在彼时彼地的三局建设者心中。他顺利地解决了问题，回来了。在掌声雷动中，他喝下那杯茶，茶水尚温。

1991年1月10日，天塔主体工程完工，是以世界同类建筑一半的工期优质高效完成的。2月14日是羊年除夕，新增的两个频道节目通过天塔正式向天津600万人民试播。施工期间，李瑞环更是六次莅临视察，并欣然为三局建设者题词："争创一流水平！"他称赞中建三局工程质量、进度创造了中国建筑业建塔史上的奇迹。

同年国庆节，天塔正式开播，中共中央政治局常委李瑞环，天津市、建设部、广电部领导及香港亚视董事长等嘉宾云集，为之剪彩。至此，"双塔"圆满收官，三局建设者"建塔先锋""建筑铁军"的称号蜚声全国。

1992年8月，"专家书记"傅开荣升任三局党委书记，刘书强任三局党委副书记。

第八章　鼎革则赢

这是充满激情畅想的时代，是穿军大衣、骑自行车、吃食堂、住陋室的时代，是老年人、中年人、青年人一起创造历史的时代。人们支持启蒙，崇尚真理，独立思考，自由表达。

1.鲁布革冲击波

正当天塔施工热火朝天之时，中国建筑业经历的变革也进入了一个非常时期。1987年8月6日《人民日报》头版头条发表了一篇新闻特稿《鲁布革冲击》。

何谓鲁布革？该报道写道：

> 云贵边界，深山峡谷，372米落差。
> 据说，早年水力勘测人员惊喜地发现此地，问及地名，当地布依族人回答："鲁布革！"本意为"不知道"，勘测人员误作地名，标入地图。

不管如何解释，"鲁布革"将在中国工程建设界产生强烈的冲击。

或者说，鲁布革是中国建筑业自我革新的一个源点，其声名远播缘于在此兴建的鲁布革水电站。该水电站是我国一座普通大型水电站，位于云南省罗平县与贵州省兴义市交界的黄泥河下游河段。

1984年4月，水利电力部决定在鲁布革工程中采用世界银行贷款，这将是中国第一个利用世界银行贷款的基本建设项目。但是，根据与世界银行的使用贷款协议，工程三大部分之一的引水隧洞工程必须进行国际招标。鲁布革电站工地先后引来了7个国家的承包商、制造商和世界银行聘请的近百名咨询专家。

在中国、日本、挪威等八国承包商的竞争中，日本大成公司中标，比标底低了43%，所有人都觉得他们亏定了。日本大成公司派到中国来的仅是一支三十多人的管理队伍。他们从中国水电十四局招雇了424名工人，按照合同制管理，按效率支付工人工资。开挖两个半月，单月平均进尺222.5米，相当于我国当时同类工程施工速度的2至2.5倍。1986年8月，大成公司在开挖直径8.8米的圆形发电隧洞中，创造出单头进尺373.7米的国际先进纪录。同年10月30日，隧洞全线贯通，工程质量优良，比合同计划提前了5个月。

相比之下，中方施工企业承担的首部枢纽工程于1983年开工，进展迟缓。世界银行特别咨询团于1984年4月和1985年5月两次来中方工地考察，都认为按期完成截流的计划难以实现。用的是同样的工人，差距为何那么大？此时，中国的施工企业才意识到，奇迹的产生源于好的机制，高效益来自科学的管理。

我国基本建设战线所存在的"投资大、工期长、见效慢"的弊端在这座工程中暴露无遗。中国的建筑企业开始感叹——原来施工还可以这样管理？

中国人是善于学习的。1985年11月，国务院批准鲁布革工程厂房工地率先进行项目法施工的尝试。参照日本大成公司鲁布革事务所的建制，建立了精干的指挥机构，使用配套的先进施工机械，优化施工组织设计，改革内部分配办法，产生了我国"项目法施工"的最早雏形。通过试点，提高了劳动生产率和工程质量，加快了施工进度，取得了显著效果。在建设过程中，原水利电力部还实行了国际通行的工程监理制和项目法人责任制等管理办法，取得了投资省、工期短、质量好的经济效果。到1986年底，历时13个月，不仅把耽误的3个月时间抢了回来，还提前四个半月结束了开挖工程，安装车间混凝土工程也提前半年完成。

1986年，时任国务院副总理的李鹏视察鲁布革水电站工地时感叹："看来同大成的差距，原因不在工人，而在于管理，中国工人可以出高效率。"1987年6月，他在国务院召开的全国施工工作会议上提出全面推广鲁布革经验，要求国家有关部门对鲁布革管理经验进行全面总结，在建筑行业推广。

"鲁布革"这个名不见经传的名字成为震源，在全国掀起了一阵阵冲击波。在努力争取下，三局成为全国首批试点单位之一，成为第一个吃螃蟹的企业。

2.第一个吃螃蟹

洪可柱亲自担任三局学习"鲁布革经验"小组的组长。三局作为一家从计划经济走过来的"老企业"，洪可柱懂得这项任务的紧迫性与艰巨性，知道这是个比开拓市场更艰难的事。他要求全局在学习鲁布革经验的同时，务必与三局的传统优势相结合，与三局在"高、大、新、尖"建筑中的技术积累相结合。

洪可柱这样回忆发起全局学习鲁布革经验的情形：

当时提出全局上下全面实施"鲁布革经验"，对此，我们内部也有争论，许多同志都觉得不可能，甚至有的同志说"洪可柱是萨达姆式的人物，是小资产阶级狂热者"，但我没有动摇。我认为推行"鲁布革经验"实际上就是一种引进、消化、吸收式的管理体制的创新，是颠覆思想。当时大家受惯性思维影响，沉浸在行政体制下的传统管理模式里，要打破它，从感情上、习惯上，甚至从个人利益上都是一个痛苦的过程。我们经过分析，认为改革中允许大家有不同的言论，但是作为工程局的领导应不断统一全局上下思想，且只有用改革的实践与结果来解决问题，结果我们做到了。

学习鲁布革的核心是"项目法施工"，这是以工程项目为对象，以项目经理负责制为基础，以企业内部决策层、管理层与作业层相对分离为特性，以内部经济承包为纽带，实行动态管理和生产要素优化，从施工准备开始直至交工验收结束的全过程施工管理活动。

洪可柱知道，要想推动改革绝不是一朝一夕之事，需持续数年时间来扭转，同时三局还需要一些样板，才能切实地让人们看到好处和希望。1988年，三局确立了首批11个试点项目，其中一公司的上海国贸大厦、二公司的武汉客运港大楼、三公司的武汉人民电影院三个项目作为局上报国家计委和中建总公司重点项目。

二公司承建的武汉客运港大楼项目是武汉市"七五"重点建设项目，造价1430万元，建筑面积3.4万平方米，而且工程技术比较复杂。此工程以当年的物价水平算是一个难得的大项目了，项目经理李勇此前做过多年的预算员，独立任项目经理还是第一次。公司按局的要求，要项目与公司签订一份"一包六保"的承包合同。

所谓"一包六保"，即是由项目责任人自由组合承包班子，对公司包上缴利润；同时保工程质量、保工作量按计划完成、保工期、保安全生产、保文明施工、保双文明建设。

与此同时，二公司工程三处将"六权"下放给项目，即工程指挥权、承包费使用权、材料采购权、资金分配权、违章违纪人员处罚权、定额工日浮动单价权。"六权"下放极大地激发了项目经理和广大人员的积极性和创造性。在"一包六保六放权"的同时，承包人以工资作为抵押，每月从李勇的工资中扣除40元、其他项目成员每月扣30元作抵押金。定期按照合同进行考核，完成的进行奖励，不能完成的予以处罚，须知他们当时的月工资大都只有50元左右，30元就是大数目。这样一来，开始有人打退堂鼓，有几个人甚至提出不干了。

项目领导只得分头去做大家的思想工作，告诉大家项目法施工到底好不好，只有试过才知道。同时他们认真编写施工组织设计方案，提前设想了本工程可能出现的一切问题。这份方案不仅赢得了职工的好评，后来还入选《中国优秀施工组织设计方案大全》一书。

项目内部把工作与任务量进行分解，明确到每一个班组、每一个岗位，员工工资与岗位挂钩、奖金与效益挂钩。

与此同时，对劳务队伍进行招标，其时中国建筑业的劳务层与管理层正在进行分离，项目部对每一个劳务班组——即农民工队伍的工作量进行核定，对支付的劳务费进行严格控制。

大家开始认识到项目的意义，都深感责任重大，心力自然凝聚一体。项目强化计划性管理，其核心是项目成本预算制。围绕着项目，对材料、人工的控制抓得极细，每一个班组需要多少材料，工长必须进行核算，提前报出预算，项目部再进行复核，并对节约的班组给予一定奖励。这种"成本预算制"就非常接近后来的项目精细化管理了。更重大的影响是，围绕着项目，开始吸收社会劳动力，这实际上是延伸到广袤农村的重大变革。

具体而言，此时中国的劳务市场方兴未艾，鲁布革热潮冲击下的建筑市场也进入细分，如三局提出打造"智力密集型企业"，走依靠管理和技术发展的道路，而建筑业是需要大量劳务工人的，于是部分作业层的工作就开始采用外包的形式。在这一背景下，许多农民开始离乡进城打工，其中有人便以"老乡"为建制开始在项目中包工，一种联系着中国乡村的用工形式逐渐在全国范围大规模出现。

项目原本要包上缴8%的利润，到最后工程完工时他们竟然上缴了20%左右，同时职工收入也有较大程度的提高。其他进行试点的项目也都捷报频传。这种管理手段上的变革让企业和员工都尝到了甜头。

3.革谁的命

以学习"鲁布革经验"的管理革新，可称之为三局的革命。革谁的命？革的就是自己的"命"。即革掉自己不合时宜的老传统、老做法、老思想。

此时，三局承建的武汉客运港大楼项目正进行得如火如荼，洪可柱也开始对局、公司管理层"动刀"了。对于三局这样一个从三线建设走过来的老牌国企而言，所谓"历史厚重"也是一把双刃剑。一方面，走过艰苦卓绝的创业路途，有着"苦战不休、死战不退、凝聚如铁"的战斗力；另一方面，又保留着比较守旧的管理方法，特别是在走向市场的过程中，落后的管理模式已经成为企业发展的最大障碍。领导者要做的是如何保持优良传统，同时以积极的状态吐故纳新。

1987年4月，经领导班子研究，在洪可柱亲自主持下成立了一个新部门——企业发展研究室，这个部门集合了吕承銮、胡建文、何成旗等一批

"笔杆子"。

此时企业的外部与内部都在发生着剧烈的变化，三局需要有专门的智囊来分析新情况、找出新问题，提出对策和建议，为企业的决策起参谋和助手作用。洪可柱在繁重的公务之余，总会抽时间去局老办公大楼二楼西侧的那间大办公室与研究室的同仁一起聊聊天。看似闲聊，却是纵论天下大势，探讨改革发展大计，研究应对风险挑战的策略和措施。事实证明，这批"笔杆子"为三局的改革发展发挥了应有的作用。

1988年2月，三局召开经理、厂长及处级以上干部会议，主题为"学习鲁布革工程管理经验深化施工管理体制改革"。四天后，局领导班子又趁热打铁，将当时局属一公司、二公司、三公司、机械施工公司、装饰公司、材料设备公司、金属结构厂等七家单位的经理召集到局总部，与他们分别签订本单位的承包经营合同。这是中建三局首次在局内部全面实行承包经营制，合同主要内容为"一包三保"或"一包四保"，主要指标有年目标利润、固定资产净值增值、上缴税利和各项费用、重点工程质量和主要产品质量，基本原则是"包死基数、确保上缴、超收多留、欠收自补"。时任机械施工公司经理的傅开荣说："合同虽只有薄薄的几张纸，但拿在手中却有重若千钧的感觉。"

1988年3月15日，三局再出"狠招"，在局机关进行人事制度改革，把原有的17个部门精简为8个部门，又新增3个事业部，把125名机关人员精简为76人。所有人员均被打破了"铁饭碗"、端掉了"铁椅子"，实行聘用制。机关部门负责人要当众宣读三年的工作目标，保证措施，由局领导集体评议后正式聘用，而部门工作人员则由部门负责人来决定聘用。

与此同时，局属各单位也都开始在内部强力推行"内部承包经营"。到1989年，全局在建项目92个，只有32个项目实行了项目法施工。鉴于当时的形势，这一年的8月29日，洪可柱主持召开深化改革渡难关会议。他说："全局改革进展缓慢的原因就是主观上认识不足。"要求全局员工坚定信心，共渡难关，继续深化改革。

周正一副局长作了题为《坚持改革，振奋精神，同舟共济图发展；奋力开拓，务实创新，强化管理求效益》的主题报告。他在报告中提出了五大问题和六大措施，要求全局干部首先在思想上扭转对改革认识不足的问题，要克服短期行为，要克服畏难情绪。

1989年11月，建设部、国家体改委、劳动部等五部委组成联合检查组对三局推广鲁布革工程管理经验工作进行考核，一致认为三局"比较全面、系统和有效地进行了有益探索，取得了可喜的成果。"

1989年末，机械施工公司已经连续四年赢利。同时一、二、三公司各级领导干部的思想均统一到局的部署上来，全局经营生产呈现出一派红火的势头。

同时上海国贸大厦、厦门金融大厦、广州麦芽厂等项目的项目法施工均进展顺利。

截至这年底，全局共完成产值3.67亿元，比上年增长21%。项目法施工的效率与效益开始显现，这让全局上下信心满满。决策层召开会议，讨论三局未来的发展。大家都认为，经过持续数年的改革，三局有必要"冲出重围"了。

1990年3月，中建总公司年度工作会在北京召开。会上，洪可柱在代表三局发言时说："三年之内，三局要组建200个项目法施工的专业项目管理团队，总产值要突破20亿元。"

话音刚落，全场哗然——这怎么可能？其时，在中建系统内部发展最好的中建一局年产值也不过5亿元，而三局只有3.67亿元。他竟然要在3年内实现20亿元？

有人说："这是天方夜谭。"

还有人说："这是在放'大炮'嘛。"

面对大家的质疑甚至嘲讽，洪可柱只简单地说："能不能达到，到时大家就知道了。"

时光匆匆，转眼间已到1994年，全局完成产值24亿元，洪可柱兑现了他的承诺。到1995年末，全局完成产值达39亿元。事实证明他没有说大话。也正是从1995年开始，三局的主要经济指标综合排名一直位居中建系统前列。

1990年，三局开始编撰《项目法施工必备》，洪可柱亲自任主编。历时两年，全书40余万字，全面系统地梳理出了三局的项目管理体系。该书于1991年在全国公开发行，成为中建三局对中国建筑行业做出的诸多贡献之一。

4.为80年代喝彩

20世纪80年代，是怎样一个时代?

可以说是充满激情畅想的时代，是穿军大衣、骑自行车、吃食堂、住陋室的时代，是老年人、中年人、青年人一起创造历史的时代。人们支持启蒙，崇尚真理，独立思考，自由表达。

那时的先行者，大都逐渐成为成功者。中建三局在80年代成功获得了系列先机，一是较早地经历了思想上的锤炼，为后来更深入的变革准备了思想基础;二是大胆地出征开拓，为日后的发展打下了物质基础;三是不失时机地锻炼和积累了宝贵的人才与技术资源，为企业腾飞奠定了人才基础。

2008年12月18日，中建三局在深圳召开纪念改革开放30周年座谈会，时已退休的洪可柱回顾往事，他把中建三局和当时湖北的三家建筑企业进行了对比：第一家是央企，比中建三局更早进入深圳，也更先承担高层建筑，后来却回去了；第二家是湖北省属某企业，它有地方保护，不出征也不积极改革，后来被民营建筑企业兼并重组；第三家是市属某企业，它改革了，实行个人项目承包，却难以形成三局这样的规模与集约效应。

三局这支建筑"野战军"，它的光荣传统其实就是在无路的地方勇于开出一条路来，在荆棘丛生的地方建设出大厦。改革开放时期的艰难险阻不亚于大山中的峭壁悬崖，他们坚持开拓前进，南征北战，终于得以依托一个个大型项目的成功建设，开始在全国乃至海外布局，成功地开拓了深圳、珠海、厦门三个经济特区。

这期间，一公司在上海承接了太平洋大饭店工程，在上海有一席之地，不久又成功开拓南京市场，承接到扬子乙烯化工厂。同时，三公司先后承接天津碱厂自备电站、陕西渭河电厂，在天津、西安分别成立分公司。二公司则在深圳、厦门等经济热点地区成功登陆，相继成立分支机构。

更重要的是，三局率先走出国门，在也门共和国承接到萨那医学院工程，在巴基斯坦承接到贾姆肖罗电站工程。

在营销布局上，三局基本实现了立足湖北、面向全国、走向世界的"三步走"战略，特别是紧跟国家经济发展热点地区成功布局。

在管理上，三局正处于从粗放管理到精细管理的过渡与发展时期，早在1985年在战略层面提出加强各级领导班子建设，并对工资制度进行改革，强调了多劳多得、向一线倾斜的方针。

1987年后，三局更加注意企业内部管理的制度化、标准化建设，出台了一系列强制性规范。如1987年制定了《经理（厂长）工作条例》和《总工程师、总经济师、总会计师的责任制度》，还专门印发了《中建三局科技成果奖励办法》。

在工程管理方面，出台了《建筑安装工程总、分包实施细则》。1987年7月的年中工作会上，又提出了"双增双节"，即"增产节约、增收节支"。一公司在试点"包死基数、确保上缴、超收多留、欠收自补"经营策略的基础上，进一步将工资总额与经济效益挂钩，结合经理负责制，与工程局签订四年一期的承包经营合同，这也是全局首次试行领导班子集体承包经营责任制。

客观地说，这些管理规定，在今天看来还是粗糙的，体系上也不够完整。但在80年代，能有这样的管理水平与意识的建筑企业当属凤毛麟角。

1988年10月，三局提出企业中长期战略总目标，即通过五年或更长时间，逐步建立起适应国内国际承包的工程建设组织结构，逐步把现有施工队伍打造成一支智力密集型和劳务密集型相结合的、协调发展的、高效率高质量高效益的建设队伍，把三局建设成为设计施工一体化、国内与国外工程一体化、土木与建筑工程一体化、建筑施工与多种经营一体化的工程总承包集团。

从20世纪80年代中期至今，三十多年过去了，而这一战略总目标早已经全部实现。回首历史，不得不赞叹他们洞察先机，远见卓识。

三局的贡献远不止如此，当然，和进入90年代的中国一样，他们彼时面临的挑战也远不止如此。在布局华夏、建筑中国的新征途上，三局又将上演怎样的精彩与传奇？

▲ 武汉晴川饭店，为湖北省第一幢超高 　▲ 荆门热电厂，三局进入湖北后的第一个大型建设项目
　层建筑

▲ 华中科技大学教学楼，三局承建的武汉八大院校之一

▲ 三局深圳国贸大厦"铁姑娘班"合影 　▲ 1983年，深圳国贸大厦施工核心技术人员"四项红帽子"合影

▲ 1984年9月，深圳国贸大厦封顶

▲ 滑模施工中的深圳国贸大厦

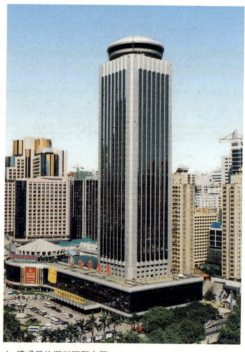

▲ 建成后的深圳国贸大厦

▲ 1990 年，时任中共中央委员会总书记江泽民视察辽宁广播电视塔

▲ 辽宁彩色电视发射塔，塔高 305.5 米，时为中国第一高塔，在 200 米高空从事吊装作业开创国内施工先河，钢桅杆施工实现焊接、安装、喷漆同步作业更开创了国际先例

▲ 天津广播电视塔，塔高 415.2 米，时为亚洲第一、世界第三高塔，也是当时世界上抗震能力最大的塔（抗 9 级地震烈度），至今仍是世界上唯一一座"水中之塔"

▲ 1991 年，时任中共中央政治局常委李瑞环为天津电视塔落成剪彩

▲ 1991 年，天津市人民政府向中建三局赠送"建塔先锋"牌匾

▲ 1985 年，中建三局赴日学习二氧化碳保护焊技术的特种学习小组成员合影

▲ 深圳发展中心大厦，高 165.3 米，是我国首座自行安装施工的高层钢结构建筑

▲ 1987 年，三局首次试行领导班子集体承包经营责任制签字大会

▲ 鲁布革试点重点项目——武汉港客运大楼

▲ 1989 年，国家五部委联合检查鲁布革试点企业情况，并对三局给予高度评价

▲ 鲁布革试点期间，三局召开项目法施工现场推进会

> > > 第三篇

建筑中国

布局华夏征四方，天高路远梦无疆。这是一部写在大地上的交响乐，这是一首黄金年代的史诗。建筑是时代的镜子，映照着三局人南下东征、北上西进的坚实足迹，折射出三局人逐浪争先、建筑中国的无限荣光。

第九章　布局华夏

时光仿佛被折叠起来存入高高的档案柜，白发悄然爬上他们的头顶。欢笑与激情、痛苦与彷徨，被拌入混凝土浇筑在宏伟的建筑中，于是城市长高了，马路变宽了，人们的梦想如姑娘身上的衣裳多彩斑斓。

1.要去，就去南方

经过鲁布革改革试点后的三局，进入90年代后，提出"沿海一片、京广一线、西安一点、北上西进"的经营发展战略。这意味着三局旗下的各大主力公司都将开始远征。此时，他们已依托"深圳速度"的冲击波在深圳布局，又依靠"双塔"的巨大影响在天津布点。洪可柱对"沿海一片"做了形象的描述，"厦（门）深（圳）（珠）海捉鳖，上（海）青（岛）天（津）揽月。"

先说南下。因"深圳速度"的成功，中建三局在深圳建筑市场一炮而红，三局随即做出大部队进军深圳的重大决定。而在此前的1983年3月，二公司经理王培生调任三局工会主席后，由白乃孝接任经理，二公司也进驻深圳，他们盯上了有"南国第一国门"之称的深圳罗湖联检大楼工程。该工程占地面积18107平方米，主楼12层（含地下一层），总建筑面积70623平方米。

经局同意，二公司派周正一、邢章宪、张希黔等组成工程指挥小组。他们还记得第一次开会的情景：对面是香港业主，西装革履，二公司等人则穿着布衣服。香港人一见就皱起了眉头——这是哪里来的一帮"土八路"？

但是，这帮"土八路"，两天时间拿出了工程预算，三天就编出了施工计划，这让业主刮目相看。当听说这是承建"中国第一高楼"深圳国贸大厦的企业时，对方态度便180度转变。

从外部赢得了工程项目，但在内部，却不是没有困难。

周正一被任命为项目施工总负责人，他遇到的第一个难题是，愿意到深圳工作的职工并不踊跃。是职工思想不够开放吗？领导层意识到，主要还是因为公司与广大职工沟通得不够，以致广大职工对国内外形势，以及本企业发展遇到的挑战和前途，还没有做到心中有数。于是，白乃孝亲自上门去找班组里的骨干人员交谈。他去看望的骨干中有个叫王尚俊的，王尚俊的儿子叫王连庆，刚刚7岁。如果队伍开赴深圳创业，就意味着王连庆将在远离父亲的岁月里长大。周正一与王尚俊谈了企业为什么必须走出去。王尚俊摸了摸儿子的小脑袋，说："放心，我跟你走。"

1984年春节刚过，白乃孝为出征的将士们举办了一场简朴的送行酒宴，王尚俊带着儿子王连庆也来参加。之后，队伍在家属们送行的目光中出征。

抵达深圳，他们通过贷款购进大型设备，从工程的四个方向同时施工，人机实行24小时轮班制，工程日夜推进。正值施工艰难之时，不远处的兄弟单位在深圳国贸大厦创造的"深圳速度"正横空出世。于是周正一大胆地在工地上挂出"赶超深圳速度，创造深圳质量"的巨幅标语。这种状态让业主着实刮目相看。

参建的全体员工再一次发扬"革命加拼命"的精神，没日没夜地抢工。在他们百米之外，就是霓虹闪闪的香港，没有人为之分心，这是一支有着铁一般纪律的施工队伍。上千人的工地，进退有序，人人拼命，依然是三线建设时期的作风。其实，这项工程是十分艰巨的，"南国第一国门"落成，比计划工期提前两天。

这年冬天深圳特别冷，深圳河结了罕见的一层薄冰。中建总公司派来了两个实习生，他们都刚刚大学毕业，一个叫易军，一个叫孔庆平。易军毕业于重庆建筑工程学院（现重庆大学）工民建专业，他被分到工地工程部。据当时与之同事的李根才回忆：易军从不多话，但是工作主动积极，与大家相处融洽，他不爱坐办公室，大冬天仍然坚持活跃在工地，负责3.8米高承台梁的钢筋绑扎，常常拿着图纸指导工人。这两人后来在业内都很有名，易军成为中建总公司党组书记、董事长、中国建筑股份公司董事长，现任住建部副部长。孔庆平则先后担任中国海外发展有限公司董事局主席、中国建筑国际集团有限公司董事局主席兼非执行董事、中国建筑工程总公司党组成员、中国建筑股份有限公司副总裁等职务。

如今，每天约有40万人经此口岸来往于港深两地。1997年7月1日，中国人民解放军经此口岸进驻香港，标志着香港正式回归祖国怀抱！

二公司首战告捷，深圳市政府特别发文，同意二公司在特区注册成立分公司。二公司任命周正一出任分公司经理。此后他们开始以二公司的名义陆续承接火车站联检大楼、深圳信息中心、深圳长安大厦等工程，二公司在南方站稳了脚跟。

转眼20年过去，当初出征的王尚俊变成了老王。2000年，王尚俊在工地上突发脑溢血，永远倒在了岗位上。当年那个小毛孩王连庆赶到深圳只看到父亲的遗体，永远听不到父亲的声音了。几年后，王连庆也来到深圳分公司工作，那一天去报到，单位设便宴为他接风洗尘，同事们听说他是王尚俊的儿子，纷纷来敬酒。

王连庆回忆说："我知道，同事们不是在敬我——而是在敬那些为了企业奉献的前辈们。"王连庆还说，"三十年前父辈们在这片热土上打拼，为我们开创基业。三十年后，我作为新一代建筑人，理当传承父辈留下的精神财富，再创辉煌。"

此后，二公司的建设者们又相继承接深圳水晶城（大运会体育中心）、深圳证券、深圳平安等一大批地标建筑，再次引领深圳建筑风流。他们在三十年前播下的种子，在深圳特区的沃土上生根发芽，摇曳生姿。

深圳国贸就如同三局在南方市场的起跳平台，几大主力公司相继在南方成立深圳分公司、广州分公司、珠海分公司等，承接了一大批地标性建筑。

2.鹭岛扬帆

三局在深圳特区的成功能否复制？答案是肯定的。

1984年临近岁尾，厦门市市长邹尔均在香港向与会客商和媒体宣布，厦门首届国际展览会将于1985年6月在厦门富山国际展览城举行。可当时，富山国际展览城施工图尚在设计，富山地块还是一片水稻田。莅临现场考察的外国商人以怀疑的眼光指着这片土地说："半年时间？就是用竹编纸糊也完成不了！"

1984年3月，时任福建省委书记项南主动邀请中建三局到厦门参与建设。张恩沛率副局长李传芳、三公司经理潘君德、局经营部总经济师夏祖根等一起赴厦门特区。

三公司当时正处于"等米下锅"状态，湖北省内的一些划拨工程基本完工，新的任务还没着落。作为三局三大主力之一的三公司再不出征，恐怕要揭不开锅了。

福建省建设厅和厦门市政府有关领导亲自陪同他们考察。厦门虽然也是特区，但在建设规模、发展速度上都落后于深圳。福建省和厦门市就是想请一支过硬的铁军来帮助厦门特区奋起直追。

对方说："眼下就有一个项目，我们要在厦门举办一个国际展销大会，目前已经有一百多个国家和地区报名参展，这对提升厦门特区形象、促进海峡两岸的经济发展意义重大。"

对方又说："可是我们还没有一个像样的展览城。"

张恩沛和李传芳相视一眼，知道项目来了。张恩沛说："那就说说条件吧。"

厦门市有关领导说："本项目暂名'富山国际展览城'，地上6层，建筑面积1.6万平方米，但是时间很紧，前后只有半年时间给你们。"说着就拿出了初步的设计图纸。

张恩沛问："详细的施工图设计进展如何？"

对方回答："还在设计中。"

张恩沛提出去看看项目所在地块。于是一群人驱车前往，前面没路了，下车又步行了很久，然后厦门市的领导指着前方一块还长着稻谷的水田说："这就是了。"

潘君德简直有些目瞪口呆，不说施工起码的"三通一平"，至少靠谱点，得有条路吧。可眼前除了田垄，连路也没有。

张恩沛把目光转向潘君德，潘君德自然明白这是在询问自己行不行，他没有马上表态，而是说："这样的规模，这样的条件，按规定工期最少需要一年半，半年时间太紧了。"

对方说："我可是听说中建三局在深圳是三天一层楼啊，深圳速度谁都知道的。"停一停又说，"如果你们能拿下来，我们会把湖滨北路的一系列高层建筑交给你们做。"

条件已经开出，再不接单，不仅有损三局威名，也可能永远错过厦门特区市场。潘君德回答："只要有福建省、厦门市的支持，我们还是有信心的。"

于是，出征厦门首战富山展览城的任务就这样敲定。

潘君德回到武汉，第一件事就是召集三公司的干部员工开大会，告诉大家："这活，我们必须得接，而且一定要全力以赴做好。一公司有了深圳速度，二公司又搞了联检大楼，我就不相信三公司不能搞好富山展览城。"

短短一周，800好汉通过火车、卡车，兵分几路奔赴厦门。

此时，退居二线的三局老党委书记岳洪林已经68岁，他赶了过来。岳洪林说："虽然我不能做什么，但只要我站在这里，员工们应当会心安一些吧？"没错，大家只要看到花白头发的岳洪林出现在工地，就没有一个人叫苦。

没有住宿和办公场地，就租用工地对面的奶牛场，与奶牛和半寸大小的蚊子为伴。在主体结构施工时，没有垂直运输工具，他们就人工搬运建筑材料，用灰桶一点点运送混凝土。

1985年1月3日，工程桩基础施工完后，就临近春节。多年后，当时的工程副总指挥康伦恩回忆说："那时，没有一个人提回家过年的话，全部在工地照常上班。除夕夜，市政府领导带上猪肉、水饺等物资到工地慰问建设者。"

仅仅157天，一座极具现代气息的国际展览城拔地而起。展览城落成当天，著名科学家钱伟长、郑孝燮、徐博文等到会，对工程建设者给予极高评价。富山国际展览城顺利建成，保证了厦门首届国际展览会于1985年6月25日准时开幕。富山国际展览城的建设被誉为"厦门特区建设史上罕见的高速度"，即"富山速度"。福建日报、厦门日报和厦门电视台等媒体纷纷以"奇迹"为题报道了富山建设者。

富山国际展览城项目的建设，不仅让三局在厦门立下了第一座丰碑，确立了"团结、拼搏、奉献、争先"的富山精神，也为此后中建三局在厦门的发展打下了良好基础。

不久，三公司厦门分公司成立，张荣担任首任分公司经理。后来他们顺利承接了厦门市政府大楼、大西洋海景城、中银大厦、国贸大厦等一系列重大工程。三十多年来，为厦门特区、海峡西岸的建设屡建奇勋。

3.抢滩大上海

20世纪80年代，曾有不少经济学家预言：当历史叩响21世纪的大门时，国际市场的中心将会东移，谁放弃上海，谁就放弃了中国市场和国际市场。同样，谁能抢滩上海建筑市场，谁就能占据中国建筑市场的制高点。

1986年2月14日，农历正月初四。位于武汉市珞狮路248号的三局大院办公楼里，正在召开局党委扩大会。时任副局长洪可柱用略带福建腔的口音说："上海市总产值占整个国民经济的十分之一，舞台大，空间广，这是一方阔土。上海经济技术基础好，在这里施工有利于形成和提高企业技术优势和综合水平，这是一方沃土。在特区经济的刺激下，上海必有大建设，这是一方热土。从感情方面说，当年一公司就是从上海出发的，上海对三局而言也是故土。而且，上海是国际化大都市，如果我们决意走向世界，上海必将是最好的跳板！"

洪可柱的分析让与会者们热血沸腾，领导班子成员都纷纷发表意见，赞同他的观点。

张恩沛听完大家的发言，不禁想起几年前出征深圳的情形，那时的自己与今天的洪可柱何其相似！一样的壮怀激烈，一样的勇往直前。会议决定："打进上海，搞活全局，慎重初战，务求必胜！"

于是，以洪可柱为总协调、王毓刚为组长的11人经营开拓小组进驻大上海。王毓刚这个深圳国贸大厦的"四顶红帽子"之一，此时已任三局副局长。一批"实战型人才"，包括二公司当年开拓深圳的周正一、邢章宪、张希黔等人也都陆续进入局领导班子。

他们盯上的第一个工程是上海太平洋大饭店，可找到业主时，对方明确表示"已经有了指定的施工单位了"。洪可柱不死心，把小组成员分成几拨，向业主发起"车轮战"，目的是"只想让他们了解一下三局"。

业主确定他们是"深圳速度"的创造者后，表示有兴趣听一下他们的意见。谈起项目施工，王毓刚自然是如数家珍，并表示"如今都在流行公开投标，指定发包已经不适应现在形势了"。

太平洋大饭店是中日合资兴建，日本人对中建三局表示出了浓厚兴趣，决定给三局一个机会，改指定发包为公开招标。由此，洪可柱顺利带队参与角逐，并凭借合理的报价、一流的施工组织方案中标。1986年4月30日，中建三局接到中标通知书——这是他们进军上海的第一单。从进驻上海到中标，只用了不到两个月时间，可谓高效。从上海太平洋大饭店开始，到正大广场，再到上海环球金融中心，此后近三十年时间里，中建三局在上海滩书写了一个又一个传奇。

太平洋大饭店地下2层，地上28层，造型十分别致，低层裙房呈椭圆形，高层主楼呈环扇状。

施工遇到的第一个难题是基坑开挖。基坑深14米，为当时上海之最。开工两个月挖出6万立方米的土方，但是地质条件复杂，破土一年时间，始终无法冲出"地平线"，这样的进度是无法实现"必胜"的。一公司副经理陈学锋受命于危难之时，他兼任上海分公司党委书记，领衔施工。他到现场蹲点三天，再找干部职工深聊后，决定采用二级井点降水、机械分三层开挖、砼板挡土等措施，施工很快突破瓶颈，太平洋大饭店冲出了"地平线"。

大家还来不及高兴，又一个难题出现。

太平洋大饭店1至5层裙楼为钢结构施工，按日方设计，五层楼高的钢柱必须是两根焊接起来。为了保证质量，设计要求每根钢柱必须在预制加工成型后，再运到施工现场吊装焊接。可是，施工现场地处闹市区，场地狭小，根本不能进行大型钢柱的吊装作业。陈学锋和工程技术人员一起分析了很久，果断做出大胆决定，改整体吊装为分段拼装，改工厂预制为现场焊接。这一变动等于修改了日本人的设计，日方站出来坚决反对，他们认为现场焊接的质量绝对无法达到设计要求，业主中的中方代表也开始对中建三局表示了怀疑，直接说："中建三局搞土建还可以，搞钢结构恐怕不行啊。"

此时，鲍广鉴刚刚完成中国第一钢厦深圳发展中心项目的施工任务，随即赶赴上海。他们进行了再三的研究论证，坚持了现场焊接的意见。

日方从日本国内请来焊接专家大越俊男。中方代表请来了有"中国焊神"之称的曾乐。

曾乐，广东中山人，1952年毕业于上海同济大学经济系，历任鞍山钢铁公司灵山金属结构厂工程师，冶金工业部建筑研究总院副总工程师兼宝山钢铁总厂工程总指挥部副总工程师、高级工程师，国际著名焊接专家。

鲍广鉴面对中日两位大师毫不怯场。他先来一个"纸上谈兵"，即在理论上说服他们。大越俊男没想到这个工人出身、只有中专学历的鲍广鉴，竟有如此深厚的理论基础，表示"可以先试一下"。曾乐则表现得更像一个老师，他支持中建三局的做法，并在鲍广鉴的基础上进行了完善。

试焊开始，曾乐与大越俊男亲临现场指导。鲍广鉴抽调几名曾参与深圳发展中心项目的熟练工人与自己一起动手，只见弧光闪闪，焊花飞舞。大越俊男尤其表现出日本专家的认真劲，焊接一结束，立即拿起仪器仔细检查。良久，大越俊男说："同意中方的方案。"

这不是鲍广鉴第一次面对外国人的质疑，也不会是最后一次。

解决了这个问题，迎来主楼的施工，他们再一次对滑模技术进行了改造升级。由于本工程的结构独特，主楼呈扇面，结构断面变化频繁，传统的滑模技术难以发挥作用。他们采用"外爬内翻"的工艺，集中了滑模、翻模两项工艺的长处，开创了大型高层建筑的"爬—飞模工艺"。1988年10月，太平洋酒店胜利竣工，经中日双方共同验收，优良率100%。这标志着抢滩第一战完胜。不久他们又承接了上海国贸大厦项目，从而在战略层面吹响了中建三局进军大上海的冲锋号。

就在陈学锋稍喘一口气的时候，有人登门求助来了。来者是兄弟单位三公司苏州分公司的党委书记曹庆和，他们是在施工完苏州雅都酒店后顺应三局战略规划来抢滩大上海的，他们恰好在太平洋大饭店的正对面承接到一个高难度项目——上海金桥大厦。

金桥大厦系上海与美国旧金山结成友好城市的象征，由上海信托投资公司和美国旧金山太平洋有限公司投资兴建。金桥，寓意金色的友谊之桥。对三公司而言，又何尝不是一座登陆上海市场的金色之桥？

这是一座超五星级豪华公寓。在虹桥开发区那林立的高楼群中，它以独特的造型、挺拔的线条、协调明快的色彩格外引人瞩目。本工程的难度，不在其高，也不在其大，而在于造型十分奇特，结构相当复杂，导致施工难度的不确定性。为此，业主还特别在该项目实行了监理制。今天，几乎所有的项目都有监理工程师，但在1989年，他们还是第一次听说这个名词。

这一监理制可让他们吃了大苦头。所有监理人员均系退休老专家，也深知肩负的责任重大，所以出奇地严格。项目从开工起就有四难：一是结构复杂，几乎没有标准层；二是许多材料为全进口，相关工艺国内还没有推广；三是大家对监理制的严格要求还不适应；四是受限于当时的施工条件，比如垂直运输、混凝土供应不足等，严重影响了进度。结构复杂就意味着让三局建设者引以为豪的"滑模技术"在本工程无用武之地。本工程由于每一楼层都不尽相同，只能采取"私人定制"的方式，效率自然低下。另外，金桥大厦的工艺标准也超过了当时的国内施工水平，这也是他们迟迟无法打开局面的主要原因之一。

曹庆和今天来找陈学锋是什么事呢？

就是要解决第四个难题，混凝土供应问题。

一公司恰好在上海建有一个混凝土搅拌站，这还是当年在建深圳国贸时，张恩沛顶着政治与经济风险购进而留下来的财产，今天又在上海发挥了大作用，之前就供应了太平洋大饭店项目。

陈学锋听明来意，当即表示没有问题，只要搅拌站能供应上，就全力支持兄弟公司。与此同时，三公司还在一公司的帮助下从深圳购进了一台二手混凝土泵车，这在当时可是先进设备，但是由于混凝土的配比以及搅拌时间把握不准，总是发生堵管现象。项目领导就如同救火队员，一旦发生堵管就必须马上把泵管拆下来进行清洗，然后再装上去。最恼火的是刚装上去又堵了，又得马上拆下来重新组装。如此反复多次，尽管大家已经很努力了，但是工期进度迟迟上不去。业主投诉信接连飞到公司及局总部。

局领导要求三公司增派精兵强将，务必把金桥建好。由此，在建设厦门富山展览城时有着突出表现的陈旅平被任命为三公司上海分公司经理。

陈旅平一到任就砍出三板斧，一是要求所有工长、工人学习新的技术标准，技术问题不能仅仅是几个技术员的问题，而是全员的问题。二是改进技术装备，购进德国原装泵车一台。对所有操作工人进行重新培训，并特意到一公司太平洋大饭店工地请老师傅来教。三是充分调动工人积极性，干上去了就有钱挣，干不上去就待岗。同时他大力拔擢青年员工，让他们担当更大的责任。三板斧收到了效果，士气大振，施工很快提速。

1992年9月，金桥大厦顺利竣工，大厦外墙由翡翠绿玻璃窗、红色、乳黄色和油绿色面砖以及奶白色大理石相间组合，精雕细琢，天工巧成，使整幢大厦显得玲珑剔透、光艳照人，与一公司承接的太平洋大饭店、上海国贸大厦一起交相辉映，共同成为90年代初大上海的象征。此工程后来被评为上海市"改革开放三十周年50大经典建筑"。

本工程也是三公司历史上第一个真正意义上的高层复杂结构建筑。三公司为之曾三易其帅，但它带给三公司的影响深远，让三公司人学会了什么是尊重技术、什么是质量第一、什么是新时代的建筑施工。三线建设时的苦干精神不能舍弃，但是还得学会巧干，既要是敢打敢拼的"兵"，还要是能算会谋的"秀才"。

从"兵"到"秀才"，既是时代发展的形势所逼，也是三局建设者自己主动的求新求变，这是从粗放管理到项目法施工的转变，说明了鲁布革经验在三局最基层产生了真切的连锁反应，并为此后的精细管理打下了基础。

金桥大厦架起了三公司进军大上海的金色桥梁，也为5年后的"上海正大奇迹"埋下了伏笔。

到1993年，三局三大主力公司均依托重点项目的建设成功打开上海市场，成立了分支机构。此后，为进一步强化上海区域市场，又成立了上海建设公司等机构。至此，三局初步完成了进军大上海的战略目标。

4.风往北吹

20世纪80年代中期，三局的业务重心主要在深圳、武汉，以及上海等经济热点地区。从1986年开始，三局着手面向全国布局，"北上西进"就是重要的一环。

此时，一二公司均在南方市场如鱼得水，三公司仅在厦门一地凭富山速度打开局面。要寻找新的突破点，去北方或是一个不错的路子，他们的目光望向北方。

这年王铁成40岁，是三公司二处主任，手下数百人基本处于"半饥饿"状态。一天，潘君德、王铁成偶然听说武汉长江动力公司（今长动集团）有一套发电机组设备要卖到天津去。他们敏锐地察觉到这是一个机会，当即找到长动公司，掌握到了工程信息，原来是天津碱厂要建设一个自备发电厂。

三公司于是提出组建一个投标联合体共同参与该工程的建设，长动公司的优势是设备及安装，而三公司的优势是土建施工。双方一拍即合，"搭伙"出击，果然中标。这大概是中建三局历史上较早的与其他企业组成"项目联合体"抱团出击。

同年8月，三公司派王铁成带队北上，出现在其面前的是一片荒凉的盐碱滩，视野之内别说树，就连草都没有一棵。没有工厂，没有街道，只有乱石堆，风起处，刮起白色的盐碱粉末，刺得他们眼泪汪汪地流。没有自来水、电，甚至没有床，他们只能用竹席搭起简单的工棚。所有人都是第一次到北方来工作，不适应气候与环境，皮肤开裂、流鼻血、拉肚子，但大家仍然坚持干活。

面对高达150米的烟囱，三公司派出滑模班从湖北赶来支援。冬季漫长，他们就烧热水搅拌混凝土，为防止刚浇筑的混凝土冻伤，许多职工把自己的棉被拿来盖在混凝土上。滨海大风吹起，人在近百米高的半空中施工仿佛一片树叶，随时都要被吹落。滑模班的兄弟们用一根长绳紧紧地系在腰间，另一头系在模板上，他们称之"人在滑模在"。他们采用筒壁、CCTP耐酸涂料、高硫砂浆、珍珠岩、耐火砖内衬五项同步新工艺，最终大大缩短了工期，烟囱以每天3米的速度迅速滑升。

周世彬，一名女工，半路出家学习焊接技术，很快成为骨干。那时她的两个孩子都不足十岁，被她留在千里之外的老家，自己手持焊枪奔赴天碱工地。在实施主厂房锅炉房30米跨大型钢屋架制作任务时，正值天津最热的8月，无遮无蔽的烈日下，她和女子焊工班的余天芳、李东旭、王燕等姐妹一起，身着厚厚的焊工服在太阳下作业，不一会儿就汗流浃背，汗水很快又蒸发掉，留下的白色汗渍，就如同她们脚下那片盐碱滩。

1987年6月8日，天津市委副书记张再旺到现场表示祝贺，对王铁成说："天津塘沽是一个开发区，是重要的港口，期望你们将来在这里留下更多有名的工程。"

王铁成和他的后继者们兑现了这个期望。此后30年间，中建三局一直以天津建筑市场标杆的形象出现。就在天津碱厂工程建设之时，他们又承接到天津化工厂相关扩建工程。1986年10月20日，三公司北方分公司组建成立（2002年更名为天津分公司），王铁成出任经理。

1990年底，王铁成调回武汉接替潘君德任三公司经理，接替王铁成的是张修明，他们承揽到大沽化工厂配套工程。到1993年，北方分公司在远离本部、孤军奋战的情况下，向公司总部上缴了可观的收益。同年，张修明调到武汉三公司总部任职，刚从日本大成公司学习回来的李全立接任北方分公司经理。

李全立接手后承接的第一个项目便是天津武田制药厂工程。这似乎是历史的巧合，天津武田制药厂系日本企业"武田药品工业株式会社"在中国投资开设的分厂，李全立刚从日本学习回来，找上门去，表示想承接这个工程。对方在认真考察后，同意了。

武田药品是在全球制药和保健行业居领先地位的跨国集团。"周密计划、超前管理"是武田模式的特点。在项目准备阶段，就制定工程表和质量、安全计划，在施工期间制定整体、月、周和日计划，以及各阶段的材料供应、机具、劳动力等计划，计划做到长、中、短环环相扣。每天的例会对当天的计划进行小结，及时对计划进行调整。在日方工程师的直接过问下，施工一个分项工程，均要编制《施工要领书》，主旨是技术措施、质量保证等。这就是典型的"事前有策划、事中有监督、事后有总结"的精细化管理手段，使得整个工程的施工进度、质量安全、工程成本均在可控范围内，基本上做到人人心中有数。

武田制药厂获得日方高度认可，也赢得了中建总公司的金质奖，这是北方分公司第一次获得这一荣誉。

三局的建设者从承建"天塔"开始，到2015年的北方第一高楼天津117大厦，他们在天津不断缔造自己的传奇。

5.江城故事

在三局的市场布局中，有东、南、西、北、中五大方位，而武汉作为三局总部所在地，地位更是至关重要。以武汉国贸、武汉亚贸为代表的顶尖工程的承接，再次证明了三局建设者在武汉建筑领域的"领头羊"地位。

"十里帆樯依市立，万家灯火彻夜明。"说的就是百年前汉口作为华中货运中转枢纽的盛况。到了20世纪90年代，武汉作为"中部崛起"的桥头堡，其地位已为东西部共同瞩目，但此时的武汉还没有一幢超过50层的建筑，这与武汉打造国际化大都市的身份定位明显不符。1994年，武汉筹备建设国贸大厦，地上55层，高达211.8米，建筑面积21.5万平方米，为全城第一座50层的超高甲级商厦。

领命出任本项目总承包部经理的是张希黔，此时他已是三局总工程师，从晴川饭店到武汉国贸，时光流过十年，当初的那个铁血汉子已经两鬓斑白，而这时的楚天第一高楼恰好比当年那座第一高楼长了一倍。

顾锡明也来了，兼任主承包方中建三局二公司的项目经理。李勇也加盟项目管理团队，任常务副经理和主任工程师。这个项目对他们而言，是一个新的挑战。

常言说"万丈高楼平地起"，并不准确，万丈高楼是从"深坑"起的，因为楼越高，挖的坑就越深。既然建的是楚天第一高楼，挖的便是"楚天第一深坑"。

有人劝张希黔，你已经是功成名就了，何苦再跳进这个大坑？武汉地处长江之滨，大厦位于管网错综交叉、地质水文复杂的黄孝河古道和新华路交汇处，这里史称"取水楼"。

项目基坑深达17米，开挖土方量达1.1万立方米，周围楼宇密布，流沙土质，地下水极其丰富。他们悉心组织强将精兵、土洋结合，逐一解决面临的难题。当挖至8米深左右时遇到复杂情况，他们当机立断，及时调整方案，仅用48天拿下了17米超深基坑土方大开挖、12.8米高悬臂支护柱围护的施工难关，而近在咫尺的房屋和道路安然无恙，漂亮地完成了"楚天第一坑"。武汉媒体称之"武汉地区超高层建筑上的一个阶段性突破"。

首战告捷，项目部乘势而上，又攻克了第二道难关——地下室主楼底板大体积砼施工。地下底板面积达3000平方米、厚3.1到4.8米，需一次性浇筑11000立方米砼。李勇带队进行技术攻关。他们调集6台输送泵、10台运输车，配备电脑测温设备，从布料振捣、后期养护等各个方面共同作业，连续5天6夜不停，1.1万立方米的混凝土一次性浇筑成功，比计划提前了50个小时，胜利完成了大厦基础的施工，掀开了武汉地区超深基础施工历史上新的一页。该成果获得全国QC成果一等奖。

1996年7月6日，高达211.8米的武汉国贸主体结构胜利封顶，标志着大武汉正式开启了超高层时代，此后这一记录不断被三局建设者刷新。

武汉国贸在施工过程中成功运用了数十项当时的先进技术、工艺以及新材料，也是由此开始大规模地运用新技术、新科技以及较先进的管理手段来推动工程建设。

与此同时，一江之隔的武昌武珞路上的武汉亚贸广场也正在如火如荼地紧张施工。亚贸广场虽然高度上比武汉国贸差了不少，但总建筑面积却比武汉国贸大，达12万平方米，系双塔结构，当时被称为武昌第一高楼。

亚贸广场坐落在武昌石牌岭与武珞路交汇处，由2幢分别为31层、24层高的塔楼及裙房组成，是三公司在武汉地区承建的最大一项科技推广示范工程。

针对工艺复杂、施工难度大、质量要求高等特点，三公司组建了以总经理王铁成兼任项目经理、副经理张修明兼任项目常务副经理的管理班子，精心组织施工，对人、财、物实行科学的动态管理，加大科技含量，先后应用推广了十多项新技术、新工艺。在主楼施工中，他们创出了两天半一个标准层的高速度。1995年，该项目在武汉市120多个在建项目中获主体优良第一名。

　　此项工程对于三公司而言有着打"翻身仗"的意义，不仅为此前处于亏损边缘的三公司带来了较好的经济效益，还赢得了社会信誉。三公司此后在武汉承接了武汉龙丰大厦、武汉绿洲大厦、湖北金融大厦、武汉沌阳大厦、鄂州市政府大楼等一系列工程。特别是湖北金融大厦，为公司赢得了首座鲁班奖。

　　今天，三局的建设者们这样如数家珍般地回顾：不论曾经多么困难，多么艰辛，国贸、亚贸都成功地耸立在武汉的天空下，成为90年代武汉崛起中部的象征。这期间，武汉先后开建的50层以上的超高层建筑，如武汉世贸大厦、武汉广场、建银大厦等，均由中建三局建造。

　　他们说——

　　70年代，是武汉接纳了从三线建设中走出来的中建三局。

　　80年代，是武汉给了中建三局牢固的后方、温馨的家园。

　　90年代，中建三局与这座历史名城一起腾飞。

　　进入新千年后，中建三局全面进入武汉的基础设施建设领域，开始反哺江城的厚爱。一群建筑人、一个建筑企业和一座城市的故事，才刚刚开始。

第十章　神木之花

昂首西北望，寒风吹夜凉。

孤军劲旅挽弓强，胜败这一场。

西行路上无人傍，莫负少年狂。

20年过去了，那时那地的三局建设者用血汗浇筑的这方土地上，崛起了一座新兴的城市，"神木之花"正在绚烂开放。

1.西北望

1988年11月，三局三公司在陕西省承接到渭河电厂项目。11月13日，公司第一工程处书记黎绵季率李明林、郑常民、杨建国等8人奔赴陕西咸阳。他们是先头部队，每人拖着一个随自己征战已久的木箱来到渭水河畔，挖起了中建三局开拓大西北的第一锹土。

11月，这里是如此强烈地令他们感受到冬季的到来。呼啸的西北风劲吹沉寂的大地，视野所及唯有枯黄的野草在风中狂舞，工地离最近的小镇也需要两小时车程。那时的渭河还没有干涸，他们劳作一天，最大的乐趣就是在渭水边伴着风走一走，思念千里之外的亲人。

不久，一处副主任朱友铭带着大队人马驰援而来，大伙都住在当地人遗弃的窑洞中，如同一帮远古部落的人开始创业。项目部提出"明知西北苦，偏向西北行"的口号。有人说这是"浪漫主义的口号"，可浪漫中有现实问题。最现实的问题是要吃要住还要抢工期。他们把工人分成两拨24小时轮班，叫作"人休息，滑模不休息"。做好的饭菜直接用滑轮送到作业面，快速吃完后继续作业。在这里，"快速吃完"有特别的含义，因为不快速吃完，不仅饭菜会快速冷却，还会冻成"冰疙瘩"。

人毕竟不是机器，有的工人忙得没时间洗衣服，连续一周穿着汗湿了干、干了又湿的脏衣服，味道可以熏晕女同胞。这时女工们站出来了，卢卫华、王君等十名女职工主动承担了为所有男工们洗衣服的责任。老工人杨建国至今还记得当年穿上女工们洗过的散发着大西北阳光味道的衣服的感觉，他回忆说："我们不拼命干活，也对不起那些为我们洗衣服的女职工啊！"

在今天看来朴实得好像是玩笑的话语中，却带着大西北黄土气息的浪漫。

多年后回想，如果没有那种浪漫主义式的吃苦精神，要在那种极其艰苦的现实环境中创造奇迹是难以想象的。在现实中，他们面对巨大的电厂烟囱施工，将滑模技术再一次改良，这次是运用内提外滑全同步技术，5天浇筑3400立方米砼，170天即滑升到顶，创下全国同类工程施工速度之最。当地人惊叹："太奇怪了！"

业主发来感谢信，称赞："条件最差、干劲最大、成绩最佳！"

当年分配到工地的女大学生小李，她来工地前怎么也没有想到会这么苦，但也只得咬牙坚持，除担任工地劳资员之外，还主动承担了打字员、资料员等工作。无论多苦多累，她总是微笑着，空闲时最大的娱乐就是独自一人站在黄土高坡上眺望远方。然而再平淡的日子也会有惊喜，再贫瘠的土地也会长出花朵。不久她就在这黄土高坡收获了爱情，与同事小刘喜结连理，后来还有了小宝宝。

多年后，黎绵季回忆说："大西北，对去开发西部的建设者来说，那的确是一个悲壮的历程，我们特别不能忘记，有的人在那里献出了年轻的生命。"

工人黎昌权，当时年仅18岁，向父母及公司领导主动要求去艰苦的地方，被派往蒲城电厂项目。一个夜晚，他在烟囱施工中不慎从数十米高处坠落，献出了年轻的生命。

分公司先后在大西北建起渭河电厂、蒲城电厂、西安西郊热电厂、铜川电厂等能源工程。此后一公司、二公司也相继挺进西北，扎根开花。

2.西北偏北

陕北的陕蒙晋交界处，有个叫神府的地方，这是当年杨家将戍守边关之地。烽火狼烟已经远去，时空中却仿佛还能隐约听到金戈铁马之声。

这片荒凉之地，虽黄沙万里，却在地下埋藏着大财富——煤田。这里是世界八大煤田之一，占全国煤炭贮量的四分之一。国家及陕西省为了实现"煤从空中走"的发展目标，决定在此兴建神木电厂。当时已完成蒲城电厂施工任务的朱友铭抓住了这个机会。

1994年，四十出头的朱友铭带着任和荣、聂亚民和一个司机，开着分公司仅有的一辆212老式吉普车，十进神木去争取工程。一路上，他们经过荒无人烟的戈壁滩，有一搭没一搭地聊天。朱友铭看着营销科长聂亚民说："神木可是我的梦中情人，咱们可不能给弄丢了。"

聂亚民正值青春年少，嘿嘿笑说："不会的，如果神木是新娘子，咱们三局就是最佳的新郎官。"

朱友铭也笑说："没错，你小子是不是要结婚了？看你开口闭口新郎、新娘的。"

聂亚民说:"是快了,等咱们接到神木电厂,就回去结婚呢。"

正聊着天,"砰"的一声,引擎盖冒烟,老爷车终于罢工熄火了,而且怎么也打不着。

"它彻底罢工了。"司机说。

朱友铭与聂亚民跳下车,四处一望,顿时傻了眼。

聂亚民又跑到一处高坡上去张望,回来后沮丧地说:"这里是前不着村后不着店的戈壁滩。"这下惨了,别说周围没人烟,连鸟都看不到一只。那时也没手机,即便有,大戈壁里也没信号。时间一小时一小时地过去了,一辆路过的车也没有。

他们车上带有煤油炉和面条(这也是三局历史上少有的出差装备,之所以随身带着这些东西,就是时刻准备自己做饭吃),可是没有水。分头四处寻觅,方圆几里内都没有发现一处水源。任和荣、聂亚民垂头丧气地返回已经趴窝的汽车旁,朱友铭是他们的主心骨,鼓劲说:"我们总会找到出去的办法。我看到刚才那边有一片树林,树上有野果,我们先去摘些来吃。"

大伙就都去寻野果,如此充饥。十几个小时过去了,天气渐晚,阴沉沉的天空刮起寒风,更冷了,如果再走不出去,就有危险了。这时,任和荣发现地上有一条若有若无的路,有路就有人吧。

"咱们顺这条路找去,一定能找到人家。"朱友铭说。

于是大伙弃车顺着戈壁滩上这条若隐若现的路寻去,四人走了好久,在转过一片高坡后,终于发现了几户人家。他们几乎是扑着上前求援的。陕北老乡很淳朴,收留了他们,还为他们煮了面条。多年后,朱友铭说:"那是我这辈子吃过的最好吃、最难忘的面条。"

老乡们带他们到一个村里,找来一辆拖拉机,开到他们那吉普车抛锚的地方,拖着那破吉普一路颠簸着到了一个小镇。这已经是第二天的夜晚，他们敲开修车铺的门，这样才算是得救了。

又一个早晨，西部的太阳照着戈壁滩时，四人重新上路，继续向西北偏北而行……终于到达神木，人人都冻得几乎站不起来了。好在他们的诚心打动了业主，在8家参与竞标的公司中，他们脱颖而出，一举中标。

1994年底，一支18人的先遣队在距工地2.5公里的塔镇安营扎寨。每天，他们徒步往来于工地与塔镇之间，早出晚归。没有电，秉烛看图纸；没有水，从附近的窑野河挑来。就这样，用三个月完成了三通一平、测量放线和一万平方米的临建设施搭设。

中标的消息传回武汉本部，三公司立即动员人马开赴大西北。1995年春节过后，大队人马开始向神木开拔。这一去，无疑就是三四年不能回家。我们走在祖国的大江南北、草原戈壁，当看到一座座新城拔地而起时，可曾想过有多少建设者为之洒下的血汗和泪水。1995年开春，在湖北赤壁的三公司基地，又一幕泪眼送亲人的场景在此重现。

张德凯夫妻，孩子才一岁多，他们把孩子亲了又亲，终于依依不舍地把孩子交给年迈的父母。

刘明国是一个豪放的虎将，他对送行的妻子说："送什么送，赶紧回家去，老子又不是不回来了。"他麻利地爬上了西行的卡车，可车一开动，他的眼泪就滚落下来。

聂亚民这年春节果然结婚了，但是新婚仅仅三天后，他就再次随队北上。新婚夫妻两人相看泪眼，无语凝咽。

焊工王强渝是被父亲"押"送来的。老父亲身体不好，颤抖着交代他："你个贼娃子给老子好好上班，莫一天到黑吊儿活塞（重庆方言，意为吊儿郎当）。"

王强渝不耐烦地说："晓得了，真是啰唆，一天到黑就晓得教训我。快点回去哦。"

老父亲高高举杖欲打,王强渝想躲,却没躲,那拐杖落在身上很轻。王强渝上车,车开去很远,他抹掉眼中的泪花,忍不住回头,果然看到父亲佝偻着身体还站在路边——这是父亲留在王强渝记忆中最后的样子。

3.神木,神木

大队人马到达神木时,地上堆着积雪,更有厚达80厘米的坚冰。许多人在南方长大,从来没有见过这般冰雪。最初的新奇过后,便是艰难困苦像坚冰般严酷。有人描绘道:"冰雪不怕晒,飞沙当被盖,风雨来得快,半口黄沙半口饭,就是没青菜。"

业主提供的最近电源在3.5公里之外,为了保证施工用电,朱友铭亲自带队运来20根10米长的水泥电线杆,再凿开厚厚的坚冰和冻土,把电线杆埋上,架起电线。他问一名青年员工:"苦不苦?"

那小伙子说:"苦!"

朱友铭拍着他的肩膀:"苦不苦,想想长征两万五。"

通了电,除了冰,天气转暖,开始施工了。

仍然是风沙弥漫。工地上24名青年突击队员,顶着7级大风和滚滚黄沙,把自己绑在23米高的烟囱平台上作业——这一招,他们在渭河、蒲城电厂都用过。

张渝平、苟兵等人吃喝拉撒几乎都在百米高空的滑模平台上,这是人们无法想象的吧!可这就是他们的日常生活。

建设者,建设者,这几个字看起来跟普普通通的建筑工人一样平凡,可是有多少人知道,这普普通通的字眼里,凝聚着怎样的重量。

夏季的神木,中午时分热浪似火,钢筋握在手中发烫;每到夜晚又冷得出奇,穿上棉袄还冻得发抖,饭菜运上去已经冰凉,打开就是一层沙。难得的空闲时间，两个人在百米高空的平台上聊天吹牛是最大的享受。张渝平看着广袤的西北大地，大声喊："我是西北王！"

苟兵呵呵地笑说："莫这样吹牛哦。"

张渝平说："我们是这片土地上站得最高的人，难道不是西北王吗？"

话音刚落，风云突变，一场大雨突袭而来，他们无处可藏，都淋成了落汤鸡。有人说，张渝平你吹牛，惊动了这地方的神灵。

苟兵说："兄弟们，就算真有神，我们也要打败它！"

二十多名铁血汉子站在高高的平台之上，齐声呐喊："对，打败它！打败它！"

他们或许不是什么西北王，但是不负少年狂！

时任项目总工的陶惠国主持攻关防冻剂掺入技术，经常通宵达旦。远方的妻子子宫大出血，生命危在旦夕，他只能电汇500元表示内疚，之后又用更狂热的工作来冲淡这深深的挂念。

炉后工区主任程运道的妻子来工地探亲，一到就因水土不服而病倒，程运道竟然忙得没有时间照顾她。第三天下午，有人跑到工地跟他说："你老婆晕倒休克了。"他这才急忙返回工棚把妻子送去工地医务所。妻子醒来后看到他心神不定，知道他在想什么，说："你先去忙吧，我这不碍事了。"傻傻的程运道竟然真的跑回工地，指挥空压机房32根柱子砼的浇筑施工。假如那时能回头看到妻子夺眶而出的泪水，他还会跑去工地吗？

输煤罐基础400吨钢筋焊接时正值夏天，焊接作业面气温高达50度。焊工张清国、王强渝顶着烈日跪焊、匍焊，热浪烤得能闻到皮肤的焦味；仰焊时，灼热的焊渣有时会掉到脖子上、手上，能清晰地听到烫伤皮肤的哧啦声，瞬间起来一个个血泡，汗水再涌进血泡中，痛得钻心。

这天，王强渝接到"父亲病危"的电报，他傻站着，眼泪哗哗地流。党支部书记王尊德批准他回家看看，可是正值抢工的高峰期，王强渝把电报揣在怀中："再等几天吧。"他抢完主厂房B、C区的钢屋架才动身回去，到家父亲已经走了。

父亲静静地躺在骨灰盒中，王强渝长跪不起，谁也拉不起来。他对着父亲的骨灰盒痛哭流涕："儿子没有吊儿郎当，儿子听了您的话，好好工作了。"

20年过去了，那时那地的三局建设者用血汗浇筑的这方土地上，崛起了一座新兴的城市，"神木之花"正在绚烂开放。大西北的风沙亘古劲吹，但不应当把他们的故事掩盖在风沙之下。无论他们活着，还是已经逝去，都值得我们肃然起敬。

此后，"神木精神"一直被中建三局作为一种宝贵的精神财富代代传颂。这是"以苦为乐、艰苦奋斗、奋力拼搏、无私奉献"的精神，有了这种精神，企业无论面临多么困苦的局面都会找到希望，创造辉煌。

就在三公司的员工们在神木战天斗地的同时，远在数千公里之外的特区珠海，一公司的员工们正在经历一场管理上的变革。

第十一章　珠海模式

不在沉默中死亡，就在沉默中爆发。中建三局的改革之路一直在艰难中探索前进，一场由量变到质变的项目管理变革终于如同闷雷炸响——人们把其称为"珠海模式"。

1.珠海危局

1985年，一公司的一支队伍挺进珠海。

初期接到一些项目，曾红火了几年。1989年后面对全国性大规模压缩基建的局面，他们持续两年亏损，陷入沉寂期。

有一个叫任铁栓的瘦弱男子受命于危难之际，此前他曾在一公司灯泡厂工作了8年，从普通技术员一直干到厂长。

1986年3月，任铁栓被派往珠海分公司任党委副书记，一向"做灯泡"的他，第一站就是在工地现场蹲点。他蹲守在珠海压缩机厂项目施工现场，原本是蹲点支援，实际却变成了蹲点学习。蹲了一段时间，他发现了一个大问题。任铁栓在回忆录中写道：

> 在学习与观察中，我将工地与灯泡厂两相对比，发现工地

上管理混乱、浪费惊人。明明还可以利用的木枋、模板被当作废料拿到食堂烧掉，多得烧都烧不过来。还剩两三米长的钢筋头和未用上的半成品堆积如山，被当作废品卖掉。我寻思着，一线蹲点光是表现出同甘共苦、身先士卒的姿态可不行，还必须对项目管理和施工生产有实质性的帮助。恰好项目上混凝土搅拌机三天两头坏，大家都抱怨"机器水货"，严重影响了工程进度与质量。我在灯泡厂最早就是干技术、管生产线，对机械修理颇有心得。一番倒腾修理后，我又给施工人员定好条条款款的使用规矩，申明用好有奖、用坏要罚，这之后机器竟也没再出毛病。可见起初问题不在机器本身，而在使用方式；也不在于使用者，而在于管理方法。

1992年4月，任铁栓再赴珠海，此时的他已经是分公司经理了。他召开职工大会说："我到这儿来，不是来当经理的，帽子没戴头上，别在腰里。我到这儿来，是要带领大家渡过难关，让珠海分公司摆脱困境，一年没摆脱我马上把帽子还给公司。但在这一年里头，你们有谁敢违反纪律的，我就先处罚谁。"

宣布纪律之后，头等大事就是抓经营，跑市场。活抓了不少，然后开始整顿。此时任铁栓身边有两个得力助手——叶浩文、梅合理，但干部职工流失严重。广东有相当广阔的劳动力市场，一些员工在外面干私活。任铁栓去劝他们回来，"前段时间这些事都不怪你们，是领导的责任。现在希望大家回来，安心为企业干活。但是我不强求你们，你们愿意来，我欢迎；不愿来，悉听尊便。"新的领导态度挺好，但不少人不相信有谁能在短时间内把分公司弄好，所以有的员工还是选择走了。

任铁栓去找苏道亮谈话："道亮，你怎么样？"

苏道亮没有马上回答。

任铁栓说："如果你也想走，我就不考虑安排你的工作了。如果你选择留下来，咱们就一起干。好好考虑，一个星期后给我答复。"

一星期后，苏道亮答应留下。任铁栓当场拍板："好，那你去干光大国贸的项目经理。"

2.三个"大哥大"

任铁栓赴任前，公司与珠海分公司签订了当年上缴80万元利润的责任状。然而分公司手头仅有一项"保底"工程，即凯迪自行车厂项目。

尽管1992年后市场逐渐回暖，珠海光大国贸、迎宾花园等工程接踵而至，多年没能拿下的深圳蛇口地区也被成功突破，承接了蛇口面粉厂，但合同尚未转化为产值，更谈不上收款。

年关逼近，任铁栓心中愈发焦急，只有一个工程在手，却有几百名员工的工资要发，之前亏损上百万，现在却要反转盈利80万。这怎么可能？

完不成责任状，员工信心动摇，企业就会垮掉。任铁栓决定出一险招。恰逢凯迪自行车业主支付了400万的工程预付款，他和班子成员商议后，就想能否用这笔钱赚一点"快钱"。

任铁栓把当时的材料科长徐浩翔喊过来说："老徐你看能不能和你商量个事，我们能不能做笔材料生意，你找个材料商来，我这有400万，我们倒一手，挣点钱。"

老徐想了想说："行。"

任铁栓又加一句："你一定得找个靠谱的。"

老徐找了一个姓叶的材料商合作。分公司当即划给了他400万，说好倒材料挣了钱后双方分成。

就这样，靠着这笔钱，分公司当了一回"倒爷"，真挣回了80多万，正好上报赢利。关于此事，时隔二十多年后，任铁栓回忆起来还是非常后怕。应当说他这种做法在今天是严重违犯财务纪律的行为，绝对不被允许，但是在当时当地而言，却又有着特殊的时代特色。任铁栓自己也承认：如果那400万收不回，不仅他自己得搭进去，恐怕也不会有后来的珠海分公司，更不会有"珠海模式"。

1993年，已有大工程在手，分公司上下洋溢着喜气。任铁栓则开始苦心斟酌几个项目经理的人选。

经过几年消沉，分公司流失了一些人才，留下有经验的项目经理屈指可数。任铁栓决定把一批青年提前选拔到大型项目经理岗位，"先扶上马再压担子。"叶大伟挂帅深圳面粉厂，马国荣挂帅广州长安立交桥，苏道亮挂帅珠海光大国贸，李延昊挂帅珠海迎宾花园。而此前，叶大伟是综合工长，马国荣是质检员，苏道亮也只干过小项目的经理。

当时叶浩文觉得这样子不好办，任铁栓说："浩文，我们就这几条枪、几号人，就这么干了。"风险不能不冒，但也不能不控。任铁栓随即嘱托已经有了较为丰富的项目管理经验、担任分公司副经理的叶浩文坐镇机关，作为"总项目经理"。他给每个项目配发了一台传真机，项目上的施工方案、给甲方的发函等，一律先传至分公司，由两人审核后，再推行或发送。在1993年，项目配传真机，这在全国都是少有的。可当时迫于形势，任铁栓不得不这样。

利用现代化的通信设施，他实现了对各项目的"实时监控"。当时全国流行"大哥大"，工地上的包工头、材料商，大都夹一个"大哥大"，走到哪里都大声"喂喂"地喊，似乎这是一种实力与身份的象征。

任铁栓也给手下人配了这个，第一个就给叶浩文配上了，梅合理是第二个。

任铁栓自己没敢配，因为上级领导正盯着他呢。任铁栓打着自己的小算盘："我自己没有，你就说不上我什么。"即便如此，仍不免有非议。有一次，他回武汉开会，专门跑去看洪可柱，假装不知道"大哥大"为何物，只问道："那是不是高科技东西啊？"

洪可柱说："是，当然是。"

任铁栓说："这现代化东西是不是只有包工头才能用，我们不能用啊？"

洪可柱嘿嘿一笑，知道他的小九九。当时局机关配手机是比较晚的，据说局领导班子成员的手机费都不能报。半年后，因为工作需要，项目组与公司都无法及时与任铁栓取得联系，所以任铁栓也终于配了"大哥大"。

有一次已经调到总公司的王毓刚到珠海出差，任铁栓请他吃饭。饭桌上，任铁栓、叶浩文、梅合理三人同时"啪"地拍出一部"大哥大"摆在桌上。王毓刚说："你们真是厉害呀！"在那个年代，珠海分公司经理都带了手机，项目经理部配上传真机、复印机，并不简单。今天，一个小学生都能掏出高端手机来玩手游、上网什么的。这三部"大哥大"称得上是那个时代的特色，这三部"大哥大"的持有者后来的经历也都充满传奇。任铁栓、叶浩文、梅合理先后任一公司经理。

3.三局"小岗村"

中国20世纪80年代的农村改革，是从安徽省凤阳县小岗村农民的土地承包责任制拉开序幕的。中建三局认为，珠海分公司于1993年全面推行的"项目全额承包责任制"有如本系统的"小岗村"，引起强烈震动。

虽说三局早在1988年就开始推行"承包责任制"，但那是针对一线项目的"全额承包"，并不彻底。任铁栓在1993年大胆地迈出了"全面推行"的步伐。

当时，珠海分公司承接到2.3亿元的工程，人员规模却只有400人，且地点分布在珠海、广州、深圳、蛇口等地。战线长，员工少，是他面临的两大难题，更重要的是分公司赢利不足，员工干劲不大，必须提高员工积极性，于是"项目全额承包责任制"应运而生。

分公司组建多支专业的项目管理团队，构建项目合同体系和成本核算体系，采取了包死基数、确保上缴、超收分成、欠收自负、自主分配的方式。关键词在于"全额承包"，是对以往项目"一包六保"的升级。

简单说，就是分公司承接到一个新项目，经过核算后，定下一个基本赢利数。比如预计赢利300万，这是分公司必须要保证的，项目团队承包后必须保证这个上缴数。项目团队在具体的实施过程中，有可能赢利500万，甚至更多，那么超收的200万由分公司与项目进行分成，项目得大头。项目可以自由分配这部分超收项。这一方案的出台，项目一线员工收入大大增加，因此干劲十足。

但是，推行之初，并不顺利。

任铁栓经测算后对马国荣说："你交26个点，你看怎么样？"

马国荣马上喊："那不行，不可能交那么多啊！"

任铁栓胸有成竹地说："你回去算算，少了我补给你。"

第二天，马国荣回复说："26个点就26个点吧，行。"

没想到任铁栓却变脸了："你行，我还不行了呢！你得交28个点，你如果觉得多了，现在就提出来。"

马国荣夸张地叫起来："任经理，你真是狠啊！"

任铁栓经过核算，让叶大伟交21个点，苏道亮也交21个点。几个项目都不愿意，但都深知"铁头"为人，也都咬牙签好合同。

任铁栓心里踏实了许多，但他累得病倒在床上了。

洪可柱来看望任铁栓。他让任铁栓卧床休息，自己去工地上转。马国荣趁机告状说："洪局长，您来了正好，赶紧跟我们任经理说说，把指标减一减，28个点实在完不成啊！"

洪可柱笑眯眯地说："好，我跟他商量商量。"

其他几个人也都来诉苦，他也是如此回答。但洪可柱没找任铁栓说这些话。

洪可柱也在经历一个陌生的事物，作为一局之长，他不会随意表态，他也在等待一个结果，要看看这种方式到底行不行得通。

到年底盘存，分公司赢利惊人。公司财务科让珠海分公司报效益，任铁栓同叶浩文、梅合理商量，决定不能报太多了，就报1080万！这个数字广东人喜欢听。结果大家听到这个数字后直喊："怎么可能这么多？这不是放卫星么？"

此时任铁栓已经是一公司副经理了，他说："我也是公司副经理，能不对公司负责吗？"

试想一下，1992年才依靠"投机倒把"赢利80万的小分公司，怎么可能仅一年时间就报出盈利1000万？就在"不明真相"的一公司员工认为任铁栓在吹牛的时候，洪可柱的电话来了："铁栓，你的效益是不是报少了？不应该吧。"

因为洪可柱已经把他们一年来的成绩都摸清楚了。

任铁栓呵呵笑着说："我怎么报少了？你说我少，还有人说我吹牛呢。"1080万，这是当年三局所有分公司里上报赢利最多的一家，而且远远超出其他分公司。这消息一公布，全局震动。这也意味着珠海分公司全员的收入，远超工程局其他单位。

珠海分公司因此获评"高产值、高效益"分公司，并推动了全局发起创"双高"的活动。1996年，任铁栓升任一公司经理，5年后出任三局副局长，不久又被中建总公司任命为中建七局局长，在七局工作三年后调任中建总公司安全生产管理办公室副主任直至退休。

4.珠海发展公式

接替任铁栓担任珠海分公司经理的是叶浩文。珠海分公司专门编印了《项目法管理》一书，成为全局各项目学习的样本。但叶浩文上任后却干了一件看似让人不能理解的事——让分公司学习"神木精神"。

就在珠海分公司规模效益一路领跑，项目管理超出兄弟单位一大截的时候，叶浩文要全员学习神木精神。为什么？

叶浩文说，条件不好时，我们要艰苦奋斗，但条件好了，艰苦奋斗就不需要吗？越是形势大好，越要坚持艰苦朴素。他写出一个公式：规模经营+精细管理+神木精神=企业发展。

叶浩文在特区珠海，发起了向远在万里之外大漠深处的神木项目学习的活动，确实发人深思。在20世纪90年代中期，随着改革开放的持续深入，各种思潮泛起，似乎都要打破老传统。叶浩文却在异乎寻常地倡导老传统。

1996年6月22日，《三局建筑报》以"适应新体制 发扬老作风"为题发表社评，其中写道："神木精神正是我局加大体制转变力度，适应市场经济新体制，发扬艰苦创业老作风的完美统一。"

叶浩文提出的"学习神木精神"是继全额承包责任制后又一有力举措。同时开工的珠海金山大厦、巨人大厦、中诚大厦、华天广场等都是大项目，员工由此掀起比奉献、抢工期的热潮。如今回顾，人们更加感到珠海分公司当年的发展公式是多么宝贵，而至今更具现实意义。

这种以成本管理为核心的管理模式发起于任铁栓，完善于叶浩文。中建总公司党组书记张青林用"标价分离、分层管理、精耕细作、集约求效"四句话来总结了他们的做法与经验，并命名为"珠海经验"。这一经验不仅在三局内部，还对全国的建筑行业产生了重大而深远的影响。

从1987年学习鲁布革开始，到"珠海模式"的成功，三局逐渐完成了思想与管理体系的变革，由此逐步迈向了组织结构集团化、产业结构多元化、国内外经营一体化、经营管理集约化的"四化"目标。

而此时在深圳特区，又一项挑战中国建筑人智慧与能力的经典建筑正在火热进行中，其名地王大厦。

第十二章　地王至尊

工地围墙外五光十色、车水马龙。她们穿着盔甲般厚厚的工作服在300米高空绽放焊花。用最美的年华焊接最高的建筑，钢铁大厦的背后是建设者的壮志与豪情。

1.冲击新高度

20世纪90年代深圳冒出个新词叫"地王"，意为地价之王。深圳早在90年代初就开始了土地挂牌拍卖。1992年10月，位于深南中路、宝安南路和解放中路交汇处，有一块呈三角形约二万平方米的土地对国内外公开竞拍，香港熊谷组有限公司、深圳深业（集团）有限公司联合以1.42亿美元的价格拍得此地，创下当年特区地价之王。在此盖起的大厦就叫地王大厦。

既以"王"字冠名，这座大厦无论建筑高度、施工要求及工期要求，均处于顶尖的"王"者之位。

地王大厦设计高度383.95米，为当年亚洲第一（世界第四）；钢结构吊装难度、焊接精度要求极高。谁来承建？同样是公开招标。这样的工程，对中建三局来说重要性不言而喻。十年前三局建设者创造的

"深圳速度",还能鼓舞他们自己。但十年过去,人们只记得"深圳速度",没人记得三局。三局建设者需要再创奇迹,

三局局长洪可柱这次亲自挂帅,参与竞标。洪可柱带着鲍广鉴与业主沟通,此时鲍广鉴正担任中建三局泰国经理部副经理。在与钢结构承包商新日本制铁株式会社的专家谈判时,对方竟然知道他,直接问:"鲍先生愿意干地王吗?"

鲍广鉴肯定地回答:"当然想做。"

日方当即问洪可柱:"你让鲍先生任项目经理吗?"

洪可柱说:"是的。"

日方说:"那好,我们签合同。"

这真是正想睡觉就有人送来了枕头。

1994年3月28日,中建三局正式承接了地王大厦施工的重点项目——总重量2.45万吨的钢结构安装工程。地王大厦采用美籍华人设计师张国言的方案,宽与高之比为1:9,创造世界超高层建筑最"扁"最"瘦"的纪录。当然,这也给施工增加了巨大的难度。

同年5月27日,从东京运过来的6颗金螺栓,被牢牢拧在巨大的钢架上,地王大厦的钢结构施工正式开始。此后的1年零27天里,地王大厦以两天半一层的建设速度,刷新当年中建三局在深圳国贸大厦创下三天一层楼的"深圳速度"。地王大厦成为90年代深圳的一个新的标志性建筑。

鲍广鉴改任一公司副经理,为攻克这个项目,他召来老朋友魏大年、刘家华,其中魏大年是当年一起东渡日本取经的老伙计,刘家华是自学成才的焊接高手。

此外,鲍广鉴还从上海国贸项目请来厉雄和李国荣两位老工长担任自己的副手。

因为本项目是外资背景,需要与外国人打交道,刚从巴基斯坦征战

回国的王宏便加入了这个团队。

30年后的2014年，已经担任中国最大钢结构施工企业董事长的王宏这样回忆："我回国后正碰上深圳地王大厦施工，这是我人生中第二个机缘。我是最早去那个项目的员工之一，当时只有两三个人首批到项目，这个时候我的人生开始转变，开始从一个翻译转向管理。"

那时他凭借流利的英语在工地上与老外打交道，虽说只能算是崭露头角的配角，但正是这样的经历锤炼了他的实践能力，使他日后把"中建钢构"带到一个新高度。

这是一个强有力的团队，但他们面临的挑战前所未有，主楼总施工面积15万平方米，全部钢结构焊缝达600公里，还有13万平方米的压型钢板、50万颗熔焊栓钉、50万颗高强螺栓的安装，还有其他数不清的技术与吊装难题，而合同工期仅14.5个月，拖延一天罚款6000美元。

鲍广鉴非常清楚，这是一场真正的硬仗。倘若失败，不仅他自己的名声毁于一旦，中建三局三十年来辛苦打造的品牌形象或许也会一夜之间付诸东流。

2.左膀右臂

来自上海国贸项目的厉雄和李国荣都是一公司的牛人。两人其时正当血气方刚之年，又一起担任鲍广鉴的副手，不免有些相互看不对眼，且在质量控制、施工组织设计、吊装方案上均有不同看法。两人常各持己见，有时争得脸红脖子粗，再加上厉雄负责生产和进度，李国荣则负责质量与安全，更显得"势同水火"。

比如开工不久，就遭遇连续多天的暴雨和台风，延误了近30天工期。根据合同，将面临巨额罚款，人人都着急上火。雨一停，厉雄立即组织人马进行柱梁吊装，而此时最大的困难在于土建施工是同步进行的，作业面上满是钢筋与脚手架。李国荣却赶到现场阻止，让众人停下来。

厉雄大怒："李国荣你搞什么名堂，再不抢工，延误了工期你负得起责任吗？"

李国荣毫不相让："抢工期就可以不顾安全吗？"

厉雄大眼一瞪："耽误了工期要罚款，我丢不起这人。带上你的人赶紧走开！"

李国荣："出安全事故就不丢人了？就不损失钱了？"

两人互不相让。到晚上的生产例会，两人又争执起来。鲍广鉴笑眯眯地看着两位副手说："就没有一个办法既能解决进度问题，又能解决安全问题吗？你们两个有力气吵架，不如想想办法，今天不想出来，不许睡觉。"

一对冤家只得坐一起重新讨论方案，结果还真给他们想出办法来了。即改柱梁单个吊装为组合吊装，减少高空焊接量和吊装设备的位移次数。李国荣还想出个"布袋子"的小招，很好地解决了高空作业时工人小物件的坠落问题。

须知，在百米高空，一颗螺帽落下就有可能造成致命伤害。作为当时的亚洲最高楼，地王大厦施工也比一般工程更具危险性。安装钢构件的熔焊栓钉、高强螺栓就多达100万颗，最大的螺栓重500多克，小的也有350多克。当一个重250克的螺栓头从300米高空掉下时，它的落地力量可以达到4吨，这时的小螺栓威力不亚于子弹。工人们都说，地王有100万颗"定时炸弹"。为管理这些小子弹，工程在建设中每天登记螺栓、栓钉的使用数量，每天用几个，就发几个，绝不多发一个，而且每个人都有专门的工具袋来装，对工人的手动工具，则配上小安全带，挂在各自的安全带上，保证小工具也不掉落。

在整个主体施工的379天中，从未发生过一起重大伤亡事故，从来没有碰破一块玻璃幕墙，从来没有噪音扰民，也从来没有火花溅落事故。这在20世纪90年代的工程安全管理中可称奇迹。

著名学者易中天先生曾在深圳住过一段时间，他曾亲眼见证地王大厦的修建，多年后他在《读城记》中这样写道：

> 383米高的地王大厦以"九天四层楼"的"新深圳速度"在全国乃至亚洲独领风骚。而且，在建造地王大厦的两年多时间里，人们没有听到过喧嚣和噪音，没有看见过肮脏和杂乱。它四周的马路在凌晨时分总是被冲洗得洁净如初，它的工地围墙也多次被粉刷一新。地王大厦是安安静静又干干净净长高的。

易中天又说："只有深圳才有这样的效率，也只有深圳才有这种文明。"其实他不知道的是，这种效率与文明的创建者是中建三局的建设者们。

对于钢结构工程，吊装是难点，焊接质量更是生命，李国荣是绝对不会放过任何一个焊点的，常常在厉雄的人马高歌猛进之时，突然出现并大声说："停一停，我们要检查一下。"然后拿着仪器东测西量，厉雄也只有直喘气的份儿。

鲍广鉴对两人的关系也心知肚明，但是他坚持这样任用两人，结果无论是工期、安全，还是质量都创下了一流水平。鲍广鉴说："他们是欢喜冤家，也是我的左膀右臂。"国家建设部副部长谭庆琏在视察工地后欣然题词："地王大厦，优质高速，再创辉煌！"

新日本钢铁株式会社的一级建筑师牛尾好孝也赞叹："这个速度、安全，可以载入吉尼斯世界纪录。"

3.云端之花

在地王工地活跃着"四朵金花"——邹丽萍、江勇、邓翔华和谈焱。她们平均年龄只有22岁，正是如花年纪。工地围墙外灯红酒绿、车水马龙。她们穿着盔甲般厚厚的工作服在300米高空中绽放焊花，衣服上布满了被焊花烫破的小星星。

一天，谈焱正在仰焊一处钢梁，这活儿要求极高，她刚刚从老师傅魏大年处偷师学来，这会儿正要显摆一下呢。突然一块焊渣落下，正落在她的脖子上，烫破保护罩，痛得她"啊"的一声叫起来。正在旁边的邹丽萍是她们的大姐，忙把她拉了出来，除掉面罩，小姑娘的脖子上已经起了一个大水泡，眼泪就在眼眶中打转。其他两名姐妹也围过来，递上毛巾和烫伤膏。邹丽萍安抚她说："小焱，你休息一下，我来。"

谈焱的眼泪流下来："邹姐，对不起。"

正说着，江勇、邓翔华已经拿着焊枪钻到梁底去了。邹丽萍说是大姐，也才20多岁，长年的风吹日晒，面孔已变成黑红色，脸上挂着汗珠，唯安全帽下露出的一缕头发尚见几分女性的风姿。

谈焱和邹丽萍靠在高高的作业平台上，正处在近300米的高空中。两人俯瞰深圳这座新兴的城市，1995年的深圳比80年代更加繁华。当时地王项目所在的罗湖闹市中心已有百余座百米以上的高层建筑，其中由中建三局先后承建的超过40座。距离项目不远处就是深圳当时最繁华的人民南路，由于两旁矗立着一公司承建的多座高楼，如国贸大厦、发展中心大厦、天安国际大厦等，曾被业界称为"中建三局一条街"。

谈焱在那高空中感叹道："真是美啊！"

邹丽萍则说："等工程搞完了，咱们四姐妹要好好去咱们自己盖的楼里逛逛，也买几件漂亮衣服穿。"

正说着，江勇和邓翔华焊完这根钢梁出来了，四姐妹难得休息一下，相互打趣说笑着。

在300米高空，头顶蓝天，脚下人群如蚁，所站之处不过是一米见方的作业平台，常人即使看一眼都得头晕，她们却在云端之上挥洒自如。

就在这时，厉雄、李国荣带着质检人员上来了，李国荣对四姐妹说："按规定，所有焊缝都要探伤检测的哦！"

厉雄则对李国荣说："你一天到晚盯着我就算了，连几个丫头都不放过。"

李国荣说："怎么了？对谁都一样。这是亚洲第一高楼！"

厉雄正要回击，四姐妹忙说："好啦好啦，我们欢迎检查，越严格越好。"

李国荣说："你看看，人家小姑娘觉悟都比你高。"

质检人员特别检查了刚刚采用仰焊焊接的焊缝，然后在记录表上的优良栏打上一个勾。厉雄向她们伸出大拇指。

厉雄对业主方的质检人员说："别看她们年轻，又是女同志，她们的作业面，我其实最放心。"

对方也赞叹："真不容易啊！"

这座高达383.95米的钢铁大厦，所有焊缝连起来有600公里，而四朵云端之花的工作量占了所有精焊工的四分之一。她们与其他男焊工一样精干，而且手法越来越熟练，一个2000平方米的楼层，常规需要6天时间，她们只用了两天半。

1995年6月9日，最后一根钢梁安装就位。嘉宾云集、鲜花锦簇、彩球腾空、鼓乐齐鸣，相关领导和社会名流共计700余人参加了盛大的平顶仪式。

建设部副部长李振东说："我国的钢结构施工比西方晚了半个世纪，但是我们起点高、发展快，中建三局功不可没！"

深圳市委书记厉有为说："80年代，我们创造了三天一层楼的深圳速度，今天我们又创造了两天半一层楼的深圳新速度！"

经检测，大厦垂直度误差仅为17毫米，比国际标准允许误差值要低许多，主体施工工期仅12个月，比发达国家同类工程快6个月。

十年前，中建三局的建设者在深圳国贸大厦创造了"深圳速度"，将中国建筑从高层推向了超高层建筑水平；十年后，他们在深圳地王大厦创造了"新深圳速度"，又将中国建筑从一般超高层推向了可与世界摩天大楼媲美的新水平。

举行盛大的平顶仪式那天，是四朵云端之花的休息日，她们在宿舍中沉沉地入睡。地王大厦的建筑成功，直接促成了中建三局钢结构公司的成立，从而谱写了又一个新篇章。

第十三章　正大经验

三局建设者挺进大上海后，承接了一批高端项目，其中"上海正大广场"尤具里程碑意义，也是三局建设者突破"高原平台"的一个经典战役。

1."两死"之间

陈旅平，身材瘦小，其貌不扬，满口重庆乡音，爱抽一种"沉香牌"香烟，喜唱一首叫《爱拼才会赢》的歌。曾有领导这样评价他："个子不高，雄心不小。"当年在厦门建富山国际展览城时，他作为段长（大工长）崭露头角。1992年又在上海金桥大厦受命于危难之时，从而接过了三公司上海分公司的领导职务。

1996年4月，陈旅平接替王铁成担任三公司经理。1997年9月，三公司进驻上海正大广场项目，担任SAE公司（法国艾萨义国际工程承包公司）的分包方，主要任务是承建建筑面积2.6万平方米、造价572.6万美元的底板工程。

正大广场为一幢24万平方米的巨大单体建筑，位于浦东陆家嘴黄金地段，坐落在黄浦江畔，毗邻东方明珠、金茂大厦等。东西长290米，南北宽121米，为当时国内最大的单体建筑，被称为"商业航母"。

这是他们第一次与外商打交道。陈旅平任指挥长，投入了大量的人力、物力。可是，就在大家士气高涨、准备甩开膀子大干一场的时候，亚洲金融危机爆发，投资方泰国正大集团深受其害，资金短缺直接影响到三局建设者。

SAE公司是一家成熟的国际承包商，他们精明地中止了与正大集团的合同，作为分包方的三公司也被迫停工。

停工后，形势极为严峻。

三公司租赁的大量机械设备，包括4台塔吊和大量的钢管、模板、木枋等还不能退场，每天都在产生巨额费用。不久，SAE公司向正大集团帝泰公司索赔2700万美元，其中三公司也有约4000万元人民币的工程尾款及索赔——这是中建三局历史上首例涉外索赔。

此时的三公司，原本就因国内基建压缩而非常困难，更因本工程陷入了极端困境，员工们有的已经半年没领到工资了，三公司在这个项目前期的投入"颗粒无收"不说，还有4000万元工程款难以收回。

1998年11月，SAE公司向帝泰公司的索赔最终仲裁，法院认为正大广场是"缓建工程"，而非停工工程，判业主向SAE赔偿742万美元而告终。但是三公司提出的4000万元人民币的索赔暂无下文，这可是处于困难期的三公司的"救命钱"。

1999年初，金融危机风暴逐渐退却，正大集团宣布重新启动正大项目，再度面向国内外的建筑承包商公开招标，当然三公司也接到了邀请。

此时，正大广场还是一个巨大的"坑"——因亚洲金融危机而停工留下的基坑。几乎所有人都说，这个坑太深，掉下去就起不来了。陈旅平却想从这个"天坑"底下掏出"金矿"。

那时他试探性地接触了一下，竟萌发了一个野心：干脆取代SAE公司的总包地位，自己来做总包。可是，几乎没有人看好这个项目，公司及工程局内部反对承接该工程的声音一浪高过一浪。

反对的理由有如下几条：

第一，正大集团与三公司前期的官司未了，还有4000万元没有收回。

第二，工程合同条件苛刻，需要公司进行工程造价50%的垫资，即近4亿元的垫资，风险极大。

第三，合同按国际通用的工程承包合同条款（即FIDIC条款，也叫菲迪克条款）。该条款在西方工业国家通行多年，但对于中国建筑市场来说，却是一个新事物。由于FIDIC条款自身的特性，如受英美法律传统的影响、"工程师"的作用、工程量清单的使用等等，与我国的法律机制存在一定的差异。虽然这看起来是一个好东西，但是该条款刚刚进入中国，中国的施工企业大都不熟悉，因而更像是一个巨大的陷阱。三公司曾为此吃过大亏，比如在前期做分包方时，有一笔200万元的材料进场，SAE公司就以无依据、无合同、无乙方确认而拒付。三公司人说："你看，我们购进了材料，而且已经用在了工程当中，你们怎么能不认呢？"对方却说："我们批准了吗？回去看看合同条款再来吧。"这样的哑巴亏是一个深刻的教训。

第四，更让人无法接受的理由是正大集团下属的帝泰公司要求三公司放弃前期的4000万索赔，才考虑把工程交给三公司施工。

正大广场到底是个"巨坑"，还是"金矿"？

最合理的选择应该是拿到4000万元的索赔款，抽身离开。

可是正大广场有近8亿元的合同造价，这也如同一块巨大的磁铁吸引着陈旅平。

面对这个"巨坑"或是"金矿"，跳还是不跳？挖还是不挖？

对陈旅平来说，这是一个艰难的选择。

此时三公司面临着生产任务严重不足的窘境，不少员工在等米下锅，企业也需要一个大项目来振奋精神，可这个项目偏偏是已经栽过跟头的正大广场。

1999年春节前后是陈旅平最困惑的时候，没有人知道那段时间他是怎么想的，怎么过的。无疑，他犹豫又犹豫，思虑又思虑。最后他说："既然接是找死，不接是等死，那么就让我们轰轰烈烈干一场吧。"

陈旅平把情况汇报到局总部，同时表明了自己想承接的意见，同样也在局总部引发了争论。

2.背水一战

接到情况汇报的洪可柱专门把陈旅平召回局总部，详细听取了他的汇报。随后局领导班子专门就此项目召开专题会，严肃、认真、求实地讨论，研究得失与风险。最后局领导班子作出决定：全力支持三公司承接正大广场。

得到"尚方宝剑"的陈旅平马上返回上海，他必须要拿到这个项目才对得起局总部的支持、全体员工的期盼。

很快，陈旅平通过一些渠道了解到正大广场的资金状况并没有传说中的那么差。帝泰公司通过股权转让的方式已经获得了5000万美元的中国国内银行贷款，同时正大集团总部高度重视中国市场，通过整合自己在中国市场的业务，增资了2亿美元。再说，正大集团是连续两次入选世界500强的大型企业集团，他们自己也不会放任前期的巨额投入打水漂。

掌握了这些信息，陈旅平与帝泰公司进行多次恳谈，对方也十分认可三公司在前期的工作。但是要想承接这个项目并不那么简单，此时得到信息的不只是中建三局，当时上海建工集团等劲旅闻风也加入了角逐。如果不能承接这个项目，他们面临的将会是鸡飞蛋打的结局。

陈旅平又听说其他竞争对手赴泰国直接找到了正大集团的董事长谢

国民先生。谢国民是华裔，正大集团的第二代经营者，有中国情结。陈旅平也想着找谢国民"公关"，但是他没有关系见不着人，情急中还真想出了一个不花钱但效果好的"笨招"：给谢国民写信。

信中大约有如下内容：一是表达了与正大集团合作的诚意，表示中建三局为了能与正大集团合作，已经放弃了前期4000万元的索赔；二是说明中建三局的施工、技术与管理能力完全可以让正大广场成为一流的工程；三是中建三局是国家队，代表的是国家的利益，在前期的施工中已经表现出较高的水平。

信函打动了谢国民先生，得到了正大集团总部的认可。1999年3月24日，陈旅平与帝泰公司总经理黄宏爵正式确认了总包协议。

它创造了三局三公司历史上标的额最高纪录——7.7亿元人民币，并由此开始了三局历史上第一个真正意义上国际总承包管理的尝试。

洪可柱代表三局出席了合同签约仪式，仪式上他郑重承诺三局上下会竭尽全力全面履约，以第一流的业绩干好本工程。

随着合同的签订，陈旅平"败家子"的名声也开始传出——放弃近4000万元的索赔；垫资高达4亿元；合同按菲迪克条款来，风险也大。比如其中一条，延误工期一天罚款4万美金。

许多人说这就是典型的"卖国条约"。但陈旅平还是有支持者的，比如曹庆和、常春贵、虞兆驹等。

多年后陈旅平说，正大广场位于黄浦江畔，他们只能背水一战，别无退路，败了就只有跳黄浦江了。由于其时公司资金紧张，加之前期投进去大量资金，此时项目复工根本就没钱。陈旅平第一件事是向员工们借钱。

这时的三公司处于非常困难时期，职工们很少能拿出闲钱来，但是企业有难，许多人还是纷纷解囊。比如时任三公司安装分公司经理虞兆驹就拿出了几万元。

大家你几千，我几千，一共凑到了200余万元，这就成了正大广场项目开工的启动资金。

是什么让这些员工们义无反顾地拿出自己微薄的积蓄来支持公司？这不仅仅是一句"热爱企业"就可以说清的。

但是相对于近4亿元的垫资额，这200万元塞牙缝都不够。

陈旅平召来常春贵任自己的副手，成立总承包管理部。关于"总承包"的官方说法很多，但说到底总承包其实就是两大能力：第一就是整合资源的能力，即聚集多方力量为我所用的能力；第二就是在各种利益方中进行综合管理和协调的能力。

常春贵提出了一个很好的风险转移的办法，即"风险共担，利益同享"。首先以总承包商身份组织分包单位竞标，与参建企业一起结成"盟军"，将部分风险转移给材料、设备供应商和专业分包商，形成风险共同体。陈旅平开诚布公，晓之以理、动之以情、示之以利，告诉各合作方，寻找理解者与支持者。许多与三公司合作多年的材料商，比如钢材、水泥等大宗材料供应商均表示愿意共担风险，陈旅平与常春贵成功地把垫资风险化整为零，进行了有效的分解转移。

在项目最困难的时候，局总部出面担保提供了7000万元的贷款，这无疑是雪中送炭——这也充分体现了三局的集团效应。同时局在技术、管理上派出骨干人员给予支持。

项目部本身更是努力，他们借助业主进口材料、设备的免税指标，积极争取工程进度款；利用合同条款，争取设计变更部分和合同外新增部分工作内容的备料款，这就是吃透了菲迪克条款的好处。菲迪克条款看似苛刻，但是吃透了，就可以变不利为有利。变更部分与新增部分均属于合同外的部分，按规定只要业主方工程师确认就可以先行请业主支付备料款。

正大广场作为上海市的重点工程，上海有关方面也给予了充分的重视，经他们协调，成功向金融机构贷款，以解燃眉之急。

正是这一招招"化骨绵掌"，让他们有效化解了风险。剩下的就是如何把工程搞上去和争取赢利的事了。

3.从虚拟到现实

正大广场建筑面积之大前所未有，由于工期太紧，土建、机电安装、钢结构、装饰等各分包均需穿插作业，组织协调难度极大。高峰时，工地上的工人达到6000余人，是名副其实的"多兵种、大兵团"作战。总承包部就如同前线指挥部，非常考验指挥员的智慧与能力。

因此，根据总体规划组织施工，编制详细的施工计划，调整劳动力，协调材料、设备机具就显得相当重要。纸上的计划书好做，现实中的施工却很难。

有时还有许多不确定的因素，比如天气、政策性停工、意想不到的技术难题等等，时刻考验着他们。

土建是基础与根本。曾在金桥大厦有成功表现的何德孝任土建项目经理，他把工程分成4个"战区"。各区设区长一名，流水作业，轮番冲杀，充分利用有限的周转材料，合理分配工人作息时间，绝不许窝工现象出现。

不久，刘培德加盟进来，他的长处就是质量控制，制订出严格的质保大纲和程序，强调过程控制，每道工序均有人把关，进而实行责任制，严格奖罚措施。

他与何德孝的风格正好相反，但陈旅平却坚持认为他们优势互补。果不其然，他俩没少撞出"火花"，但是工程却达到了理想的进度与质量。无论过程多么艰辛，结果达到了圆满。

黎志坚与喻超群，都是安装分公司职工，负责机电分包工程。当时正大广场的机电安装量高达3亿元，许多设备大家都是第一次接触。安装跟土建分区不同，是以"线"为单位，即管道线、强电线、弱电线、设备线等，各线设立线长，其上再设技术组、商务组等。比如技术组有一项重要职能就是把现场的问题与设计院沟通。设计院由于匆忙出图，难免错误多多。技术组既要解决技术问题，更要联合商务组整理索赔资料，为日后的效益打下良好基础。各线每天均要通报施工中的一切问题，做到问题不过夜。

钢结构由当时的四公司特种分公司担当主力，其施工难度也最大。比如有多达百根以上构件无法采用传统吊装方式，还要对仅有的8张图纸进行深化设计——这8张原图竟然被他们深化成6000张图纸，使得可靠性、科学性得到了保证。他们也是正大广场"虚拟仿真技术"运用的直接受益者。

当时，为解决正大广场结构复杂，钢结构安装难度大的问题，三公司会同华中科技大学与中建三局技术中心联合攻关，开发"施工虚拟仿真技术"，利用电脑虚拟现实技术建立虚拟模型，对施工全过程进行三维实时仿真，主要包括钢结构吊装施工虚拟仿真、桅杆起重和基座应力应变仿真分析、钢结构焊接应力应变、建筑外观与城市场景虚拟漫游等。

这就好比玩一款代入式的3D游戏，先在电脑中玩一遍，有什么问题，提前解决掉。然后再在现实中施工。这种技术的运用在当时国内尚属首次。结果钢结构全部一次吊装就位，焊接质量一次合格率100%。

这种虚拟仿真技术此后在建筑施工中开始大量运用。比如在后来的世界第一高楼上海环球金融中心、中央电视台新台址等顶级工程施工中均有成功运用。特别是安装领域基本普及这项技术，即"BIM"技术，可以有效解决安装过程中管线的布局问题。

2002年4月18日，号称"亚洲最大的商业航母"正大广场胜利竣工，正式开门迎宾。上海市副市长周禹鹏在开业大典上向中建三局三公司颁发奖匾，上书："诚信结友谊，团结克万难"。

正大广场成为上海地区消费新沸点。据统计，开业后日均人流量在18万人次，节假日高达25万人次，商贾繁荣程度让人瞠目结舌。对正大集团而言，这也是他们"中国战略"的重要胜利。三公司通过这个"跨世纪工程"打了一个漂亮的翻身仗，同时也积累了一定的国际总承包管理经验，为即将开始的海外征程打下了良好的基础。

第十四章　三十而立

攀枝花岁岁绽放，金沙江川流不息。金花姑娘、千锤姑娘银铃般的笑声还在山谷里回响，王开文、苏学熙的英魂还守护着巍巍大山……中建三局从蜀山黔水走出来，用幢幢高楼作脚印，记录自己的成长。

1.三局三十

1995年7月8日，武汉，艳阳高照。位于武昌珞狮路248号的中建三局总部张灯结彩、喜气洋洋。"热烈庆祝中建三局三十华诞"的巨幅标语随着彩球腾空飘扬。

湖北省政府、省人大派出领导到贺，中建总公司总经理马挺贵、党组书记张青林、副总经理郭爱华，中国建筑业协会副会长谭克文等数百名政府、行业、社会嘉宾莅临庆典。

三十功名尘与土，八千里路云和月。

中建三局，曾作为一支建筑的"野战军"，起于渡口，转战云贵，穿过三线烽烟，千里移师湖北，冲浪商海大潮，创造深圳速度，进而布局全国。三局三十而立，已初具现代企业集团的气质英姿。

怎能忘记渡口时期的烂泥田。攀枝花岁岁迎风摇曳，金沙江水日夜川流不息。金花杨桂兰、千锤姑娘程立芳银铃般的笑声还在山谷里回响，王开文、苏学熙的英魂还守护着巍巍大山……从黔山到荆楚，从西北到南国，三局建设者用幢幢高楼作脚印，记录了一家国有企业的成长，也见证了时代的轨迹。特别是改革开放以来，从1982年的总产值9771万元，到1994年24亿元，13年涨了24倍。在"立足湖北、面向全国、发展沿海、开拓国外"的营销战略指导下，三局建设者在全国17省34个城市成功拓展市场，同时成功进军巴基斯坦、泰国、也门等国及澳门地区。

从1990年到1995年，中建三局坚持两条腿走路，一是以学习鲁布革经验为代表的勤练内功，逐渐变过去的粗放管理为精细管理，全局项目法施工已经全面推进；二是坚持走出去的营销布局初现成果。"沿海一片、京广一线、西安一点、北上西进"的经营发展布局初步成形。"下（厦门）深（圳）（珠）海捉鳖，上（海）青（岛）天（津）揽月"的豪情也初步实现。这五年时间，三局从产值3.6亿元跃升到39亿元，开始正式领跑中建系统。

在多元化战略下，三局成功组建了钢结构、装饰、商品混凝土等专业公司，它们逐渐成为三局新的经济增长极。

在主攻"高、大、新、尖"工程的差异化营销战略下，三局承接了国内一大批享誉中外的地标性建筑。这些耸立在各个城市的地标建筑如同一座座丰碑，昭告着中国经济的腾飞，也同时向世人证明了三局勇往直前，力争上游的企业形象和业绩。

在内部管理上，加速体制改革，与国际接轨。率先申请成为全国首批进行"鲁布革管理经验"试点企业之一，将传统的行政式管理体制"局—公司—工程处—施工队—栋号"中属于中间层的工程处和施工队予以撤销，组建新的以项目管理为核心的"局—公司—项目"管理体制。300套独立核算、经济责任承包、奖罚兑现的项目管理班子，成为三局的中坚。

三局领导集体深情地向全局员工表达谢意，他们在祝词中这样说：三局30年来所取得的一切成就，都是在党的方针政策指引下，在上级的正确领导下，经过全局职工共同努力的结果，三局的荣誉丰碑中凝聚着万千三局建设者的聪明才智和辛勤汗水。

洪可柱在局30周年庆典大会上勉励全体员工，要站在行业的高峰，增加与国际大企业抗衡的能力；继续深化改革，转换内部经营机制；强化企业管理，全面提高企业素质；不断调整生产结构，实施品牌战略，打造王牌队伍。这一年，洪可柱本人被评为全国劳模。

洪可柱还提出了"百十亿"目标，即到"十一五"期间全局年产值超过100亿元，创造效益10亿元，把中建三局建设成为一个"组织结构集团化、产业结构多元化、国内外经营一体化、经营管理集约化"的现代化智力技术密集型的跨国集团，为打造"品牌三局""百年三局"夯实基础。

这一目标在今天看已经不算什么了，中建三局已经迈入了千亿行列，但在当时却是多么振奋人心的一个宏伟目标！

在那次大会上，各级领导、社会各界均给出了肯定的评价，盛赞中建三局。为总结30年的成就，三局还专门成立了"局志编纂委员会"，钩沉岁月、梳理脉络、臧否得失。分别从几个公司抽调了人员，又请来几位老同志组成局志编纂办公室。洪可柱亲任编委会主任，副局长鲍定祥、党委副书记刘书强任副主任。

1995年6月，35万字的专辑《光辉的历程——中建三局30年》一书出版，以翔实的图文资料剖析了三局30年的发展历程。洪可柱亲自撰写序言，他在序言中说："道路总要有起点，成长总要有过程。三局的改革与发展之路还在进程中，《光辉的历程》永远也不会结束。"而《中建三局志1965-1995》经过多轮修订，也在2000年12月正式出版。

《光辉的历程》《中建三局志》这两本书对三局历史、人事、管理、文化、技术等进行了全面、系统的梳理，是三局30年发展历程的全面总结，这是三局特有的历史与记忆，更是三局宝贵的财富。

修志为立志。在20年后的2015年，即三局50周年之际，三局又启动1996-2015年局志的编纂工作。欲知理想何在，须知因何而兴。要铸百年名企，当有厚重文化。

2.花开九朵

1993年开始的"珠海模式"在三局产生了巨大的示范效应，1995年岁末盘点，三大主力公司竟然有九个分公司年产值过亿、效益过千万，创成"双高"分公司。而且这九大分公司分布在不同的区域，呈现出花开九朵遍地红的喜人局面。

首先是一公司珠海分公司连续三年创成"双高"。他们已经把市场开拓的触角从珠海伸到了广州，其中以广州东山广场的承接最具非凡意义。不仅因为此工程创成"广州市建筑业的榜样"，还因为东山广场的开发商黄文仔此后缔造的地产帝国——星河湾集团与三局建立了战略合作伙伴关系。同时分公司把以项目成本为核心、项目全额承包为主线、项目经理负责制为手段的项目承包施工管理模式发挥到极致。

更让大家高兴的是，一公司深圳分公司更是创下产值过4亿元、效益超4000万元的"超级双高"。分公司提出"大经营"的工作思路，开始了滚雪球式的发展。

一公司特种分公司亦跨入"双高"行列，他们成功实现"中原突围"，在郑州第一高楼"金博大城"项目获得巨大成功。

这一年是一公司上海分公司进沪十周年，在创双高分公司的同时还喜获上海建筑市场"四大天王"称号，手握上海网球中心、上海世界广场等顶级项目。一公司安装分公司则是第二次创成"双高"。

二公司的特种分公司也是第二次创成"双高"，特种分公司的主要业务是保持以前三线建设时期建设电厂的施工特长，其时阳逻电厂、青山电厂、武钢自备电厂等工程都在大干快上，这一年他们完成施工产值超过2亿元，效益超2000万。

二公司深圳分公司越做越大，成为三局在深圳特区的第二支主要力量。他们大胆运用新技术、新设备和新工艺，在深圳率先推行竖向钢筋锥螺纹连接、C60高强砼以及引进美国膨润土防水新材料等，这一年他们完成产值1.7亿元，实现效益1335万元。

二公司安装分公司勇于开拓，在全国26个地区成功"布点"，以片区化管理的方式做大分公司，成功跻身"双高"。

三公司上海分公司也创成"双高"，并首提"三超"分公司，即产值超亿、效益超千万、员工收入超万元，是第一个提出员工收入超万元的基层分公司。

他们把市场从上海拓展到苏州、常州、无锡等地，开始在"长三角"布点，为日后三局在"长三角"地区的市场占有量打牢了基础。

各地捷报频传，1996年元旦，洪可柱、傅开荣向全局员工发表新年贺词，同时向全体员工发问："我们要把一个什么样的中建三局带入到21世纪？"

"筑百十亿工程，建现代跨国集团！"

他们这样分析：1996年，是中建三局成立三十年后的第一年，也是20世纪最后一个五年计划的头一年，从国家层面上也是经济建设和社会发展承前启后的关键时期，三局要着力转变经济增长方式，要在改革与发展两大目标上力求更大的突破，要实施"大集团、大公司"战略。

何谓"现代跨国集团"？即"组织结构集团化、产业结构多元化、国内外经营一体化、经营管理集约化"的现代、跨国经营、智力密集型企业。这样的发展目标振奋人心，但是，也引发人们的疑惑。

我们可以吗？

这一提法在全局员工中引发大讨论。局领导班子成员分别带队下到基层，与各级干部和一线员工面对面沟通交流。

这年冬天特别寒冷，雪一直下个不停。1996年春节，洪可柱照例去项目一线与节日期间抢工的员工们一起过年。雪越下越大，在返程的车上他突然感叹说：

"寒冷的冬天看来是真的来了。"

果然，由于国际国内种种原因叠加，建筑业的冬天来临了。

3. "两个消灭"

尽管三局已有预计，但是这个冬天仍然突如其来。

从1992年开始，中国建筑业迎来了一个短暂的春天，随着固定资产投资的高速增长和建筑业改革的不断深化，建筑施工企业生产明显加快，当年完成建筑业增加值1392亿元，比上年增长18%，建筑产品质量也有所提高。

但从1996年左右开始，建筑业的危机就已经显现。国家开始大规模压缩基建，中建三局各大公司均处于"吃不饱"的状态。1997年，亚洲金融危机爆发，国际金融炒家索罗斯首先对泰国发难，泰铢严重贬值。不久，这场风暴横扫马来西亚、新加坡、日本和韩国等地，打破了亚洲经济快速发展的景象。亚洲一些经济大国开始萧条，有的国家政局也陷入混乱。

在此背景下，国内经济也深受影响。建筑业，特别是高端建筑业陷入严冬。中建三局随之遇到了"高原平台"的问题，从1996年全局总产值突破40亿元开始，连续多年在这一高位徘徊，1997年为42亿元，1998年为51亿元，1999年仍然为50亿元。这离三局的"百十亿"目标还很远，因此急需突破这个瓶颈。

三局领导班子多次开会研究，一致认为要在全局树立应对危机、战胜困难的信心。随后，局党委做出了几个对后来影响深远的决策：一是尽力保持员工队伍稳定，做到不裁员，特别是骨干员工要留住，三局发展了30年，应当具备了一定的抗风险能力；二是谨慎承接房地产工程，严格合同评审，把风险挡在门外；三是积极开拓新兴市场，业务板块上包括能源、石化、基础设施等领域，区域上则寻求在国外及国内未开发区域寻找机会，比如首都北京。

大家认为，这样的冬天是坏事，也是好事。一方面让全局员工要懂得更加珍惜机会，增强危机感；另一方面，危机也是一种市场重新洗牌的机会，会让一些抗风险能力差的建筑企业自然淘汰。而一旦春天来临，三局的机会也就来了。

寒冬不肃杀，何以见阳春？

正当三局在严重萎缩的市场中苦苦过冬之际，管理中一些深层次的问题也开始出现，即各大主力公司旗下的项目开始出现亏损，有的甚至出现较大面积的亏损。

造成亏损的原因很多，主要有：一是建筑市场萎缩，让许多公司处于"吃不饱"状态，没有订单，意味着人员闲置；二是市场上"僧多粥少"，盲目开拓行为增多，导致许多合同条件苛刻；三是管理不善，公司与分公司的管理仍然比较落后，项目法施工管理执行不到位，同时项目法施工管理随着时代的进步也有不尽如人意之处。

何以评定一家企业优秀？"顺水行船"固然不错，更重要的是能"逆水行舟"，即企业遇到困难时能及时认知，有自我修正的决心与智慧。局领导班子及时提出了"两个消灭"：消灭分公司亏损，消灭项目亏损。

三局开始全面清理、整顿亏损分公司与项目，要求分析原因，加强管控，限期消灭亏损。对于持续亏损的分公司要坚决撤销，比如一公司第一分公司、三公司南京分公司就被取消"番号"，分公司领导成员就地免职，人员分流到其他分公司。一公司第一分公司是一支老牌劲旅，然而新形势下他们的管理相对落后，出现了持续的亏损，在决定撤销其"番号"时，局及公司领导均心中不忍，但现实是残酷的，没有壮士断腕的果敢不足以显示自我变革的决心。该分公司撤销那天，许多老职工们泪流满面，泣不成声。

全局开始进一步从严管理，首先是收缩项目权力，加强了公司与分公司对项目的管控。其核心是对成本、资金的管控，原则是"以收定支，资金集中管理"。在收缩权力的同时加大项目的承包兑现力度，以保证员工的积极性。同时在营销源头上防止亏损。全局营销工作会议上，报告中有这样一套口诀，"有名有利的坚决接，无名有利的应该接，有名无利的审慎接，无名无利的不许接"。

这就是当年著名的"四个接"。全局不再盲目追求规模经营，这正是后来三局"品质营销"理念的雏形。

1998年，三局再一次对企业管控进行升级，提出了"四个二"计划，即两发展、两到位、两消灭、两提高——营销工作与营销成效要有突破性发展、资金运营与管理工作要有重大发展；项目法施工要向更大范围、更深层次推进，分公司项目法施工管理和项目内部管理要80%以上到位和完全到位；消灭分公司亏损、消灭项目亏损；务使全局产值效益率提高1%~2%。

局总部为此推行了一系列措施：一是任务结构调整，加大对交通、能源、基础设施领域的营销；二是加大项目成本核算；三是优化资产结构，纵深推进改革，开始"对内资产重组，对外资本运营"；四是强化质量、安全和财务管理，在全局开始第三方质量认证；五是大力推进科技兴企；六是完善"双高""双高一优"竞赛，开始全员劳动竞赛活动；七是继续加强各级领导班子建设；八是以提高全员素质为根本，加强精神文明建设。

经持续数年的努力，全局到2001年基本做到了"两消灭"。

寒冬过去，阳春初现！

第十五章　总包传奇

三局旗下有一个公司，比其他几个主力公司都年轻。成立8年就跨入三局第一方阵，成为中建系统八个工程局直营公司的排头兵。成立20年来，从十几人发展到四千余人，从单一项目到多业并举，从白手起家到年产值近200亿元，创造了一个建筑企业传奇。

1.创业小组与可口可乐

三局总承包公司20年的发展，是一个业内奇迹。

总承包公司的成立是一个偶然，更是一个必然。1993年，国家层面开始对施工企业体制进行改革，其中最重要的一条是强调法人管项目，要加大直接经营的力度。局领导班子想在局机关搞一个试点，可找谁牵头呢？局机关虽几经整顿，但行政的意味仍然大于公司的职能。让大家放弃安逸的机关生活去经营创业，恐怕不是那么容易的事，洪可柱为此很伤脑筋。

在局领导班子讨论人选时，有人提议由樊凤兰来牵头。

1987年底，时任一公司副经理的樊凤兰在完成辽塔施工后，调入三局档案室工作，这才与洪可柱开始过上了正常的家庭生活。不久，三局大力推行"项目法施工"，局工程部任务繁重。她又于1990年调入工程部任副经理，负责推广"项目法施工"。在此期间，她主持编撰了《中建三局项目法施工管理蓝皮书》，这是一本从实践中来又到实践中去的项目法施工指导书。基于樊凤兰的经历和能力，大家认为她有项目经理、分公司经理及一公司生产经理的经历，又是鲁班奖项目负责人，实践经验比较丰富，应当合适。

洪可柱不禁犹豫，大家劝他"举贤不避亲"。洪可柱想了想，答应问问樊凤兰的意见。樊凤兰同样犹豫。但是，蛰伏多年的创业梦想在她心中苏醒，考虑了一段时间后，她接受了。

于是，樊凤兰带着工程部的王良学、陈辉、吴文贵、姜德辉等人开始外出接活。这便是最初的"创业小组"，属于局工程部下属的非正式组织。不久，接到省委大院的一个小住宅楼项目——对外称"9310工程"。项目虽小，但这五个人也不可能把房子建起来。

于是他们找到三公司合作，项目很快完工，利润虽不多，但见到了收益。1994年，他们又承接到武汉生物制品厂工程，也是一个小项目。如果说这都是小打小闹，练练身手，那么接下来的这个项目可谓大得让他们有些吃不消，对创业小组来说是一个巨大的挑战。

这个项目叫"武汉可口可乐联合厂房"。在这个星球上，要问哪个品牌的覆盖面最广，大约首推Coca-Cola。1994年，可口可乐选址武汉经济技术开发区，他们看中的是武汉无可比拟的交通辐射优势。创业小组积极对接业主，三局占据地利优势，樊凤兰带着业主中方代表吴汉桥观摩三局在武汉的工地，以诚意打动了他，以至于吴汉桥在内部评标时撂下这样的狠话："如果三局干不好，我就辞职！"在他的力挺之下，三局最终中标。

中标来得太突然，该厂当时投资约4000万美元，厂区占地面积66000平方米，由联合厂房、办公楼、污水处理站、锅炉房、车辆维修库等8个单项工程组成，建筑面积43000平方米，建成后将成为可口可乐公司在亚洲最大的生产基地。

此时的创业小组共计12个人，一无资金、二无设备、三无周转料具，却面对着一个世界顶级品牌的联合厂房的施工任务。

可口可乐工程的中标让创业小组高兴异常，为交通和联络方便，他们购进一台面包车和一部大哥大手机，还一次性购进四部传呼机，分发给骨干们使用，这也是他们置办的第一笔"重大家产"。

此时有个叫王祥明的年轻人主动找到樊凤兰，毛遂自荐任项目经理。王祥明1986年毕业于南京建筑工程学院，曾在深圳发展中心项目实习，后调入局技术部、局总承包事业部。他刚刚从新加坡接受一年多的培训回国。樊凤兰经过认真考察后，决定起用他为可口可乐项目的项目经理，吴文贵任副经理。这一年，他俩都是才30岁出头的年轻人。

幸好他们有三局这个强大后盾作支撑，没有人，向兄弟单位借；没有设备，利用三局的品牌优势向外租赁。

樊凤兰先向一公司求援，其时一公司施工的汉川电厂工程正好完工，大量的周转材料拆卸下来，模板、脚手架等一车车连夜向工地上运。业主代表第二天来一看，昨天还空荡荡的工地上一夜之间全是堆积如山的材料和忙碌的工人，大为惊讶，深赞三局实力雄厚。

樊凤兰又到处借人，三公司具有丰富施工经验的罗雪峰被任命为项目副经理，主管项目生产工作。同时发挥三局集团优势，由一公司安装分公司负责机电施工，东方装饰公司负责装饰工程。在主厂房超大面积砼地坪的施工中，樊凤兰想起1990年认识的周克华，此人是三公司有名的"技术控"，恰好有一套大面积地坪施工的方案，于是整套搬来依法实施，效果奇佳。

那年夏天，武汉连降大雨，工地道路一片泥泞，脚踩下去半天拔不出来，刚刚挖好的桩孔也相继塌掉。一天跑下来，个个都成了泥人。樊凤兰深夜来工地检查工作，看到一张张稚嫩的脸庞、一双双期盼的目光，忍不住落泪，她语重心长地对王祥明说："你一定要把这些孩子带好啊！"

这帮当初的"孩子"，有时任钢筋工长陈保勋、木工工长汤才坤、砼工长王洪涛，他们后来都成为中建三局的骨干，相继走上局和公司领导岗位。因此，越是艰难的工地、越是艰苦的条件，越能成为锻造人才的熔炉和人生起步的平台。

似乎是老天有意考验这帮年轻的创业者，困难一个接一个，首先这是一个典型的"三边"工程，即边设计、边修改、边施工。比如主厂房共计五条生产线，临时又增加一条，并要求于1995年1月31日实现一条生产线投产。留给他们的时间仅有138天，而他们进场施工时，现场还是一片荒地。同时，设计变更频繁，几乎增加了一万平方米的施工量，仅就基础桩来说，也从最开始的115根增加到360根。他们设计好的施工计划全部被打乱，必须重新编制，这也意味着人力、材料、机械全部要重新调配。面对困难，他们唯有苦战这一条出路。

苦战对三局人而言不算什么，难就难在苦战抢工的同时还必须注重质量创优。王祥明曾在技术部工作，对质量有着近乎本能的高要求。他将横向质量保证体系与纵向质量指标执行体系融合成有机整体，自己任质量第一责任人，全面实行过程控制，实现质量网格化管理。

由于工程单项多、分部分项多，涉及土建、机电安装、装修装饰、道路施工等多个专业分包，他们充分发挥总承包管理职能，建立以项目全额承包为基点的项目经理责任制和以项目成本为中心的独立核算体系，充分发挥局内部生产要素市场作用，优化组合项目生产要素，并与长、短计划相结合，高峰时各分包专业队伍达数十家。

可口可乐项目1994年8月开工，1995年5月即竣工投产，堪称神速。施工后期，平均每天有250多人次来工地参观学习。1995年5月7日，三局的"老朋友"、时任中央政治局常委的李瑞环视察该项目，再一次对中建三局表示了赞赏。9月7日，美国前国务卿基辛格到此参观后欣然题词："祝贺你们在如此短的时间取得如此大的成绩。"本工程最终荣获中国建筑业的最高奖——鲁班奖。

可口可乐项目无疑开了一个好头，他们实现了一个漂亮的开局，这正应了可口可乐最为经典的一句广告语：一波又一波，一杯又一杯！

1994年底是创业小组的丰收季，可口可乐厂房主体结构正处在紧张施工阶段，他们又一举接下两宗大单。首单是于11月承接到的当时华中第一高楼武汉世贸大厦。12月，又中标武昌第一高楼湖北省电力调度大楼。同时手握三大顶尖项目，创业小组的组织架构已经不能适应形势的发展。

1995年4月8日，中建三局工程总承包公司正式成立。这一天将永远铭刻在总包人的记忆中。这是他们梦想开始的时刻，也是扬帆起航的时刻。

2.世贸风险与共赢理念

武汉世界贸易大厦项目是总承包公司历史上的一个里程碑。1995年8月18日，王祥明在完成可口可乐的施工任务后恰逢世贸开工，他又受命担任世贸的项目经理。

然而，这世贸工程与厂房工程大不相同。世贸工程位于汉口最繁华的商圈，地下2层，地上60层，高达248米，建筑面积11万平方米，比不远处正由二公司施工的武汉国贸还超出一大截。本工程的业主系武汉市商委下属的一个项目公司，在合同签订后即支付了1600万的预付款。这让樊凤兰喜出望外，她拿着这笔钱竟然先办起了混凝土搅拌站。因为本工程对混凝土的要求极高，需要C60高强混凝土，一旦项目大上，自有的混凝土搅拌站就能保证基本供应。事实证明，这一举措可称高瞻远瞩。这座混凝土搅拌站不仅为世贸的施工提供了保证，此后也成为总承包公司的创效主要来源之一，后来还竟然成为中建三局另一家专业化公司"中建商砼"的发祥地。

武汉世贸工程具有"最高最新最难"的"三最"特点，他们与二公司建设武汉国贸大厦一样，最初也遇到了复杂地质的深基坑施工难题，因而采用了与二公司差不多的方法，但增加了一项关键技术——静压灌浆堵水。通过"堵、降、排"三结合的方式，解决了地下水与流沙问题。主楼施工中采用当时国内罕见的大跨度无黏结预应力变截面板，在保持总高度和层高不变的情况下，硬是将大厦增加了4层——这意味着为业主凭空多构建出了数千平方米的实用面积，在寸土寸金的繁华汉口商圈等于是凭空创造了可观的财富。

几乎所有的成功都要经历波折，世贸项目也不例外。

当时任工长的朱建辉在一篇回忆文章中用了"世贸苦、世贸难、世贸情、世贸人"来回忆那段历史。有许多细节，他至今记忆犹新，比如项目生产经理顾生汀突发胆结石，在医院做手术一周后就坚持到工地，一边打着吊瓶一边现场指挥；王祥明总是半身灰、半身泥地在工地转；项目总是在半夜12点召开生产例会，等等。

特别是1995年底的那场雪，在他的记忆中分外的白。经过设计院22次变更，解决了无数道难题之后，设计院终于同意他们浇筑底板混凝土，他们连续数天不眠不休，持续70小时浇筑数万立方米混凝土，那场大雪也纷纷扬扬下了几天，直到浇筑完毕，大雪也停了。等验收合格后，工地上一片欢腾。

顺利完成八层的裙楼施工后，正准备上主楼时，业主方代表刘江超找到樊凤兰，说出了一个让人窒息的消息："对不起，我们暂时没钱支付工程款了。怎么办？"

刘江超曾任武汉市商业局财会处副处长、武汉市商委企管处处长，在武汉商界素以做事果断务实、敢闯敢干而出名。他在1994年被委以重任，受命组建武汉世界贸易大厦有限公司，时值36岁，当初也正是他力主由三局来承接此项工程。

一幢造价数亿元的大楼正在大上之时，竟突然没有钱了？这就如同十万大军正在前线大战，后方突然告知没了粮草一样。樊凤兰愣了半晌说："你问我怎么办？我还要问你怎么办呢？"

刘江超坦诚相告，项目前期融资困难，目前确实无法支付工程款，所以要请三局帮忙，垫到工程封顶，融资一旦到位，马上支付所有款项，并承诺支付利息。

刘江超拿出一大堆世贸大厦招商的资料来，说与什么"八佰伴""沃尔玛"等国际知名商业巨头在寻求合作，只要工程不停，招商就会顺利，反之则很困难。

同时他们还正在向武汉知名企业武商集团寻求合作。只要这些企业注资，世贸大厦资金就不愁没来路。他的坦诚让樊凤兰气平了许多，但是从裙楼垫资到封顶，可能需要数亿元资金，年轻的总承包公司也没有这个实力啊！再说，谁知道风险有多大？

樊凤兰为此与公司班子成员反复磋商对策，最终意见统一到如果不支持刘江超，实际上等于这个项目夭折了。公司向局汇报，得到了局领导的支持。但如此巨额垫资怎么解决？虽然前期的几个项目让总承包公司有了些家底，但远远不够。樊凤兰想到只能压力分解，必须寻求有实力的分包商和分供方的支持才行。他们把这一想法告诉了一些长期的合作方，有人退出，也有人给予支持。

全体员工进入没有奖金甚至没有加班工资的情况下工作，依然齐心协力，直至62层的武汉世贸大厦顺利封顶。此时正如刘江超所言，高高耸立的武汉世贸大厦就成了一块吸金石，许多企业开始认购。其中武商集团终于下定决心，一举购入八层裙楼，刘江超融资成功。他万分感谢中建三局和总承包公司在困难时期的不离不弃，并按照约定支付了所有工程欠款和相应利息。

武汉世贸大厦因此成了武汉商业运作的一个典范，刘江超本人也声名远播。不久，他成为武商集团董事长。

樊凤兰多年后感叹，这就是服务业主、共赢理念的胜利。在技术与管理日渐趋同的时代，企业间的竞争，将更多地体现为服务、文化和理念的竞争。

3.先做强，后做大

武汉世贸大厦的成功，并没有让总承包人冲晕头脑，他们提出了"先做强，后做大"的发展战略，先以武汉及周边为主要市场，他们在武汉先后承接了武汉顶益食品厂、武汉市国税大楼、武汉煤炭院综合科技楼、武汉邮件处理中心、武汉水利电力大学主教学楼等30余项工程，在武汉地区打响了品牌，成为最具竞争实力的施工劲旅之一。在此期间，公司的经营开拓由武汉辐射到荆门、鄂州、黄石、宜昌等地。他们并不急于对外扩张，这在创业之初是十分符合企业实际的战略。

从1995到1998年，企业发展具备了一定规模，更重要的是企业管理上了一个台阶，完成了规模经营所需要的人才、资金、管理、技术的储备。公司见时机成熟，开始派人远征。

1998年4月8日，在公司成立3周年纪念日，三局召开大会，宣布由总承包公司对局材料设备公司实施资产重组、内部兼并，这是总承包公司整合兼并的第一个单位。1998年11月，公司中标承接了北京中国职工之家项目，这是三局第一次进入北京市场。

1999年，在公司成立4周年纪念日的当天，公司提出"开展二次创业，三年跨入局第一方阵"的奋斗目标，确立了"立足武汉，扩展湖北，主攻北京，开拓北方，辐射周边大中城市"的经营战略。成立北京分公司、沈阳分公司、第一经理部（负责沌口、荆门片区）、第二经理部（负责汉口片区）、第三经理部（负责武昌片区）等五个分支机构，组织机构进一步健全。

此后，在河南、山东、天津、成都等地，总承包公司紧跟国家投资导向，大力挺进中心市场，将业务逐渐拓展到武汉之外的诸多区域，并以大中城市为依托，辐射周边连点成线。武汉、京津以及中部五省市的市场布局初具雏形，公司发展进入了新的境界。

在主营业务大步发展的同时，公司多元化经营也成果丰硕。商品混凝土业务由一个汉口站发展成汉口、武昌、关山三站鼎立。2002年，总承包公司以无可争议的业绩跨入三局集团第一方阵，成为局属四大主力公司之一。

进入新世纪，总承包公司在武汉又承接到一项超大工程，而且与三局总部只有一墙之隔，即当时全国最大的出版文化基地——湖北出版文化城。它是湖北省委、省政府确定的精神文明建设标志性项目，占地面积204亩，建筑面积34万平方米，包括两栋22层出版办公大楼和整体6层的出版物展销大楼，建成后将成为国内一流的高水准、多功能、规模宏大的现代出版文化城。

时任总承包公司党委书记、副总经理的陈华元担任湖北出版文化城项目总指挥，他麾下均是一帮"毛头小伙子"。

文化城项目实行关门工期，工程量之大、工期之紧、结构之复杂相当少见。针对工期过紧与技术难度大之间的矛盾，项目发动年轻人成立了三支青年突击队，在塔楼、裙楼和地下室三个分区之间开展以质量、安全、文明施工、成本控制、组织管理为主要内容的劳动竞赛。同时，各部门、各班组、各施工队之间也开展竞赛活动。三支突击队争先恐后，日夜兼程，在现场比质量、比安全、比进度，在办公室比资料、比计划、比成本，互不相让，整个项目热火朝天。

这项工程最大的特色是近乎完美的标化现场。湖北省副省长王少阶到现场视察多次，称赞项目"是紧张的战场，又是花园式的现场"。在武汉市2000年文明施工大检查中，项目取得了99.6的高分，被称为"样板工地的样板"。

2002年，该项目荣膺全国青年文明号。2003年5月14日，时任中央政治局常委李长春在政治局委员、湖北省委书记俞正声，省长罗清泉的陪同下视察已经完工并交付使用的湖北出版文化城，对工程建设大为赞赏，对中建三局为湖北省文化事业做出的贡献表示感谢。同年底，湖北出版文化城被评为国家优质工程。

也在这一年底，樊凤兰光荣地离开她亲手打造的总承包公司，转而从事另一项同样极其重要的工作——重新组建三局房地产公司，她将要使一幢停工长达10年的武昌最大烂尾楼重获新生。

从1995年4月8日成立到2003年12月31日，总承包公司累计签约合同额72.03亿元。同期，公司财务报表反映累计完成主营收入35.43亿元，辅业收入7.36亿元，企业净资产总额4.06亿元。总承包公司在短短几年时间内就从白手起家跻身国内一流大型建筑施工企业。

2004年初，陈华元兼任总承包公司总经理（此前他已经调任局党委副书记、纪委书记），公司领导班子发起"新征程、再创业"的号召，提出把公司建设成为三局集团效益领先、管理领先、文化建设领先、员工满意度领先的标杆企业，中建系统工程局直营公司的优秀排头兵，全力打造以品牌、品质、品位为主要内容的"三品"总包。

2005年，公司实现合同额21.11亿元、营业额14.17亿元，效益和货币上缴在局属单位名列第一，营业收入、利润总额跃居中建系统工程局直营公司榜首，此后10年，榜首位置从未易手。

2007年12月，陈华元调任中建三局总经理。陈保勋接过带领总包跨越发展的大旗，企业继续高歌猛进，2009年中标额首次突破百亿元，达116.3亿元。

2012年，当年在可口可乐工地任工长的王洪涛已成长为这家优秀企业的总经理。他正带领总包人聚焦结构调整，致力转型升级，全面开启公司"三次创业"新征程。2015年，公司更是完成合同额334.5亿元，营业额近200亿元。

总承包公司先后兼并整合了三局材料设备公司、建筑技术研究院、模板架料公司、设备租赁公司、安装公司、路桥公司、第四建设公司等七个局内单位，又成功孵化了北京公司、成都公司两个区域公司，房地产公司、基础设施工程公司两个专业公司，同时还以商品混凝土业务为班底成功做大"中建商砼"，如今"中建商砼"已发展成为今天"中建西部建设"的重要支柱。

行者致远，拓者无疆。

总承包公司的传奇故事注定还将继续。

▲ 1985 年，厦门富山展览城，创造"富山速度"

▲ 珠海银都酒店，20 世纪 80 年代珠海第一高楼　　　▲ 1995 年，陕西神木电厂，创造"神木精神"

▲ 深圳罗湖口岸联检大楼，是我国最早实行联检的口岸

▲ 1995 年，在深圳地王大厦封顶仪式上，三局局长洪可柱拧紧金螺栓

▲ 深圳地王大厦核心筒施工

▲ 深圳地王大厦，高 383.95 米，是当时亚洲第一、世界第四高楼，钢结构工程量为国内钢构工程之最

▲ 1995 年 7 月，中建三局成立三十周年表彰大会

▲ 1998 年，在中建三局工作会上，洪可柱局长与局属单位负责人签订目标责任状

▲ 珠海光大国际贸易中心，"珠海经验"代表工程

▲ 上海正大广场，在国内建筑业首次应用虚拟仿真技术，并创造了工程总承包管理"正大经验"

▲ 1995 年 4 月，中建三局工程总承包公司成立大会

▲ 湖北出版文化城，总建筑面积 12 万平方米，时为国内最大的出版文化产业设施、亚洲最大的图书城

▲ 武汉世界贸易大厦，高 218 米，时为华中第一高楼

▲ 武汉可口可乐联合厂房，总建筑面积 4.3 万平方米，时为亚洲规模最大的饮料生产工厂

>>> 第四篇

世纪经典

世界最高平顶大楼、中国公建第一楼、香港最高楼，三项世界顶级工程，彰显世界高度，体现东方气派，成就世纪经典，奠定建筑王者地位。布局全国，六大区域花开；专业至精，三大巨擘鼎立。

第十六章　三大战役

这三幢建筑不仅在中国处于巅峰地位，也代表当今世界建筑业的最高水平，建筑强手皆梦寐以求。而且，此三大建筑分布在中国最繁华、最具有代表性的三大城市：北京、上海和香港。谁来承建？消息一经发布，全球瞩目。

1.保一争二望三

先看一下这"三大战役"之前的三局状态。

千禧年元旦，洪可柱、傅开荣向全体员工发表新年贺词，提出要把三局打造成为建筑施工领域的标杆企业，要实现"把集团做大，把子公司做强，把项目做好"的目标。他们强调要加快建立现代企业制度步伐，首次提出"强化主业和区域化经营、专业化发展，实施资产重组，建立母子公司集团体制"等举措。

2001年1月10日，三局召开五届五次职代会，发布局"十五"规划。规划中主要经济指标要求"十五"期间完成总产值380亿元以上、合同额570亿元以上；到"十五"末期企业年产值要突破百亿大关、年合同额达到150亿元，"职工年收入递增5%以上"。此规划让全局员工群情振奋。

2001年11月19日，三局召开全局干部大会，中建总公司总经理孙文杰代表总公司党组宣布了一项重要决定，对三局的领导班子进行调整：洪可柱任局长，熊德荣任党委书记，王铁成、叶浩文、董宝珠、王祥明任副局长，陈华元任党委副书记、纪委书记，顾锡明任工会主席，张琨任总工程师，杨中孝任总会计师，总经济师由叶浩文兼任。同时由熊德荣、洪可柱、陈华元、王铁成、叶浩文五人组成局党委常委会。局党委书记傅开荣光荣退休。

再看三局走出贵州后，一直注重创造本行业的第一，如江城第一高楼、中原第一高楼、神州第一高楼、中国第一钢厦、亚洲第一高塔等。但中国建设发展之快，他们创造的诸多"第一"很快又被刷新，有的楼开工时还是"第一"，完工时已经被别人超越。能否建一幢在国内国际都有很大影响、数年内难以超越的超级工程？

如果能建一个在世界上"拔尖"的项目，不仅能提高企业在国际上的地位，更重要的是会极大地提升企业在运营、管理、施工等方面的水平。

2002年，上海传来重新兴建上海环球金融中心的消息。该项目是由日本森大厦株式会社联合日本、美国等40多家企业投资兴建，总投资额超过1050亿日元（逾10亿美元），原设计高度460米，工程占地面积3万平方米，总建筑面积达38.16万平方米。本工程在1997年初开工后，因受亚洲金融危机影响，一度停工。

进入新世纪后，全球经济特别是中国经济好转，重建上海环球金融中心成为中日双方共同的心愿。当时中国台北和香港都已在建480米高的摩天大厦，超过环球金融中心的原设计高度。由于日本方面要兴建世界第一高楼的初衷不变，故对原设计方案进行修改。修改后的环球金融中心比原来增加7层，即达到地上101层，地下3层，高达492米，为世界最高的平顶式大楼，也是人可到达高度第一高楼，系当时世界第三高楼，亦为名副其实的中国第一高楼。

与此同时，又传来香港环球贸易广场公开招标的消息，该项目118层，位于香港西九龙柯士甸道西1号。它是香港港铁九龙站Union Square第七期发展项目，由新鸿基地产全资发展。大厦外形由世界著名建筑事务所Kohn Pedersen Fox Associates（KPF）设计。可用楼层的水平高度达490米。建成后为香港最高楼，世界第四高楼。

在首都北京，中央电视台新台址建设项目更为引人注目。该项目位于朝阳路和东三环交界处的CBD中央区内，总建筑面积约59万平方米。由世界著名建筑设计师、荷兰人雷姆·库哈斯担任主建筑师，荷兰大都会建筑事务所负责设计，仅设计费用就高达3.5亿元，平均达630元／平方米。建筑外形奇特，民间称之"大裤衩"。从外观上看，大楼主楼的两座塔楼双向内倾斜6度，在163米以上由"L"形悬臂结构向外横挑数十米"空中对接"连为一体，形成"侧面S正面O"的特异造型。建筑外表面的玻璃幕墙由极度不规则的几何图案组成，造型独特、结构新颖、高新技术含量大，在国内外均属"高、难、精、尖"的特大型项目。系新中国成立以来国家建设单体最大的公共文化设施，也是规模仅次于美国五角大楼的世界第二大办公楼。

这三幢建筑不仅在中国处于巅峰地位，也代表了当时世界建筑业的最高水平，这是每一个建筑人、每一家建筑企业梦寐以求的巅峰。而且，这三大建筑分布在中国最繁华、最具有代表性的三座城市。建设消息一经发布，全球瞩目。

中建三局不肯错过这三大工程。

如果错过，便是永远的遗憾。

洪可柱主持召开局领导班子会议，定下一个目标，并在全局工作会上公布：保一争二望三。即确保中标一项，争取拿下两项，希望能承建三项——有人说这个"望",只怕是奢望吧?

2.第一战:世界最高屋顶

2003年,受亚洲金融危机影响而停工的上海环球金融中心项目重新招标,盯着此项目的各路豪强均虎视眈眈,特别是上海建工更有"我的地盘我做主"的雄心。中建系统内也有多家工程局进驻。三局是其中之一,局长洪可柱亲自参与竞标,时任三局华东公司经理的裴晓具体负责对接工作。

还有一个竞争对手来自投资方——日本清水公司,这家公司在1997年工程兴建时就是这一项目的总承包方。

三局投标团队认真分析各方形势:三局的优势在技术与施工组织管理能力,曾经承接多个中国第一高楼,业绩与实力摆在那儿。但主要竞争方的优势也同样明显,上海建工是一家非常优秀的企业,正在施工的上海金茂大厦高达88层,是当时国内在建的最高建筑。

除了外部的主要竞争对手,三局还有"内忧"。其时,中建系统内的竞争也很激烈,对于这个顶尖项目,谁都不想放过,中建一局、中建二局以及中建国际等劲旅都参与了进来。此事引起了中建总公司的高度关注,总经理孙文杰亲自赶到上海听取了三局的汇报。他早在1996年便与业主方森大厦株式会社的森稔先生相识,当然想把此项目揽在中建的怀中。他与洪可柱、裴晓等一起商讨对策,首先是系统内如何平衡?

裴晓豪气冲天地说:"那只有我们几个兄弟工程局先比比看了。"孙文杰微笑说:"我们不能内耗啊,三局的工作确实做得比较到位,但其他局也可以参与进来,不如我们就以总公司名义投标,以你们三局为主,组成项目施工联合体。"

中建总公司最终形成的决议是由中建三局牵头,中建二局和中建国际参与，组成联合体代表中建总公司投标，三家占比分别为7：2：1，后调整为8：1：1。

解决了"内忧"问题，外部竞争仍然激烈，至少还有三大困难：一是前期的总包，项目的桩基施工就是由日本清水公司做的，他们很可能延续总包商身份；二是业主是日本森大厦株式会社，该业主在业内以管理苛刻著称，与他们合作过的建筑承包公司几乎全部损兵折将；三是上海建工集团，地处上海本土，占据天时地利。对于能否承接到这个项目，中建系统内部实际上还是有较浓的悲观情绪。孙文杰和洪可柱则多次鼓励团队：哪怕只有百分之一的希望，也要做百分之百的争取，不到最后时刻，绝不轻言放弃。

孙文杰和时任中建总公司副总经理的易军等也多次飞赴上海为投标团队鼓劲加油，当时定下的最低目标是如果做不成总承包商，至少也要做分包或者钢结构。

孙文杰、洪可柱、董宝珠和裴晓多路出击，采取各个击破的方式解决一个又一个常人难以想象的难题。

比如技术问题，日方的招标书关于技术要求只有一页纸，方案怎么写全凭各竞标者自由发挥，技术方案组组长张琨带着团队度过了无数个枯燥乏味的日夜，写成了1000多页的技术方案，日本业主看后叹为观止。

再比如上海建工前期已进场施工，对外号称已经中标。董宝珠与裴晓负责与上海市政府相关部门对接，他们利用与地方的良好关系，促使相关部门尽量保持中立。

为表诚意，2002年，洪可柱请孙文杰出面，与董宝珠、鲍广鉴一道去日本商谈。他们一行抵达日本，受到森稔先生的热情接待。

同时三局后方团队积极帮助业主做了很多前期报建、设计修改等工作。原设计方案报到上海市相关部门后，迟迟得不到批准。裴晓带着森

稔先生的助手伊藤先生拜访政府各个部门，三局帮助积极协调，对原设
计方案进行了完善、修改，最终方案获得了上海相关部门的批准。这事
也让森稔先生认为中建是一家有实力、有地位的公司。

中建在上海成立了投标团队，孙文杰亲自担任领导小组组长，易
军、洪可柱为副组长。投标团队在与业主的交流中，结下了友谊，加之
前期沟通到位，业主有什么想法和要求，都能被准确理解和解决。更重
要的是中建的标书十分规范，送到日本后给业主很大的震撼。

孙文杰和洪可柱先后六赴日本。第四次去日本，森大厦公司伊藤先
生说："实在对不起，我们很相信你们，但是你们也知道我们的困难，
不交给上海建工干是不可能的。"

话说到了这个份儿上，但孙文杰和洪可柱仍不放弃，明确告诉对
方，这样的工程你们只有交给中国建筑才能放心。中建的实力与技术，
你们看到了，我们的施工方案你们也知道。

日方沉默，没再表示什么，或许日方也在举棋不定。

第五次去日本，日方终于再次抛出条件："如果你们想做，价格必须降
下来。"

孙文杰和洪可柱心头咯噔一下，问："降多少？"

对方早有准备："降1亿元人民币，因为上海建工的标价比你们低一
个亿。"

日本人很懂得"鹬蚌相争，渔翁得利"的道理，或许日方早就有了
人选，故意把事情搞得很复杂，两家中国公司竞争，受益方自然是日本
人——这就是市场经济。

孙文杰与洪可柱连夜开会，出于对中建总公司长远发展的考虑，尽
管压力巨大，都感到"肉痛"，但最终同意降价一亿元人民币，其中三
局承担了大部分让利风险。

第六次再赴日本，日方终于同意把工程交给中建来做。但是上海建工仍然想参与进来，日方的伊藤先生出面协调，找到孙文杰、洪可柱说："鉴于目前形势，希望你们还是与上海建工进行适度的合作。"

经三方会商，最终定下了"七三分成"，中建总公司占股70%、上海建工占股30%，组成联合体正式中标。

这场旷日持久的竞标大战终于以皆大欢喜而结束，三局建设者又刷新了多个第一：一是中标项目时为中国第一高楼；二是该项目的EPC总承包模式是比较复杂的承包模式，当时合同是完全闭口合同，在国内中建承接这样大的EPC总承包工程是首次；三是中建内部各局之间以项目股份制的方式联合统一管理、统一协调，这也是第一次，不久在央视新台址的建设中再一次采用了这种模式；四是与当地最大的竞争对手通过竞争之后又进行合作，在中建系统也是绝无仅有的。

关于此事，洪可柱后来也认为对于这样的大型项目，其实组成联合体投标是最好的选择。如果当初就组成联合体，或许就不用对日本人让价一亿元了。

这场竞争足以说明一个值得记取的法则：工业时代的制胜法则是竞争，信息时代的制胜法则是竞合。可以这样说，几乎所有的竞争都可能是两败俱伤，竞合则会相得益彰。用三局建设者的话说：他们花一亿元人民币，买了一个道理——市场经济下，对手，也可以做队友。

中建中标了，中建三局中标了，但是投标小组的人没有时间休息，他们还有更大的任务，几乎是原班人马奔赴北京。另一项尖端工程——央视新台址的投标在即。

再说上海环球金融中心项目其施工过程足以写成一部巨著，施工组织、施工技术、质量控制、商务策划、成本管控、安全防护等，无论哪一个方面都是挑战。

为保证此项目的顺利施工，中建总公司成立了项目执委会，易军任执委会主任，三局局长洪可柱及上海建工集团总经理徐征任副主任，具体负责落实工程项目的推进，包括项目管理公司的组建、施工重大方案的评议、重大资金的使用等。

因为是联合体中标，项目管理公司由中建总公司、中建三局、中建国际，以及上海建工分别派员组成。中建总公司派出副总工程师王伍仁任项目公司总经理，三局派出副总经理裴晓任项目执行总经理，上海建工也派出了他们的管理人员，实行总承包与施工分层管理。

这是第一次由中国人、中国企业在自己的土地上建造世界级摩天大楼。在多家企业组成的项目联合体总承包管理公司中，中建三局占中建总公司所占股份的80%，即占整体股份的56%，是最大的股东。

万丈高楼从坑起，楼越高，坑越深。地下室三层，平均深度17.85米，最深处20米，基坑面积达14600平方米，是名副其实的华东第一坑。三局人在这方面有着丰富的深基坑施工经验，裴晓带领项目团队，成功解决了地下水预降、在繁华闹市区的围堰爆破等难题。

支撑这幢摩天大楼的6.7万吨钢结构，出自三局钢结构公司的建设者之手。

项目钢构件多达6万多件，焊缝总长1700公里，相当于武汉与上海之间来回的路程。最厚的钢板超过100毫米，且钢构件截面大、连接形式复杂。从2006年3月起，一连18个月，要将这些冰冷的钢构件吊起、拼装、焊接在一起，组成一个有生命的大楼。当年在地王大厦的成功仿佛就是一次练兵，钢结构公司的建设者们解决了超高空吊装、大厚度钢板现场焊接、超高层测量定位、多工序立体施工、超高空安全防护、防台风、防雷电等多项难题，采取"区域吊装"及"一机多吊"的技术，解决了工期紧与工程量大的矛盾。

虽然钢结构等专业进展顺利，但上海环球金融中心项目仍然存在诸多问题。比如总承包部管理层是由多家单位抽调人员组成，磨合存在问题，常常令出多门或执行不力。同时，由于分包专业太多，对规范不熟悉等多方面原因，工期一度滞后近三个月。

裴晓科学组织施工，同时在钢结构公司的全力奋战之下，将滞后的工期慢慢抢了回来。

2007年4月9日，上海环球金融中心攀升至385.947米，刷新了三局保持的中建高度；6月15日，攀升至423.8米，超越金茂大厦，跃居内地第一高楼；8月14日，突破468米，超越东方明珠塔，成为内地最高的人工构造物；9月2日，提前7天封顶，三局建设者率先登顶上海之巅和世界屋顶。

2007年9月14日，业主举行了盛大的封顶仪式。上海环球金融中心项目名流汇聚，鼓乐喧天。全国政协外事委员会副主任赵启正、上海人大副主任胡炜、投资方森大厦株式会社社长森稔、中建总公司总经理孙文杰、副总经理易军、中建三局董事长熊德荣（此时洪可柱已经退休）、总经理王祥明等和70多家中外媒体一起见证了这历史性的一刻。

第101层最后一根钢梁披红挂彩，孙文杰笑逐颜开地与投资方代表森浩生一起合力拧上20颗象征吉祥如意的金螺栓后，最后一根钢梁被缓缓吊起，轻轻地安装到位。

这标志着上海环球金融中心主体结构封顶，达到492米的高度，成为世界结构第一高楼。

就在此时，项目执行经理裴晓工作调动，调入上海市城乡建设管理委员会工作，先后任副厅级巡视员、副主任。

虽然项目已经封顶，但后期的工作仍十分艰巨，需要一个经验丰富的人来接替裴晓的工作。三局决定派顾锡明接替裴晓担任总承包部执行经理。

顾锡明到任时，剩下的工作量还有20多亿元，多工种、多工序穿插施工，时间只有10个月，即相当于平均每月要完成2亿多元的产值，压力很大。

除了"抢工"，别无他法，但如何"抢"，却有大学问。

他到任后首先做的竟然不是发布"抢工令"，而是抓起了项目文化。

因为该项目是由中建和上海建工联合承包，中建内部也有多家单位参与，因而企业文化不同、各自管理制度不一。他提出要打造环球项目特有的"精气神"。他要求全体员工摒弃以往的成见，用项目特有的精气神解决项目架构和谐的问题、不同企业文化在联合体里融合的问题，使得大家在统一的制度下、统一的精神下团结合作。精气神顺了，项目的运转效率提高了，士气也高涨了。

项目接着制订精密的施工组织和工期计划，各专业、各工种有序进场，相互配合，避免打乱仗。同时组织专班与业主开始艰苦的谈判，一方面精研菲迪克条款，另一方面充分利用本土法规，成功将工期顺延三个月，迫使业主取消了工期索赔。

其次就是加强总承包管理，它有五大要素：建立精干的组织架构、制定科学的管理制度、形成有效的总分包管理体系、养成良好的总承包管理作风、培育优秀的项目管理文化。

第三就是巧干加苦干。三个月的工期要抢回来，只能要空间，抢时间。每天晚上必须加班，一天变一天半，二天变三天，总承包管理团队每天都要到现场去清点分包人数，根据完成产值、工期进度来进行奖罚。

顾锡明多年后回忆说："总体来说，我去项目就解决两个问题，一个是统一思想，一个是落实好措施，就是落实好总承包管理五要素。摩天大楼其实是一本书，我们要读懂它。"

2008年9月25日，环球顺利竣工，项目获得国家科技进步二等奖。上海环球金融中心拔高了上海的天际线，拔高了中国高度！中国建筑的建设者们不仅挑战了而且超越了"极限工期"，只用910天即完成上海环球金融中心项目的施工。

大楼的焊缝经日方检测，一次性合格率达98.9%，远超国家标准。大厦主体垂直度偏差小于22毫米（规范允许偏差为76毫米）。

上海环球项目先后获得两项世界第一的认证、2008年度"世界最佳高层建筑"、上海市建设工程"白玉兰"奖、"世界最高观光厅"吉尼斯世界纪录认证，以及国家科技进步二等奖等众多荣誉。耀眼荣光的背后是中国建设者持续数年的心血和汗水，世间所有的不朽其实都由点滴凝聚。

孙文杰在多年后回忆说："我们知道，任何摩天大楼的高度都会不断刷新，上海环球金融中心同样无法'幸免'。仅在今天的中国，超过500米的在建高楼就达到了九座。但这座工程的意义将被人们永远记取——我们用令人信服的业绩表明，中国的建筑企业完全有能力承建世界顶级摩天大厦，'中国建造'的能力已雄踞世界建筑业的顶端。"

3.第二战：中国公建第一楼

几乎就在上海环球金融中心工程中标的同时，中央电视台新台址开始面向全球发标。央视新址大楼号称"中国公共建筑第一单"。这是一项放眼全球都堪称顶级的工程，于是群雄汇聚，风云际会，围绕央视新大楼，开始了"暗战"。

同样，不仅有北京、上海、香港以及国外建筑公司，仅中建系统内就有一局、二局、三局以及中建国际建设公司报名参与投标。

作为中建系统的主要负责人，孙文杰必须通盘考虑全局利益。他和易军深入讨论后认为：一局长年在北京，占地利人和；三局则有技术与管理优势，特别是三局钢结构公司经验丰富，这对于央视新址这样的钢结构工程来说，其比较优势更为突出；而中建国际在机电安装方面有较强优势，特别是还具有总承包管理的成套经验。因此，经总公司研究决定：由总公司牵头，三局为主，一局、中建国际参与，中建内部再度组成联合体投标。

中建总公司的决定得到了各单位的积极响应。2003年1月17日，总公司成立了项目建设领导小组，易军亲任组长，全面负责本项目的投标与建设事宜。

领导小组下设多个工作组，其中确定三局为项目前期经营小组牵头人。三局副局长王祥明同时任投标工作组组长，下设经营组、投标现场组、协调组，统领技术部、商务部和综合部及下属若干专业小组。

一时间，各路人马共计176人齐聚北京怀柔的一座宾馆。

为严格管理，所有人员凭证出入，私下不可谈论工作，所有文件不许带出投标现场，所有电脑设立密码，有重要资料的电脑实行物理隔绝，所有询价人员不得向其他单位或个人透露价格信息……

尽管团队来自不同的工程局，但大家分工合作，井然有序。上有总公司领导、工程局领导、国内知名专家，下有经验丰富的技术人员、商务人员。所有人员按特长进行分组，分工极为精细。以技术组为例，就分有总承包管理、零米以下土建、零米以上土建、钢结构、机电、装饰及多媒体等多个小组。这充分体现了中建大家庭的团结互助和集团公司的团队优势。

总公司和三局领导多次到投标办公地看望全体投标人员，为他们鼓劲加油。

在孙文杰心中，这个项目的意义已经远远超过了工程本身，它决定了中建总公司能否占领国际建筑制高点。在与业主分层、分专业对接中，他亲自递交报名册并与央视领导多次恳谈，表达中建的诚意。

而整个小组中，压力最大的就是易军，他既是决定策略与方向的指挥员，又是冲锋陷阵的战斗员。不仅要及时了解投标进度情况，还要关心投标人员的生活问题。他没有时间考虑"成则名垂青史、败则千夫所指"，只想着一定要尽最大的努力，完成最完美的标书和方案。中国建筑虽然是央企，却是完全市场竞争性企业，既没有资源垄断、更没有政策倾斜，甚至还要经常面对地方保护的冲击。中建在多年的市场竞争中锻炼了自己的意志和智慧。正所谓：虽千万人，吾往矣！易军如此，王祥明也是如此，他们的身后不仅是176人的投标团队，还有20万中建员工。

对于王祥明来说，投标现场成了他第二个家。他充分发挥自己多年在首都市场打拼的优势，定目标、定工期、拟方案，第二天还要去与业主对接……不要问他为什么总是这样精力充沛，他心中燃烧着一个愿望："要干就干最顶端的项目。"

动画工程师何玮已经记不清多长时间没有睡个安稳觉了，他总是在电脑前一坐就没有了白天和黑夜，他不下楼、不出办公室，天天坐在电脑前做方案的三维动画。这一坐就是两个月。

鲍广鉴为钢结构提供技术支持，虽然他是钢结构公司领导，但在这儿，他只是普通一个兵。沉稳苛刻的周荣良、严格要求的彭明祥，还有郑宜坤、王建英、刘梅、戴立先、方军、陈振明、陈华周、蒋官业等，他们就这样默默无闻地坚守岗位，一守就是两年。

2005年1月4日夜，所有的人都无眠，因为明天就要开标了，都傻坐着，不顾两年七百余天的疲倦，他们在等待一个生与死的判决。

2005年1月5日，这一天，将要被载入中建三局、中国建筑的发展史册。央视新台址工程商务标开标，在多名国内外专家组成的评标委员会认真严格的评审之下，当场宣布：中建总公司第一名！

消息传到投标基地，所有的人先是愣了一会儿，然后才开始欢呼起来，大家热情相拥，泪水纷飞。他们无负于20万中建员工的重托，无负于700个不眠不休的日日夜夜。

2005年1月20日，总公司与业主第一次见面。

1月28日，工程合同签字仪式在人民大会堂举行。

3月26日，央视新台址建设工程总承包项目部成立，已任三局总经理的王祥明兼任项目经理。项目部是中建系统内部单位组成的联合体，中建三局占40%份额，牵头负责组织施工；中建国际和中建一局分别占30%的份额。作为联合体项目，其总承包管理模式在真正实施时如何继续体现联合体的优势，这是摆在项目建设者面前的一个新课题。

4月28日，央视新台址工程隆重开工，央视台长赵化勇、中建总公司总经理孙文杰共同出席致贺。

7月30日，1266根桩基施工顺利完成，央视新台址即将迎来第一个施工高潮。几乎所有的业内人士都认为，中标央视新台址，也就相当于抱上了一个超级烫手山芋。这项挑战人们审美观、挑战力学常识的超级工程，不是谁都能吃下的。

为将三家股东之所长汇聚成力量更大的"中建优势"，王祥明和项目总承包部班子大力强化"中建人"色彩，增强全体管理人员参加央视新台址建设的自豪感和使命感，做好项目前期策划、探索，搭建股份制总承包高端项目独特的施工生产、成本预算、劳资薪酬、计划总结等管理体系，以保证项目高效运作，并为总公司直管特大型项目管理模式的探索充当"先行者"。

海纳百川，有容乃大。项目还汇聚了国际化资源，与具有丰富超大型项目管理经验的美国特纳公司合作，由其提供项目管理咨询服务；引进美国P3E/C＆EXP系统，建设标准化、成熟的符合FIDIC条款要求的项目管理体系。项目还组建了由国内外建筑业知名专家组成的专家组为工程施工提供技术支持。在推进供应链和价值链竞争中，项目携手宝钢冠达尔参与钢结构制作加工，并汇聚国内知名弱电系统集成商清华同方、三菱电梯等参与工程施工。

2005年10月13日，央视新台址建设的第一场硬仗打响，目标是要完成12万立方米承台基础筏板施工。其中包括超大体积混凝土施工、直径50毫米的粗大钢筋绑扎，这些在国内都是首次。老工人老赵一辈子干了大小数十个工程，经验丰富，技术扎实。但如此粗大的钢筋用于基础承台中他还是第一次碰到，以往的钢筋他两三根扛起就走，而这样粗的钢筋却需要两三个粗壮汉子才能扛动，就位、绑扎、焊接都异常艰难。老赵的肩膀与手掌都磨破了皮，但他每天仍乐呵呵的，他说："这样的工程，全世界的建筑工人有几个能遇上？咱干这一次，值了，等央视干完，我也要退休了哦。"

项目部将整个筏板分为6个区、17个工段进行流水作业，各专业按计划表交叉施工，进度大大加快。到了2005年元旦前，3万吨钢筋绑扎已接近尾声，混凝土浇灌超过3万立方米。此时，筏板部分的最后大战开始，共7.2万立方米的两栋塔楼基础筏板浇灌在即。项目全体总动员，所有人员进行了周密排班，12小时两班倒。

12月21日零时，工地灯光通明。但见一字排开的16台地泵、2台汽车泵同时启动，150多辆混凝土车来回穿梭。12个小时后，另一拨人马换班，人停机不停，如此循环往复。一直到12月30日18时整，一、二号塔楼共计7.2万立方米混凝土的底板一次性浇筑完成。至此，此前发起的百日大会战仅仅用时80天，创下混凝土一次性浇筑量（每小时722立方米）、厚度（最大厚度10.9米）、方量12万立方米等多项国内外之最。

然而，这只是前期的小会战。

根据合同要求，项目必须于2006年8月冲出地平线。

为鼓舞士气，项目召开誓师大会。

因为地下室建筑面积即达到13.6万平方米，钢筋结构密集、梁截面大、预留预埋多、外墙超厚、结构复杂等一大堆难点需要解决。这样的誓师大会对于提振信心、鼓舞士气、统一观念作用明显，更重要的是告诉大家：又到了要苦战不退的时候了。

项目执行经理肖南带着管理人员，强化工序管理，与区域负责人、责任工程师一起明确各分区的重点与难点，有问题马上解决。2006年8月8日，就在北京奥运会倒计时两周年这一天，央视大楼冲出了地平线。

钢结构安装是中央电视台新址建设工程施工的核心和关键，工程用钢量高达14万吨。三局钢结构公司再次迎接挑战，公司总经理王宏亲任项目经理，欧阳超任执行经理。

两栋主塔楼是挑战力学常规的，此前三局人施工的所有建筑几乎都是垂直于地平面上升的，而央视大楼的奇特就在于它是倾斜着上升的，容易变形，需要采取反变形措施，即在施工时把塔楼扳直一点，靠它的自重倾斜到位。扳多少，即预变形值多少，这个可得靠精确计算。

张琨再一次出现了，这个早在辽塔施工时期的"新兵"，此时已经是中建三局的总工程师，央视大楼的技术总负责人。他带着钢结构技术团队，根据各施工部位的结构形成及加载，采用迭代方法计算结构精确的初始三维预变形值，施工期间结合动态施工监测对预变形值进行修正，最终将结构几何偏差控制在规范内。

随着两栋塔楼的长高，最具有挑战性的时刻到来了，即如何实现两栋钢铁大厦的空中对接。

塔楼长高到162米时，要实现一个空中对接，即由重达1.8万吨的钢结构大悬臂连成一体，实现东西两大塔楼在云端之上的"亲吻"。

这个大悬臂本身也是一栋14层的巨大建筑，相当于中国首座钢厦——深圳发展中心的总用钢量。也就是说相当于在160米高空凌空再建一幢大楼。建设者要应对世界建筑史上最严峻的力学考验。

作为技术总负责的张琨无疑是压力最大的一个人，他每天都要在窗前站一会儿，看着两栋张开双臂想要拥抱在一起的央视主塔楼。大悬臂自重惊人，如果只是简单地按图纸设计安装上去，在自重的作用下，必然会产生变形，进而无法实现合龙，也就无法实现这个建筑史上的最为精巧的"云端之吻"。

他和技术团队扎在资料中反复研究，与多名专家反复论证，最终还是决定采用反变形方法。你不是要变形吗？好，不如在施工时先稍过一点，正好抵消建筑物的自身变形。

这类似高明的盆景师制造美丽的盆景，把大楼的主塔楼、大悬臂看成是树枝，而园艺师们却可以让树枝受控生长。他们要干的就是要让大楼的变形受控。

比如大悬臂的底部与地面应当呈平行线，但是如果施工时也按平行线施工，其自重变形肯定会"跑偏"，那么在施工时就要预留一定的上翘角度，当其变形完成后就会恰好落在水平平行线上。而最难的就是计算这个角度，并要制订详细的施工组织计划书。张琨率技术团队经过精确计算，再用计算机进行模拟，确认无误后才开始组织施工。

2007年8月1日，随着长9米、重达35吨、编号为X4-C121-1悬挑构件被吊起，在162米高的二号塔楼西面准确就位，"云端之吻"的艰难之旅正式开始了。

两栋塔楼开始相对向空中延伸，如同生死不渝的恋人努力向对方伸出拥抱的双臂。项目悬臂宽39.1米，高56米，重达1.8万吨，具有重型构件多、节点构造复杂、焊接难度大、合龙安全性和精度要求高的特点。

经张琨拍板，中建钢构采用的是"两塔悬臂分离、逐步阶梯延伸、空中分段合龙"的安装方式，其每一步均先在计算机中进行模拟安装成功后再付诸实施。由于风险巨大，项目执行经理欧阳超、技术负责人陈韬、生产经理曹辉发夜不能寐；公司技术负责人戴立先当时在上海环球金融中心总承包部任技术部经理，也赶到北京增援。

两塔悬臂分离、逐步阶梯延伸。二号楼向外伸出75.165米、一号楼为67.165米。小数点后保留三位数，这表明施工的精度要求相当高，必须达到毫米级。

两者终于在2007年12月26日触碰到一起，当主楼大悬臂最后一根合龙杆被拧上象征吉祥如意的金螺栓后，现场数千名工人发出了震天响的欢呼声，数百家媒体见证了这一时刻。两栋主塔楼在162米的高空中实现了"云端之吻"。

时任中宣部副部长、国家广电总局局长王太华，时任中央电视台台长赵化勇，时任中央人民广播电台台长王求，建设部总工程师王铁宏向孙文杰、熊德荣表示祝贺，祝贺中国建筑创造了人类建筑史上的一个奇迹。

2008年3月27日，央视新台址全面封顶。此项目在施工过程中就获得国家级科技进步奖，荣获国家级工法2项、国家专利10项。

2008年，在美国《时代》周刊和英国《泰晤士报》组织的评选中，央视新台址工程被评为"世界十大建筑奇迹"和"当今世界十大最强悍工程"行列。本项工程的成功也表明了中国建筑领域的建设者已经站在了世界建筑技术、管理的最前沿。

4.第三战：香江之巅

几乎与上海环球金融中心、北京央视新台址同步启动的香港环球贸易广场项目，当然也是所有建筑企业眼中炙热的梦想。

香港环球贸易广场发展商为香港新鸿基地产发展有限公司以及香港地铁公司。建筑高度为490米,建筑面积约50万平方米,标准层为59.9米×59.9米的多边形,立面为逐渐向上收缩的塔形。主体结构采用钢筋混凝土核心筒、巨型混凝土柱、巨型桁架以及钢框架结构。

此时,三局还在苦苦追寻上海环球金融中心、央视新台址两大超级工程,保一争二望三可以说是同步在进行。其时业内多数人这样说:三局人是不是疯了,三项超级工程他们怎么可能都吃下去?局内部有些人也提建议,不如集中力量主攻一个项目,哪怕拿下其中一项也是了不起的业绩了。

但是,三局领导班子当初提出"保一争二望三"的目标,可不是说着玩的。

香港,东方之珠,百年香江风云际会,使其成为亚洲甚至是世界最有活力的都市之一,其超高层建筑如同雨后春笋般涌现,这些高端建筑以前多由国外建筑企业垄断,这次的超级工程就是这颗明珠之上最耀眼的光芒,有可能交给来自内地的三局建设者吗?

鲍广鉴参与了前期的信息跟踪,他深知,对这个超高层项目,三局钢结构施工是有优势的,但是以当时钢结构公司的实力,也是吃不下的。幸好身后有三局这棵大树,他向局总部求援。局领导班子当即召开会议,决定由一公司和钢结构公司统一以中建三局的名义对接业主,在局总部的协调下,两家公司签订了一份合作协议,双方约定共同管理、共同投标,利润五五分成。

但是由于本工程处于香港特别行政区,由地道的港资企业投资,又是影响巨大的超级工程,因此三局的投标团队心中都没谱。同时他们了解到香港协兴建筑有限公司(简称协兴公司)也在积极准备投标。三局的投标团队这一次"聪明"了许多,明确了"借力打力"的策略,何不变竞争对手为合作伙伴呢？

香港协兴公司于1961年3月创立，为香港上市公司新世界发展旗下全资子公司，是香港一家著名建筑公司，熟悉香港的法律法规与人文环境。同时协兴公司是三局拟上市的五家发起（股东）单位之一，与三局有着很好的内在联系。

洪可柱主动上门，说明来意。而香港协兴公司也正为超高层及钢结构施工的技术和管理发愁，对三局的技术和管理能力表示敬佩。若与三局联营正是强强联手，在优势互补、资源配置、风险共担、新市场开拓方面可以形成强劲的竞争力。于是双方在2002年4月19日签订了一份联合投标协议书，双方约定以同一联营体参与本项目的投标，其中中建三局占60%股份、协兴建筑公司占40%。

三局通过各方途径，直接加强了与新鸿基地产的联系，持之以恒地做工作，产生了良好的效果。好事多磨，经过三年有余的跟踪努力，终于在2005年6月双方联手中标香港环球项目。于是双方在香港申请注册成立了"中建三局—协兴建筑联营公司"，累计注册资金为3000万港元。

联营公司实行董事会领导下的项目经理负责制。在董事会下设项目管理部，由30人组成，其中三局委派11人，协兴公司委派12人，新辉公司委派5人（此公司为中期加入的第三股东），另外独立聘请项目经理1人及绘图员1人。项目部下设深化设计、现场施工、安全、质量、工程技术、工程协调、合同商务、行政等部门。

这是一次非常成功的规范化的市场化运作，此次联营与上海环球项目、北京央视新台址项目的联营不同，上海环球项目与上海建工的联营是在业主强势要求下的"被动联营"，央视项目的中建系统内部联营则是中建总公司通盘考虑下的"行政联营"，而这一次是市场形势下的"市场联营"。无论哪一种联营，都充分体现了三局勇于担当、积极争取与灵活多变的营销策略，其核心则是竞合法则。

2005年9月15日上午，在香港协兴公司会议室召开了联营公司第一次董事长会议。履新不久的三局董事长熊德荣、总经理王祥明、副总经理梅合理及一公司董事长、总经理左旭平作为三局的代表参会。这次会议对项目启动，包括账户设立、钢结构加工、图纸深化设计、重要设备购买、项目施工团队组建、管理制度制订等达成了一致意见。此后这样的董事会会议形成了制度，每逢重大事项的决定都由董事会以决议的形式下发。

经2006年7月21日第5次董事会协商，香港新辉城建公司加入联营公司，新的股权比例为：中建三局占54%，协兴建筑公司占36%，新辉城建工程有限公司占10%。项目执行层的项目经理则采用聘请第三方的方式。

身为董事会成员的夏强同时任项目副经理，负责日常的施工生产指挥调度工作。项目管理部按FIDIC条约执行，即更强调组装调配资源的能力，因此对分包队伍的管理也是项目管理的核心之一。各分包合同主要采用"总价包干+签证"及"单价包干+签证"的形式，施工生产及质量控制由项目副经理控制及主导，技术副经理及各专业工长执行。

在本项目，施工的技术问题固然很难，但已经不是主要矛盾，主要矛盾是联营公司内部的协作、联营公司与项目管理层的关系。为此局副总经理梅合理多次前往香港，与联营公司和管理层开展沟通工作，推进项目实施。

由于香港协兴建筑公司和三局双方人员在管理体制、管理理念、法律意识、风险认知等均存在差异，因此双方一开始的运作并不顺畅。比如香港本地采用英美法系（判例法），而三局熟悉大陆法系（成文法），香港职员的证据意识强烈，任何内外部工作联系均要采用书面形式，而对施工成本则依据联营公司成立之初的目标进行控制，每季度进行一次回顾并修正。

年仅24岁的杨艳权有幸加盟项目部，成为商务部成本分析员。他讲述了一个故事，某一天项目部要召开会议，办公室职员非常负责地提前一天电话通知每一个与会人员，讲好了时间与地点。但是开会时，只有大陆员工到会，香港方员工一个没来。夏强很生气，一问才知道香港方人员均称没有收到书面通知，而在香港员工看来，没有书面通知此事就不能算是正式的通知。还比如在与业主沟通时，往往一件看起来极小的事也需要正式的函件进行确认。这件事对三局员工的触动极大。

为了尽快适应并融入香港建筑市场，并使联营公司能形成真正的合力，内地员工开始认真学习香港建筑企业的管理要求与制度。这种严格规范的管理制度也为后来工程签证、工单确认带来了极大的便利。

而在具体的施工生产中，三局人凭借数十年的技术积累，特别是在超高层、钢结构施工中的领先技术，运用了许多教材中不可能记载的独到之法，这让协兴公司赞叹不已。因此双方优势互补明显，合作越来越高效。

经过前后四年多的紧张施工，香港环球贸易广场于2009年6月封顶，成为香港地区第一高楼、世界第四高楼。落成后的香港环球贸易广场高高耸立在香江之畔，而这次香港的第一高楼是由中国建设者自己建造的。

至此，三局建设者胜利完成了进入新世纪的"三大战役"，"保一争二望三"的目标全面实现，创造了几乎不可能实现的奇迹。三局建设者同时在北京、上海和香港这三座中国最富有活力和魅力的城市，建成了最富有标志性的超级工程，也奠定了三局在超高层、钢结构、高大新尖工程建设领域的王者地位。

第十七章　铸新时代

在中国经济和企业深度改革的时代，在面临大机遇和大挑战的时代，三局建设者不辱使命，业伟于新，用智慧和汗水在天地之间、城市之中绘下精彩的一笔。

1.股市逐梦

随着企业的发展壮大，实现上市已经成为许多企业的梦想。美国500强企业95%是上市公司。作为中建系统的领先者，中建三局也在谋求上市。中建总公司明确表示支持。

改制上市是三局历史上的一次重大变革。

2002年5月14日，三局召开改制上市动员大会，会议指出：基于企业发展战略需要，按照《中华人民共和国公司法》和中国证监会的有关规定，局将采取分立、分离、合并等方式，对全集团的资产和组织进行重新整合。在分离主营业务和非主营业务、分离经营性资产和非经营性资产、处理不良资产的前提下，发起设立中建三局建设工程股份有限公司，谋求上市。各公司和局本部的非主营业务和非经营性资产均不进入股份有限公司，在分立、分离后，与局现有的非主营业务单位和非经营性资产管理单位重组整合为若干专业公司和实业单位，上市部分与其他部分共存互补，比翼双飞，从而把中建三局做大做强，实现跨越式发展。这意味着三局建设者又开始向新的梦想进军。

2002年6月28日，三局与长江证券公司就合作上市事宜签约，三局委托长江证券公司为改制上市、股票发行的总策划人、上市辅导机构、改制设立的股份有限公司公开发行社会公众股之主承销商，以及股票上市交易之前上市推荐人。

同年7月1日，三局与中天宏国际咨询有限责任公司签约，由中天宏公司为三局改制上市全过程提供咨询、协调、公关等专业服务。

2002年底，局属一、二、三、四公司按主业上市的要求，分别完成有限责任公司工商注册登记工作，标志着局改制上市工作首战告捷。新组建的第一、二、三、四建设工程有限责任公司分别召开了第一次股东大会，按《中华人民共和国公司法》相关规定，通过全体股东推荐和选举，产生了第一届董事会和监事会。与此同时，存续企业分别组建成建兴、建隆、建发、建达实业有限公司。

2002年，全局国内合同额首破百亿大关，达到103.26亿元，完成产值74亿元，主要经济指标再次领跑中建系统。在精神文明建设方面，局及一、二、三公司同时荣获湖北省最佳文明单位称号。

2003年初，局发布改制上市宣传提纲。4月11日，局又召开存续企业研讨会。会上，王铁成、李登弟代表局领导班子，要求拓宽思路，做强做大存续企业。

局总会计师杨中孝带领全局财务人员，与第三方机构一起完成了全局的资产审计、资产评估、土地确权、验资等相关工作。

2003年12月29日，中建三局建设工程股份有限公司创立大会隆重举行。

洪可柱担任董事长，熊德荣和香港协兴公司（参股）郑锦超担任副董事长，王铁成任监事会主席，王祥明任总经理。

当三局在为上市开展大量工作，做出巨大努力，并成功进入上市辅导期，准备择机上市之时，2005年6月，中建总公司决定终止三局上市的相关事宜，原因是"中国建筑"要整体上市。

作为中建总公司的下属企业，中建三局服从大局，终止了所有上市工作，全力配合中建总公司整体上市。

三局虽然没有单独上市，但在"中国建筑"的成功上市中，中建三局资产最为优良、业绩最为突出，为中建总公司2009年7月成功上市做出了重大贡献。更为重要的是通过此次上市改制，使得三局的企业制度、决策机制、管理模式、员工思想等都发生了重大的转变，使得三局向现代化企业更迈进了一大步。

2.老兵情怀

2005年2月25日，新年的气氛还未散去。孙文杰率总公司有关部门领导奔赴三局召开推行国有独资企业董事会制度会议。在这次大会上，总公司宣布洪可柱因年龄原因退出领导岗位，改任总公司专家委员会副主任；熊德荣任中建三局董事长兼中建三局建设工程股份有限公司董事长；王祥明任三局党委副书记、副董事长、总经理，中建三局建设工程股份有限公司总经理；总公司委派赵章平任三局总会计师。

洪可柱用三个感谢和三个祝愿发表了深情的退职演说：

一是衷心感谢党和上级组织教育、培养了我。十分肯定地说，离开了组织，没有组织的教育、培养与监督，就没有我的今天。

　　二是真心感谢企业和全局广大职工，给我舞台与鼓励。正是中建三局这一大型国企，给我有所作为的机会，不管困难也好，机遇也好，离开了企业，也就没有这一切；同时，没有广大职工的支持与鼓励、期盼与关心，三局发展中的困难也就难以克服，机遇也难以抓到，也根本不可能把自己的人生追求与企业取向融合在一起。我十分感谢广大员工，他们付出太多、支持太多、贡献太多，而我对他们关心不够，欠账不少。

　　三是诚心感谢局与公司等各级领导。长期以来，正是各级领导与我风雨同舟，甘苦同尝，奋力拼搏，大家无怨无悔地付出。这份情谊、这种风格，我在今后的有生之年将念念不忘。

全场报以热烈而持久的掌声，这是感谢的掌声，是祝福的掌声。良久，他平复心情，说了三个祝愿：

　　我深深祝愿三局改革有更大突破，三局发展再上台阶，三局稳定呈更好的局面。

　　我深深祝愿三局的各级领导班子更加坚强团结，更加无坚不摧，各位同志更加奋发有为，做到"长江后浪推前浪，一代新人胜旧人"。

　　我深深祝愿广大员工能够更多、更好地共享改革与发展成果，能够上下左右一条心，永远拧成一股绳，朝着不断攀登中国建筑业新的高峰前进。

他最后说：

作为具有40年党龄和37年工龄的我，也把自己的满腔热血
与青春年华奉献给了三局、中建和我们共同的事业，对此，我
无怨无悔。尽管尝遍艰辛，历经风雨，但我从未感到孤独与无
助，而是感到胸怀坦然，我将根据组织需要继续把自己的力量
贡献给我们共同追求的辉煌灿烂的事业。

这是一个建筑老兵的情怀。

洪可柱从1968年大学毕业到三局工作，从一名学徒工开始，一直做
到三局的最高领导。正如他自己在回忆时所说："我全部的职业生涯，都
与三局紧紧相连；我全部的精力与心智，都献给了这个优秀的企业。"
洪可柱从1987年开始担任三局局长，一直到2005年退职的近20年间，他
率领三局深化改革、抢抓机遇、奋勇拼搏，承建了一大批地标建筑，
同类企业中荣获鲁班奖最多。率先试水鲁布革经验，全面推进项目法
施工，推动了三局及整个建筑业的现代化建设；率领三局建设者屡创新
高，突破高原平台；三局在两个文明建设中硕果累累，两获"全国五一
劳动奖状"，创成"全国精神文明建设工作先进单位"；在总公司的上
市大业中，三局贡献了十几亿元的正资产；发展新技术、新产业，培育
了钢结构、商品砼、装饰等专业公司。

这一年的10月16日，中建三局在武汉黄鹤楼畔的湖北剧院举行隆重
的建局四十周年庆典，时任全国人大环境与资源保护委员会主任毛如
柏，湖北省委副书记陈训秋，湖北省委常委、武汉市委书记苗圩，中纪
委驻建设部纪检组长姚兵，中建总公司总经理孙文杰等到会祝贺。

洪可柱代表老同志发表了简短的致辞，台下数百名员工再次报以长
时间的热烈掌声。他离岗后受聘为湖北省和武汉市人民政府参事，继续
为湖北省和武汉市的建设出谋献策。

3.变烂尾楼为武昌第一高楼

位于武昌中南路口的煤炭科技设计大厦，曾经是武汉最著名的烂尾楼。1994年，中煤武汉设计研究院报经当时的煤炭工业部批准，在拆除原有苏式老办公楼主体部分的基础上，腾出14亩空地，投资兴建一幢40余层的煤炭科技设计大厦，中建三局成为施工总承包单位。

这幢大楼从开工之时资金来源就不足，一直建建停停，到1998年5月，因国家煤炭工业部撤销，不再给予拨款，大楼资金链彻底断裂。中建三局已浇筑到27层的主楼框架，被迫停工，成为武汉第一烂尾楼。业主尚欠三局两千万元工程款。

这一烂就是6年，堪称"跨世纪的烂尾楼"。该楼主楼正面直对中南路，与武路路呈垂直分布，地理位置优越，因而影响巨大。

2002年12月，在武汉市决心盘活烂尾楼的大背景下，局领导班子研究决定，要想办法解决这"跨世纪的烂尾楼"问题。樊凤兰带着一支年轻的房地产业务团队，经多次协商，于2003年与中煤国际工程集团武汉设计研究院达成续建协议。大体内容是：由中建三局出资续建该楼，大楼建成后，10层归中煤武汉设计研究院，余者归属中建三局。这个"烂尾死结"，自此有了解决方案。

2003年，大楼开始续建。2004年，三局决定将总承包公司的地产业务团队分立出来，重新启动局原房地产公司。本楼系中建三局新房地产公司重新上路的第一个项目。

2007年，大楼建成，楼高208米，为武昌第一高楼，地下3层，地上46层，取名新时代商务中心。此中心是引领时代的5A级写字楼，拥有优越的地理位置、便利的交通、5A+智能化系统、超大的纯办公空间以及绿化广场等。

2007年3月18日，中建三局总部乔迁新址。这一天，和风朵颐，彩旗飞扬，新时代商务中心喜气洋洋。登临高楼，凭栏远眺，江城风光尽收眼底。在新时代商务中心45楼，中建三局举行了隆重而简朴的乔迁揭牌仪式。局董事长、党委书记熊德荣、总经理王祥明，与其他在家领导陈华元、张琨、赵章平、张明铁、陶盛发、易文权、毛国强、詹宇等，站成一列为新办公大楼乔迁剪彩。

从四川渡口甫创开始，各个时期的总部办公楼都是企业发展的见证。1965年三局初创时根本没有什么办公楼，只有在荒山野岭中搭建的简易工棚。

从渡口千里转战贵州，又一次白手起家，在安顺建起一幢办公楼。三局在人迹罕至的大山中苦战多年，为大西南山区工业的兴起立下赫赫战功。

完成三线建设的历史使命，他们再一次千里转移来到湖北，以风尘仆仆的建设者姿态走向市场。他们在珞狮路248号建起一幢简朴的办公楼，又以此为起点，开始南征北战，创造了两个深圳速度、对接三大高端项目，实现了高速发展。

到2006年，三局实现了营销额过300亿元，产值过200亿元，企业驶上了又一轮快车道。2007年，武汉市百强企业榜单公布，中建三局首进前三甲。这是武汉市企业联合会和企业家协会从2006年开始进行的一项重要评选，此后中建三局一直位居武汉市企业百强前三名。

2007年12月，局总经理王祥明赴中建总公司履新，出任中建股份有限公司副总裁，陈华元接任中建三局总经理。

4.武汉会战

熊德荣常说，三局人饮长江水、食湖北米，更要做好武汉人。三局从20世纪70年代调迁湖北武汉开始，就与这座城市密不可分。

从20世纪70年代的武汉八大院校到80年代的晴川饭店，再到90年代的"武汉三贸"（世贸大厦、国贸大厦、亚贸大厦），一家企业与一座城常常发生着精彩的故事。2005年起，熊德荣率三局人分别承接了武汉天河机场T2航站楼、武广客运专线武汉站和"高度世界第三、中国第二、中部第一"的武汉绿地中心项目。这三大项目特别之处在于分别代表了武汉新的城市形象，也是武汉跨入国际大都市行列的功能性与标志性建筑。熊德荣直接对接市场，使得三局人的"江城故事"有了新传奇。

特别是武广客运专线武汉站工程的施工，是三局历史上为数不多的一次"极限大会战"。本项目合同总额达38.63亿元，也是中国建筑转型升级的重要标志性工程。

2006年9月29日，时任中共中央政治局委员的湖北省委书记俞正声宣布武汉站正式开工。这是当时亚洲最先进、最大的高铁车站，也是中建总公司的第一座高铁场站项目。由三局总承包公司牵头施工。

多少年来，作为房建施工总承包建筑企业，想踏进完全封闭的铁路市场承揽工程，堪比"登天"还难。这一次，中国建筑终于取得突破。

作为当年的"头号"工程，工程局决定由局副总经理、总承包公司总经理陈华元担任项目经理，总承包公司副总经理陈保勋担任项目执行经理，其他班子成员分别由总承包公司总助级领导及部门正职人员担任，规格之高、人员之全，甚是罕见。

武汉火车站设计师丹尼尔·克拉里斯回忆说，在一次与友人聊天中得知了黄鹤楼与仙鹤的故事，浪漫的法国设计师为武汉火车站赋予了多层美好的寓意——俯瞰车站，犹如一只站在湖边饮罢欲飞的千年黄鹤，因感叹家乡的巨变翻然而归。车站大屋顶的九片屋檐同心依次排列，"九"字渗进了湖北文化的精髓——"九头鸟"塑造了湖北人文气息，"九省通衢"构造了湖北地理特征。

武汉火车站总建筑面积33.25万平方米、建筑总高59.3米，面积比"鸟巢"还大。然而很少有人知道恢宏的背后有着怎样的艰辛，即使是三局这样的铁军在施工此项目时也遭遇到前所未有的困难。德国柏林火车站的规模、难度，都比武汉站小得多，但建设它用了10年时间。武汉站如此宏大、复杂的工程，总工期仅有3年，扣除拆迁、出图等时间则更短。建设武汉站是一项与时间赛跑的工程，是一场没有硝烟的"战役"。

武汉站工程从开始投标时，推进就很艰难，由于第一次涉足铁路领域，很多东西都要从头学起。

2006年10月初，项目进场时，放眼望去一片荒芜，没有图纸，连个放线桩都没有，后来项目人员才知道铁路领域有个不成文的规矩，就是钱给你了，剩下都是你的事儿，不像以前，没有"三通一平"就不进场。

于是，项目首先派40多人住在武汉站设计单位，帮忙收集测量资料、催图纸。项目需要2万千伏安的电源，可是整个青山区没有这么大的电力负荷，找电力局都解决不了。几经周折，他们了解到武钢配有3.5万千伏安的备用电源，但是从建厂至今，这个备用电源从来没用过。项目找武钢商量，费了很大劲，武钢才答应租赁给项目。于是，三局建设者自己修变电站、树电线杆、拉电线，安装了20台800千伏安的变压器。施工和生活用水也是从几公里以外自己修水站、泵站输送进来的。

项目在拆迁之初就遇到许多麻烦。2007年5月19日，项目在进行拆迁作业时挖到了附近村民的祖坟。按中国人习俗，挖了别人的祖坟可是犯了大忌。为平息事态，项目书记许涛马上找到村支书和事主，第一时间进行了坦诚的交流沟通，并提出负责迁坟的一切事宜。迁坟那天，项目质安部经理刘建其和项目拆迁负责人周新华当着全村人的面向死者三跪三拜。这一跪使得村民深受感动，主动配合，从而让拆迁工作得以顺利进行。

等前期勘察、设计、出图、拆迁工作完成时，已是2008年4月，这些工作耗去了整整一年半工期。可是，通车日期为2009年12月26日不变。为完成节点任务，项目进行多次"百日大会战""万人大会战"，高峰期人数达到2万人，仅保安人员就有500多。全局共有30个分公司参加会战，特别是装饰、安装两个专业，都是从全国抽调力量前来支援。

直到2008年11月图纸才确定，局钢结构公司要在一个月时间内完成深化设计和首批材料的采购及加工，并保证后续构件的不间断供应。同时，现场构件安装要一鼓作气，在6个月内（即2009年1月1日至6月30日）实现封顶。这是几乎不可能完成、又不得不完成的任务。钢结构公司总经理王宏高度重视，派出最强力量进驻，钢结构公司党委副书记周发榜更是现场驻点，担任钢结构工程指挥长。

整个武汉站钢结构用钢量达6万吨，其中屋顶用钢量4.7万吨，焊接点达8万多个。建设者用5个月时间完成了大屋盖天花板施工，让法国设计师佩服不已。经过半年的紧张抢工，完成了钢结构主体施工，在2009年6月30日实现了封顶。

为确保2009年12月26日顺利通车，三局举全局之力加大协调和指挥力度，成立以局总经理陈华元任组长，局副总经理陶盛发任常务副组长，各参建单位总经理为成员的领导小组。当年春节，正值项目大干快上的关键时期，所有建设者坚守施工现场，熊德荣、陈华元带领相关局领导和部门负责人来到工地，与所有武汉站的建设者一同度过了一个难忘的除夕夜。

在项目抢工大上之时，陶盛发到项目蹲点指挥近三个月。施工过程中，各种矛盾接踵而至，困难层出不穷。设计供图滞后，他派人去设计院蹲守，好不容易拿到图纸火速送到工地，可有时刚刚按图施工完毕，突然业主又发来通知设计要变更。他们连抱怨的时间都没有，只得打掉重来。方案评审一个接着一个，有时甚至几个方案评审同时进行。

3月30日、6月30日、8月20日、9月10日……一个又一个节点都如同生死战，一个节点失败就意味着整个战役的失败，这是绝对不允许发生的。每次都几乎到了山穷水尽的境地，但三局总会凭借"死战不休、苦战不退"的奋斗精神，在血拼之下达到目标。

项目生产经理吴永红既是一线指挥员又是冲锋在前的战斗员，连续一年多吃住在工地。每天的工作计划如何安排、数万人的队伍要如何分配、各工区之间如何协调、各工种之间如何配合，他都得精心谋划。没有抱怨的时间，就连上厕所都得跑步前进。或许一两天这样大家都可以做到，如果一两月都是如此，能坚持的就不多了，而他坚持了一两年。

总承包公司总经理陈保勋、副总经理杨庭友，东方装饰公司董事长张绪海，局装饰公司总经理唐劲松等均亲自参战，创下了三局历史上堪称最豪华的施工团队。

陶盛发要求24小时施工，做到人停工不停。项目部每晚十二点召开碰头会，决策和协调需要解决的重要工作，各专业再在第二天早晨召开安排会，落实碰头会的工作要求。在抢赶工期的最后关头，冰天雪地，寒风透骨，有些通宵加班的员工，坐在地上都能够睡着。如此大规模的大会战在三局50年间也不多见。

2009年12月26日，原定通车的日子到了。这天早晨，陶盛发和陈保勋最后一次巡视工地，武汉站历史上首列火车就要开进站台了。突然陶盛发看见站台上还有一根伸进梁槽的铝条要切割掉。此时工人们已经全部撤出了作业面，陶盛发和陈保勋两人只对望一眼，心意相通，同时跳进梁槽中，拿起钢锯一人一头，开始拉锯。远远地他们听到列车的鸣笛声，铁轨微微颤动，他俩在寒风中满头大汗地作业。列车近了，更近了……就在火车准时开进站台前的一刻，他们亲手完成了最后一道工序，跳上站台，和谐号列车在他们身边稳稳地靠站。

2009年12月26日！

这个日子深深烙在所有武汉站建设者心中。

没错，这是武汉站建成通车的日子。

这不仅仅是奇迹，还是一个神话！

当所有的媒体都在聚焦高铁进站的一刹那，没有人关注陶盛发、陈保勋等人布满血丝的双眼，也没有人关注在远处工棚中沉沉睡去的工人。

武汉火车站建成通车以来，先后揽获"詹天佑奖""鲁班奖""中国百年百项杰出土木工程"，成为中国建筑领域最高荣誉的"大满贯"得主。2012年9月，又在全球81个建筑中脱颖而出，获得芝加哥雅典娜建筑设计博物馆颁发的"2012年国际建筑奖"，被誉为"全球最美建筑"。

后来，陶盛发这样回忆道：

> 我们最终实现了武汉站按时通车的重任。铁道部一位领导的话深刻地评价了武汉火车站的施工工作：我们提出的不科学的工期要求，还是被你们科学地完成了。
>
> 我现在经常从北京回武汉，喜欢乘高铁，每次到达武汉火车站时，总有一种特殊的感情在心中弥漫，总会想起在武汉火车站施工现场日夜奋战的岁月，想起那些一起并肩作战的同仁们。

今天的人们出行不仅要求方便快捷，还要求身心愉悦。然而，亲爱的朋友们，当你从武汉站坐高铁快捷出行时，你可知这快捷方便背后曾经的故事？你可会感知那些建设者留下的脉脉温情？你能想象那些建设者们为此流淌的汗水？如果能接住它，那一定是一条河……

5.区域花开

2010年5月18日，中国建筑工程总公司进行了重大人事调整，总经理孙文杰、党组书记郭涛，都因年龄原因退休，易军出任中国建筑工程总公司董事长、党组书记。新一届领导班子一方面坚定"一最两跨"战略目标不动摇，同时根据中建的现状与未来发展方向，提出了"五化"策略，即专业化、区域化、标准化、信息化、国际化。

早先三局的建设者们面对市场可以说是"用脚投票"，基本上是"哪里有活去哪里"，往往在一个城市做完一项工程就赶到另一座城市，有员工戏称自己为"吉普赛人"。

清代文人陈澹然说："不谋全局者，不足谋一域。"反之，"不谋一域者，何以谋全局？"区域化既是一个市场开拓、企业布局的战略问题，也是一个强化管理、提高效率的战术问题。如果从20世纪80年代初开拓深圳特区算起，三局的区域化之路走了近30年，随着改革开放的发展，成立地域性分公司正是三局区域化战略的雏形。如一公司在完成深圳国贸大厦之后，就在南方先后成立深圳分公司、珠海分公司；二公司在完成罗湖口岸联检大楼后成立深圳分公司；三公司在完成厦门富山展览城后成立厦门分公司，在完成天津碱厂配套工程后成立北方分公司。各分公司有相对稳定的员工、固定的办公场所和生活区，代表各自公司在当地开展企业经营活动。

到了20世纪80年代末，三局提出了"沿海一片、京广一线、西安一点、北上西进"的战略布局。进入90年代，又对"沿海一片"作了更为具体的阐释，即前已述及的"下（厦门）深（圳）（珠）海捉鳖，上（海）青（岛）天（津）揽月"。但进入新世纪后，问题也开始显现。主要表现在三个方面：

一是同门竞争加剧。在同一地区、甚至同一项目竞标时，经常出现三局旗下的多家公司参与竞争。二是企业资源分散，难以形成合力和规模效应。三是分支机构过多，增加了管理成本。

基于以上种种问题，三局的决策层开始着手推进"区域化"。但要打破利益的藩篱、理顺思想的脉络、找准市场的时机，并非一朝一夕之事，三局的区域整合之路就如同一部精彩的电视连续剧。

三局最早的区域公司已经有20年历史，最年轻的才成立两年。这些区域公司如同三局撒播在全国各地的种子，经历市场风雨，竞相成长，自成风景。

1986年，三局开拓上海，先后承接到太平洋大饭店、金桥大厦、上海国贸等重点工程，三局下属的一、二、三公司均进入上海市场，并设立分公司。于是在上海地区多家中建三局旗下的"上海分公司"各自为战、相互竞争。这在早期三局抢占上海市场还是有一定积极意义的，可以形成多点开花、多头出击的局面。

2002年，三局在上海的业务又迎来一次高潮，于是三局决定将一公司上海分公司、二公司上海分公司和三局上海办事处进行整合，组建成中建三局华东公司，由裴晓任公司总经理——这也是三局第一个成规模经营的区域性直营公司。

2005年，三局又将原一公司安装分公司上海经理部、三局中川公司整体划入华东公司。2007年底，三局又将原四公司在华东地区的项目和人员并入华东公司，实力得到进一步加强。由于此时裴晓的主要精力放在上海环球金融中心项目，由叶林接任华东公司总经理。

2008年，公司承接的合同额18.8亿元的南京华为软件园基地和合同额8.7亿元的杭州华润新鸿基万象城购物中心，均进入局十大工程行列。

2010年，公司在众多竞争对手中承接到杭州铁路东站东、西广场工程，翻开了客运枢纽建设的新篇章。

2012年，周克军接任华东公司总经理，同年4月，在当时南京第一高楼——南京青奥中心双塔楼项目的施工中，一改传统"万丈高楼平地起"的施工方式，地下地上同时施工，刷新了全球300米以上超高层建筑应用"全逆作法"施工的新纪录。

2013年，华东公司更名为中建三局集团有限公司（沪）。公司业务覆盖上海、浙江、江苏、安徽、山东以及福建等省市。2013年11月，由局副总经理李全立兼任华东公司总经理、党委书记。

2013年至今，华东公司先后承接了常州现代传媒中心、浙江影视中心、南京国际博览中心、苏州园区体育中心、南京招商银行、芜湖苏宁广场、绿城蓝色钱江、杭州慧展科技、上海金臣联美等一批高、大、新、尖、特工程。公司先后获评全国五一劳动奖状、全国职工职业道德建设标兵单位等荣誉，连续11年蝉联"进沪施工企业30强"，连续六届获评上海市文明单位和上海市诚信企业。

2014年11月，由黄华松接任华东公司总经理、党委书记，企业继续保持快速增长的发展势头。2015年1月16日，三局为进一步加强华东市场的开拓和协调力度，成立华东分局，局副总经理李全立兼任分局局长。

三局北京公司的成长经历同样精彩。在"北上西进"战略的推动下，"进京赶考"提上日程。

1998年夏季，北京街头热浪滚滚。刚刚完成武汉世贸大厦工程的三局总承包公司副总经理王祥明带着几个同事骑着自行车拎着资料去见客户，他们一无社会关系，二无资金设备，常常连门都进不去，唯一财富就是满腔的激情。他们在京郊一栋尚未完工的大楼中租借了一套房子，灰尘弥漫、热浪滚滚，白天分头去找信息，晚上一起吃着泡面、光着膀子热烈地讨论问题。

几个月的艰辛努力，他们终于锁定了一个目标：中国职工之家扩建配套工程。

这个工程的承接说起来还有一个故事：早在1996年，全国总工会与中宣部召开全心全意依靠职工办企业优秀党政工领导干部事迹报告会，联合表彰10名全国企业优秀党政领导干部，三局局长洪可柱位列其中，并在人民大会堂作为四个发言人之一，作了"人和换来企业兴"的经验交流，受到其时兼任全国总工会主席的中央政治局常委尉健行同志称赞。就这样，在三局团队的努力下，在上级领导的关心下，他们终于接到进京后的第一单。

1998年12月16日，工程开工。在大伙看来，无论是进度与质量都比较满意，于是信心满满地请来专家，为创建北京市优质工程"长城杯"做准备。专家在工地转了一圈，说道："你们这个水平与北京的一流建筑企业相比，最少相差十年。"一贯自信的三局人愣住了，大家一开始脸上有些挂不住，冷静下来却明白这是专家的当头棒喝。最终本工程因极小的差距没有评上"长城杯"，王祥明对员工们说："不到长城非好汉！"

承担这一梦想的是北京望京大西洋新城210号楼工程。在施工过程中，项目团队以ISO9000质量标准为指南，制订了一整套管理制度；还引进应用了多项新的工艺技术，如新型建筑防水技术、计算机应用与管理技术等，这些新工艺的应用进一步促进了项目品质的提升。2000年9月，他们又一次迎来了"长城杯"专家组验收，结果在260个受检项目中，以第二名的成绩喜捧"长城杯"。专家们感叹地说："你们是一年赶十年，两步登长城！"

这个项目产生的施工管理经验被三局人总结为"望京经验"并在全局推广，其产生的辐射效应立马显现。在不久后的中科院院士楼工程投标中，业主方评分人员意见出现分歧，业主连续两次派人实地考察，当业主代表考察完望京项目之后，马上放心地将工程交给北京公司。其后的中组部热力站工程亦是如此。

三局人在北京总算是打下了一片天地。王祥明对全体员工们说："北京，我们来了就不会再走！"

同时，三局二公司罗宏率领的另一路"闯京城"的人马，在苦苦坚守之后也迎来了收获。2001年12月，二公司北京分公司中标中共中央党校礼堂和省部、地厅学员宿舍楼。

一公司也进驻了北京，他们出手不凡，承建的国家知识产权局专利业务信息楼工程获得"长城杯"，清华大学美术学院教学楼获得"国优奖"，并参与建设2008年奥运主场馆"鸟巢"。

其时，三公司北方分公司已经派出了一个先遣队进驻北京，先后承接到了北京301医院住宅楼、总参兵种部高层住宅楼、北京军区联勤指挥中心等一批军队项目。

随着总承包公司及一、二、三公司先后进京，为树立三局在京品牌，并避免内部竞争，2005年，三局将最先进入北京的总承包公司北京分公司升级为中建三局北京公司，王祥明升任三局总经理，张能迪任北京公司总经理。并明确北京公司为三局在北京的唯一委托法人，三局在京单位统一以局（北京）的名义进行市场开拓，共同做大市场蛋糕。

2008年6月，汤才坤接任北京公司总经理，北京公司迎来新一轮增长，先后拓展天津、太原、内蒙古等地，承接到中国最大的电子工业厂房"北京京东方8.5代线"、鲁能国家智能电网研发交流中心、正大集团总部大厦等高大新尖项目。

2009年12月6日，三局为进一步做大做强北方市场，成立北方分局，承担高端对接、内部协调职能，统筹三局各单位在北方的业务。局副总经理李全立、汤才坤先后兼任分局局长。

2013年，北京公司更名为中建三局集团有限公司（北京），先后承建了北京第一高楼中国尊、河北第一高楼石家庄开元环球中心、中建大厦等一大批高端工程。在建设北京第一高楼中国尊的过程中，自主研发了世界房建施工领域面积最大、承载力最高、智能化最强的超高层建筑施工集成平台。

2014年1月，原中国建筑股份有限公司大项目公司整体划转三局，经三局整合内部高端资源，于2014年11月正式成立中建三局大项目公司，主要是按照大市场、大项目、大业主的经营战略，定位为代表三局对接政府和高端资源，承接有影响力、城市地标性的超大型工程，实施工程总承包管理。

2014年11月，北京公司在保持建造领先的同时，现任总经理、党委书记许涛率全体员工积极探索投资转型，依托总公司进军基础设施和水务项目。

从1998年"进京赶考"以来，北京公司先后荣膺全国五一劳动奖状、全国工人先锋号等一系列荣誉称号。

三局几大主力公司在南方经营已久，各自精彩不断。同时三局在南方的分支机构也最多，除一、二公司在南方的分公司外，还有中建三局深圳经理部、三局广州办事处、粤海建设公司、现代监理公司等。2000年，三局决定整合在南方的力量，把上述四家单位合并为中建三局南方公司，李雪任总经理。

2004年，三局又将厦门建设公司与南方公司整合成新的南方公司。此时，南方公司承接到广州白云国际会议中心和广州歌剧院等标志性工程。广州白云国际会议中心总建筑面积31.6万平方米，主体建筑包括三栋会议展览中心和两栋东方国际会议酒店；广州歌剧院则是广州新中轴线上的标志性建筑之一，是目前华南地区最先进、最完善和最大的综合性表演艺术中心，这两项工程被称为"羊城"的"脸面工程"。在白云会议中心的施工中，总经理王良学率领公司员工日夜抢工，高峰时期达到万余人，是三局"大兵团"作战的范例，曾创下连续多月产值过亿元的战绩。两项目一战成名，大大地提高了南方公司的社会信誉度。

2009年7月，根据中建总公司"五化"策略，三局全面加快区域化重组步伐，将二公司深圳湾体育中心项目和二公司深圳分公司昆明经理部整体划入南方公司，张华其任公司总经理，公司经营范围扩展到广东、福建、云南、广西、海南五省。

南方公司由此实力大增，发展进入快车道，主要经济指标大幅增长。2010年，公司合同额首次跨越百亿元大关；2011年，实现签约额132.5亿元。

南方公司总部在广州，做大做强广东市场自然是守土有责，值得一提的是著名的深圳湾体育中心（民间称之为"春茧"），这是第26届世界大学生运动会开幕式场馆。33万平方米的"一场两馆"，仅用576天就全部完成，业主先后发来3封表扬信和5封嘉奖令。

与此同时，南方公司厦门经理部异军突起。2009年底承建当年厦门第一高楼，2010年开拓岛外集美市场，2011年中标厦门超过200米的七大超高层建筑中的五个。其后，经理部陆续斩获当时厦门市在建第一高楼杏林湾营运中心12号楼，海西对台贸易桥头堡小额商品贸易市场和水果批发市场、福建省最大保障房项目洋唐保障性安居工程等大批工程。2014年，承接福建省最大公共投资工程东南航运中心项目，进一步扩大了企业规模和品牌效应。

南方公司整合成立16年来，除南方市场外，还成功开拓了昆明市场，先后承接了曲靖烟厂技改制丝工房、昆钢科技大厦等工程，形成了广东、福建、云南三地联动的局面。南方公司先后荣获全国五一劳动奖状、广东最具竞争力建筑企业等荣誉称号。

2015年5月，梁清淼接任南方公司总经理、党委书记。同时三局为加强南方地区和东南亚市场开拓，决定成立南方分局，张华其任局长。

三局在西北市场唱响了一曲豪迈激越的秦腔。

三局曾因神木电厂享誉大西北。1987年，三局成立西安工程承包公司（后更名为西安分部，2005年并入三公司西安分公司）。90年代初期，三局提出"北上西进"经营战略后，三大号码公司即相继进入西北市场，设立分支机构，先后建成了西安第二长途电信枢纽大楼、西安香格里拉大酒店、陕西蒲城电厂、渭河电厂等一批省市重点工程。2009年7月13日，三局决定，由一、二、三公司西安分公司整合成立中建三局西北公司，刘平任西北公司总经理。

"不以规矩，不成方圆。"西北公司整合后，即针对各家管理制度不一的问题强力推行标准化，先后制订工程管理、市场商务、人力资源、财务管理等6大类共122项管理制度，公司很快形成了"1+1＞2"的效应。

在市场营销上，西北公司瞄准高端市场，这是其对自身力量的清醒定位。果然，仅半年时间，西北公司便成功对接了曲江集团，承接其会展中心项目，一标签下7.6亿元。西北公司员工士气大振。一年时间，公司新签约工程24个，签约额超60亿元，完成产值约20亿元。

2012年4月26日，按照中建总公司统一部署，中建股份西北分公司又划入三局，组建成为三局西安事业部。2014年4月，西安事业部整体并入西北公司。

西北公司十分重视现场管理，每一个工地形象工程都管理得极佳。狠抓文明施工、员工礼仪等项目文化元素建设，以品牌拓市场；狠抓施工进度、工程质量、安全环保等合同履约，以现场促市场。

在新疆中石油项目施工中，因为项目文化特色鲜明，开工仅半年就迎来7次大规模的现场观摩会，吸引了同行和业主的眼球，在住建部组织的西北五省（区）综合大检查中获得第一名，领导高度赞扬该项目"提升了整个新疆地区建筑施工水平"。新疆维吾尔自治区建设厅、乌鲁木齐市建委主动对接西北公司，直接促成了1.8亿元的新疆宝石花苑项目和8.9亿元的新疆会展中心项目花落三局。

陕西建筑市场一年一度的现场观摩会，被称为全省的"建筑奥林匹克大会"。2011年第16届现场会，就是西北公司代表中建系统在曲江影视城项目承办，前后三个月天天有人来观摩。负责讲解的员工们个个嗓子嘶哑，却人人精神亢奋，这是全省建筑的样板呢！

2013年1月，刘平升任中建西北区域总部副总经理，魏德胜接任西北公司总经理、党委书记，他提出了"二次创业，再立新功"的口号，西北公司开始进入一个新时期。

西北公司成立六年来，在西北地区先后承建了陕西人大办公楼、西安曲江国际会议中心、西安楼观中国道文化展示区基础设施工程、陕西黄陵电厂等工程。

在做强做大陕西市场的同时，还大力开拓宁夏、新疆、甘肃等地。已稳居陕西建筑企业前三甲，并在新疆片区独领风骚，公司分别两次荣膺新疆维吾尔自治区优秀施工企业、陕西省安全生产先进单位称号。

成都是三局的发祥地之一，当年西南建管局的许多干部职工就是从此出发开始了轰轰烈烈的三线建设。

二公司许多老职工的家就在成都。1993年8月，二公司重返蓉城成立成都分公司。1998年，他们中标成灌高速公路立交桥工程。后来，又陆续承接了迪康制药厂、珞璜电厂、金堂电厂等重点工程。

2006年，机会再次到来，三局总承包公司承接到战略客户香港九龙仓投资的成都天府时代广场项目。他们以此项目为支点组建成都经理部，以三局品牌和全体员工的努力为杠杆，撬动了成都市场。

2007年8月，总承包公司将成都经理部升级为分公司，同时增加了人员力量，公司于当年先后承接了四川国际网球中心、花样年•喜年广场、川投调度中心等项目，树立了三局品牌。2008年，虽然遭遇了汶川大地震及全球金融危机，但他们仍然在高端营销上取得了不菲成绩，先后承接了当时成都地区最大的公建项目三峡大厦、西南地区首个清水混凝土饰面工程来福士广场、局首个灾后重建工程德阳东汽等工程，其中来福士广场项目还以14.95亿元的中标额位列当年中建系统西南地区新签十大工程第一名。

2009年7月13日，三局将总承包公司成都分公司、二公司成都分公司整体合并成立中建三局成都公司，章维成任公司总经理，三局正式将成都市场作为重要战略支点之一。公司又相继承接到花样年•美年广场、成都茂业中心、双流机场T2航站楼等一系列地标建筑，进一步巩固了三局在西部市场的强者地位。

2010年，整合后仅一年实现中标额95亿元。四川省十大科技创新工程独占其六，总部直营项目达21个……

2014年7月，成都公司一举承接西部第一高楼成都绿地中心，此楼高468米，象征着三局在成都市场达到新的高度。立足成都，布局大西南，成都公司营销网络在云贵川渝全面铺开，相继承接重庆国金中心、贵阳米兰春天、昆明涌鑫、巴中凯莱国际、九寨中渣沟……成都公司大西南

"1+3" 战略布局初步形成，区域活力展现无遗。

2015年4月，章维成升任三局副总经理，由王江波接任成都公司总经理、党委书记。

成都公司成立以来，先后荣获全国五一劳动奖状、全国用户满意标杆企业、四川省最佳诚信企业等荣誉30余项。

东北是三局进入较早却成立区域公司最晚的市场。

1984年，三局人远赴沈阳承建"辽塔"。工程结束后，三局就退出了东北市场。直到1998年，才开始重返东北。

1998年，二公司一个团队约15人进驻东北，其时他们仅带着1万元启动资金和一张地图来到长春。在这样的处境下，他们中标长春光大银行项目。此后他们又出色完成了东北师范大学图书馆、长春海关服务楼等工程，一举在长春建筑市场站稳了脚跟。

在国家振兴东北老工业基地政策的号召下，总承包公司于1999年承接沈阳新港澳国际大厦工程。经过项目部的努力，该工程在1999年度东北沈、长、哈三市建筑安全联检中获银牌工程奖，在建设部安全和文明施工检查中名列沈阳市第一名，获1999年度全国建筑安全大检查优秀现场称号。

一公司也于2003年再次进入东北市场，在沈阳先后承建了沈阳佳和新城、理想新城、世茂百货S2等工程。

2004年初，二公司中标14万平方米的沈阳财富中心工程，当年开工、当年封顶，创下新的沈阳速度。

同时，一公司和三公司也加大了对东北区域市场的开拓力度。2008年，一公司承接了沈阳沿海国际中心、大连星海湾金融大厦、大连沿海国际中心、大连开发区南部滨海新区3#地块、辽宁省委党校学员大厦等五项工程。三公司承接沈阳普洛斯项目，又顺利中标沈阳世茂棋盘山、世茂五里河等工程，站稳脚跟。

2008年，北京公司进入沈阳市场。先后承接阳光100、沈阳卓尔客厅、龙湖长白岛项目。

2009年，二公司中标当时东北的第一高楼——沈阳恒隆广场工程，中标额高达33.67亿元，总建筑面积约47.6万平方米，建筑高度350.6米。该工程创下了三局在东北市场单体合同额最大、总建筑面积最大、高度最高三项纪录。该工程的承接，对于三局在东北的发展具有重大的战略意义。2011年，承接全国单层面积最大的城市综合体沈阳新世界中心等工程。

随着东北地区生产经营规模越来越大，局属单位在东北地区的机构（房建）达6家，员工近千人。2014年2月28日，三局在沈阳召开区域整合大会，将三局在东北的力量整合成为中建三局东北公司，由陈浩任公司总经理、党委书记。东北公司成为三局最年轻的区域公司。当年，公司乘势拿下东北第一高楼——565米高的沈阳宝能环球金融中心工程。

2015年，公司承接沈阳乐天世界二期、哈尔滨太平机场T2航站楼等地标工程。东北公司先后荣获全国优秀施工企业、辽宁省建筑业优秀企业、辽宁省质量管理优秀企业等荣誉。

各大区域公司在做大做强之后，开始自我裂变，并不固守一地，如同蒲公英般一经播撒又在各地生根发芽。华东公司以上海为中心，业务遍布长三角；北京公司则早已经拓展到京津冀地区；南方公司则以广州为中心，开拓到云南和福建；西北公司以西安为中心，业务拓展到新疆、甘肃、宁夏、青海、内蒙古；成都公司主要业务区域为成都、重庆、昆明和贵阳，形成川、渝、云、贵黄金角；东北公司则在整个东三省市场纵横驰骋。

各区域公司在市场拓展中不再盲目的"抢食"，而是有些高傲地"挑食"，即只抢占高端建筑市场，承接当地的地标建筑、高大新尖工程，不断彰显三局在建筑市场的引领者地位。

探索三局的区域化之路，各区域公司在战术上基本都是以点到面再连成片的发展脉络，即先以一个工程进入，用高品质履约赢得业主信任、以标化现场和优质管理赢得地方主管部门认可，然后再努力打开当地市场，做大之后再以一城发展到一片区域。

在战略上，则是先抢占地方市场、成功布点、鼓励各主力公司做大，然后在适当时机整合区域力量。而且三局的几任领导班子均坚持区域战略的传承与创新，均坚持把区域做大做强的战略不动摇，他们都有着"功成不必在我，成事一定有我"的胸襟气魄。

三局区域化的成功还得益于一、二、三公司和总承包公司四大主力公司的支持与奉献，他们面对集团战略和整体利益时，均能做到"忍痛割爱"、牺牲"小我"，把最优质的资源和最精干的力量贡献出去，成为区域公司的"孵化器"。

区域化成功的实施，让资源的集合效应得以充分彰显，企业的管理链条得以缩短，综合实力得以不断增强，区域化成为企业的核心竞争力之一。与此同时，区域化之后，实行员工属地化管理，很多员工在当地置业安家，归属感不断增强，企业发展更加稳健。

如今六大区域就如同三局的六个战略根据地，已经成为三局持续健康发展的重要支撑。又如同三局的一枝六花，怒放在祖国的天南地北，无论花开先后，个个芬芳四溢。

第十八章 专业至精

中建钢构、中建商砼、中建装饰如今成长为业内巨擘、各成高峰,而他们都出自三局。专业化之路的成功印证的恰是三局人敢闯敢拼的壮志豪情。

1.钢构是怎样炼成的

中国是世界上最早冶铁的民族之一,但1949年全国钢产量仅有15.8万吨,占全球产量不足0.1%,人均不够打一把菜刀。

钢铁产业是现代工业的基础,在20世纪50至60年代,中国曾一度"以钢为纲"。1965年三局在攀枝花参与三线建设的一项重要任务就是建设攀枝花钢铁厂。此后我们钢铁产量一路攀升,1996年我国钢产量突破1亿吨,跃居世界第一。这为中国开始大规模地运用钢铁作为建筑材料提供了现实的可能。

在今日中国建筑市场,"中建钢构"已是最著名的中国钢结构施工企业。回眸它的成长,它的种子是1985年承接深圳发展中心大厦时撒的。在实践中学,在迎接一次次重大挑战中学,是三局建设者从三线建设中带出来的光荣传统,薪火相传,并总在最困难的时候愈显光华。1995年6月,亚洲第一高楼深圳地王大厦建成,三局创造"两天半一个结构层"的新深圳速度,把自己推到一个新高度。

地王大厦完工,正值三局成立30周年,鲍广鉴风尘仆仆回武汉向总部复命。这次,他是带着一个构想回来的。在地王大厦施工后期,他就和一帮骨干人员商量,想单独成立三局的钢结构专业公司。那时,中国的钢结构产业才刚刚起步,未来如何,心中尚无蓝图。他是怀揣着"创立钢结构公司"的梦想来寻求总部支持的。

洪可柱说:"你辛苦了,我代表局感谢你!"

鲍广鉴因经常在工地上指挥和督战,显得很是黑瘦,他笑笑说:"洪局长,别忙着表扬我,我有事向你汇报。"

洪可柱说:"说吧。"

鲍广鉴就把思考良久的话说了出来:"洪局长,十年前,我在做深圳发展中心时还不觉得钢结构有多么重要,等到了上海国际贸易中心项目,看到日本人的专业程度,才深受启发。我那时就想,要是我们有一支专业化的钢结构施工队伍多好。后来到地王大厦,这种感受更迫切,看中国的发展趋势,将来超高层会越来越多,钢结构市场蛋糕会越来越大,我们只有及早行动,才能分到最大的一块。我想咱们三局应当尽早成立钢结构专业公司!"

洪可柱开心地笑说:"好你个老鲍,果然是有些想法。局领导班子进行过多次商议,打算成立钢结构专业公司。从世界建筑发展的趋势来看,钢结构大有可为,将来可能占据建筑市场的半壁江山,我们三局在钢结构领域算是先行者,局里一直在考虑如何保持这种领先地位呢!"

就这个话题,他们还探讨了许多。最后洪可柱说:"我们想到一块去了。要是由你来牵头组建。你有没有信心?"

鲍广鉴有一刹那的犹豫,接着回答:"好!我愿意一试。"

"但是话说清楚,你要人可以,要钱没有,局只给政策,市场你要自己去找。"洪可柱说。

1995年8月7日，经局领导班子研究，决定在深圳地王大厦项目部基础上成立中建三局钢结构公司，鲍广鉴任经理，但他只是一个"光杆司令"，无注册、无场所、无资金。有人对他从零开始去挑这副担子表示不解，说他傻。因为此时他已经是一公司的副总经理，而且还有香港、泰国的公司许以高薪请他去担任要职。无论选择哪一条路都比再一次去创业来得安稳可靠，即使是去创一个有前景的事业。

他回到地王大厦项目工地，问跟着自己打拼的同事们："大家愿不愿意一起干啊？"

大家都说愿意。鲍广鉴接着说："那好，那这次地王大厦的奖金就不发了，就当借给咱们新成立的公司了。"

此时地王大厦正是收获期，产生了好效益，而按局领导班子的意见，就用这笔效益作为钢结构公司的启动资金。这其中还有员工们的奖金。鲍广鉴不是说着玩的，他是真要把员工们的奖金用作启动资金。

大伙你看我，我看你，都愣住了。

王宏站了起来："鲍经理，我们相信企业，相信你，我愿意。"

鲍广鉴报以感激的微笑。于时大家纷纷站起来，都表示愿意。

1996年，他们在深圳中建大厦第23层租下写字楼，按高标准装修，为的是体现企业形象。与此同时，他们去深圳工商部门注册，但被告知："中建三局已经有多家企业在深圳注册。而且，深圳已经不接受施工企业的注册了。"

他们没有罢休，而是天天跑有关部门。最后深圳市政府鉴于他们对深圳的特殊贡献，尤其是知道了钢结构对于深圳的特殊意义，特批他们注册成立钢结构公司，但必须是多元股东的有限责任公司。于是，由中建三局控股的"中建三局深圳建升和钢结构建筑安装工程有限公司"诞生了。

从1985承建深圳发展中心开始，到1995年发起成立钢结构公司，正好十年。

新成立的公司一时难以打开局面，只能借一公司深圳分公司的招牌接点小活。公司最初发展缓慢，主要原因是，钢结构公司是以一个项目为基础成立的，无论人才、管理都很薄弱。此外，公司没有加工制作厂也时常成为制约因素。所谓创业艰难便是如此，100多号人凭着信念坚守，期间也有人选择了离开。

如何走出深圳、走出广东，是钢结构公司在这一时期的第一大目标。1997年，他们尝试对接港澳市场，承接了澳门文化中心，王宏任项目经理。在此过程中，他们发现语言能力不足，规范熟识度不够。此时，王宏的英语优势让他发挥了作用，他带领公司英文能力较好的员工逐字逐句将FIDIC合同条款翻译成中文，为商务部和技术部投标、签订合同提供了可靠依据。施工过程中，他们边干边学，熟练掌握了"葡萄牙规范"。澳门文化中心成功交付使用，成为澳门政权交接仪式举办地。该工程为钢结构公司在澳门立足并远涉重洋打下了基础。

1998年，公司突破重围，一举承接了北京中国国际贸易中心二期钢结构工程。2000年左右，公司趁势继续北上，在东北三省分别承建了哈尔滨国际会展体育中心、长春光大银行营业楼、沈阳房地产交易中心、沈阳桃仙机场二期航站楼、亚洲最大的室内足球场沈阳博览中心等地标工程。

2003年，钢结构公司承担了东南亚最大的飞机维修设施——广州新白云机场飞机维修库钢结构工程制作安装任务。这个项目是国内第一个可停放空客A380大型飞机的维修仓库。由美国洛克希德公司按照美国标准设计。工程有三难：

一是施工难，跨度300米长，100米宽，同时可以进4架大型飞机，或7架小飞机。二是技术难，按照美国标准，设备全部倒挂在屋面支撑体系上，美国人设计很先进，整个屋面是承重体系，机械设备可以横向、纵向自由移动，如此一来下面空间全部留出来了。三是跨度大，屋顶桁架高。屋顶桁架有30米长，高三层。

由于设计方是美国和澳大利亚的公司，他们就想自己来施工。但钢结构公司的技术方案说服了业主，而且价格比美方的便宜很多，但业主要求非常严格，钢结构公司遇到了施工技术难题。

王宏任项目经理，张琨兼任项目总工，两人当时都比较年轻。王宏说："张总，我们要不要创点新，要搞就搞得跟别人不一样。"张琨在辽塔项目工作过，1997年成为钢结构公司的技术负责人，2001年升任三局总工。他说："是啊，我也这样琢磨着，但这3000平方米的钢屋顶安装，在世界上都是难题啊！"

王宏说："那你是有什么好点子了？"

张琨说："按传统做法就是在屋顶上一节节拼装，虽然安全，但经济性、时间性不足。我的想法是干脆在地上焊接好，再顶装到屋顶！"

王宏呆了一下，感觉到这是个天才的想法，可是要实现却太难了。钢屋架数千平方米，重达数千吨，要整体提升到38.7米高度，稍有不慎后果不堪想象。两人又论证了很久，都有一种热血沸腾的感觉。

"弄好了就是攻克世界难题啊！"这话鼓舞着他们。

王宏跑到清华大学，寻求合作，说服清华大学的教授们模拟计算，三维动画在这个项目上开始应用。对于复杂结构的验算，他又去跟同济大学合作，当他们把想法告诉这些专家们时，专家们都赞叹不已，十分佩服这个大胆的设想，他们决定试一试。

此时，全国上下正抗击"非典"，广州是重灾区。在这突如其来的

"非典"疫情严重影响下，项目施工遇到空前的困难。

全体项目人员冒着感染"非典"的危险，始终坚持奋战在施工一线。在极为艰险的环境下，广州新白云机场飞机维修库大面积大跨度钢屋盖整体提升最终一举成功，项目的技术成果——"大面积钢屋盖多吊点、非对称整体提升安装技术"，后来被认定为达到国内领先、国际先进水平，把中国大型空间钢结构施工技术水平提升了一大步，也打响了钢结构公司在华南地区的声誉。

随着知名度的提升，CCTV《经济半小时》《东方之子》《正大综艺》以及凤凰卫视《小莉看时事》等栏目先后对钢结构公司的发展与业绩进行了报道。"建升和钢构"这个牌子逐渐在社会上有了一定的影响。

转眼到了2005年，王宏接任钢结构公司总经理。同时，根据总公司整体改制上市和"整合资源，做强做大中建三局钢结构产业"的发展要求，三局决定对钢结构资源进行整合，将三局二、四公司的建隆与建达钢结构资源整合到建升和公司，提出了钢结构公司要成为三局支柱、行业龙头、国际劲旅的发展目标。

基于这个目标，公司加强了"五个建设"。一是思想建设，思路决定出路。二是组织建设，对公司、分公司、项目三级组织机构的管理职能进行严格定位。三是制度流程建设，规范公司的运作流程。四是作风建设，抓领导班子的作风建设，使得公司人心顺、干劲足。五是人才建设，引进和培训了一大批青年人才。

机遇之神开始眷顾他们，先后参与建设上海环球金融中心、中央电视台新台址、广州西塔、武汉火车站、香港环球贸易广场等世界顶尖级建筑，充分展示了超强的实力，并在这些工程项目上历史性地获得品牌、效益双丰收，开启了中国建筑业挑战极限、破解世界性技术难题的新时代。与此同时，钢结构公司开始在江苏、武汉等地建立自己的大型专业钢结构制作工厂。

2008年9月26日，中建总公司决定以三局钢结构公司为基础，组建中建钢构有限公司，中建总公司与三局各持股50%。三局旗下的三局股份钢结构公司、中建钢结构有限公司（即三局在靖江设立的大型加工厂，后改名为中建钢构江苏有限公司）、中建三局钢结构工程有限公司（即三局金属结构厂）、一公司金属结构公司、一公司钢结构分公司均并入中建钢构。三局董事长熊德荣兼任中建钢构董事长，王宏任总经理。

2012年，在中建总公司8个专业公司中，中建钢构营业收入、净利润、净资产收益率分别排在第3位、第2位、第2位。公司在超高层领域的优势地位进一步巩固，2012年签约超过300米以上项目11个，其中深圳平安金融中心项目的承接让中建钢构再次"拔高中国"，桥梁市场和海外市场开拓频传佳音。也在这一年，中建钢构的规模跃居行业第一。

2013年，在中建总公司的主导下，中建二局的钢结构制作业务全部进入中建钢构。同时，公司新增一、二、四、七、八局和中建上海设计院6个股东。三局变成了占股36.9%的最大股东。总公司任命王宏为董事长兼党委书记，从四局调入马义俊担任总经理。中建钢构进入了新的发展时期。

公司全力打造集研发、设计、制造、安装、检测业务于一体的专业公司。在东西南北中，公司布设了五大制造基地，全面投产后年总产能将突破120万吨。中建钢构设计院、检测中心相继投入运营。

中建钢构在超高层钢结构、大跨度钢结构、复杂空间钢结构、高耸塔桅钢结构等领域，具有独特领先的技术优势。公司拥有国家科技进步奖5项、华夏科学技术奖5项、詹天佑大奖7项，国家专利243项，其中发明专利16项，国家级工法12项，46项施工技术经权威机构鉴定达到国际领先或国际先进水平，公司还主编、参编16项国家标准和行业标准。

公司共获建筑工程鲁班奖（国家优质工程奖）25项、中国钢结构金奖75项、全国优秀焊接工程奖65项。

从1985年到2015年，正好走过三十个春夏秋冬，中建钢构焊接希望、吊装梦想，从一颗幼苗终成茂密森林，成为中国第一大钢结构施工企业。面对未来，中建钢构正按照"产业一体化、产品多元化、业务国际化"和"区域化、标准化、信息化"的发展思路，向着打造全球最具竞争力钢结构产业集团的目标不懈努力。

2.搅拌激情

中建商砼，业内赫赫有名的商品混凝土公司，也是中建三局专业化道路上又一个典范。

在20世纪90年代，各大主力公司陆续建成了自己的混凝土搅拌站，但规模都较小，主要以支持自己的工地建设为主。

1995年底，三局总承包公司成立后不久，为了配合当时在建的华中第一高楼——武汉世贸广场项目现场浇筑高强度混凝土（C60）的需要，总承包公司投资2000万元，在项目附近的汉口王家墩建成了第一个年产约20万立方米的搅拌站。同年7月5日在武汉市注册，成为总承包公司旗下具有独立法人资格的混凝土供应站，法人代表由总承包公司经理樊凤兰兼任。8月18日正式投产，当时只有一条生产线、20余名管理人员。除了满足世贸工地所需外，还对外经营。

由于业务良好，总承包公司当即对这个搅拌站进行了扩充，又增加了一条生产线。这被视为中建商砼的创立元年。

1998 年4月，三局决定由总承包公司兼并重组局材料设备公司，聘樊凤兰兼任材料设备公司经理；吴文贵为材料设备公司常务副经理，分管公司的商品混凝土工作。

1999年，总承包公司又分别在武汉洪山区、青山区相继建起了两个混凝土搅拌站。一直到2003年，他们先后成立了五个分站，年产量已达80万立方米，真正踏上了三局混凝土业务的规模化之路。与此同时，三局其他主力公司也相继组建了自己的商品混凝土搅拌站。吴文贵升任总承包公司副经理，主管物资、多元化经营工作，成为名副其实的"粮草总管"。总承包公司旗下三大混凝土搅拌站除了保证供应总承包公司自己所需，剩余生产量还可向社会提供优质服务，赢利效果显著。在此期间他们积累了大量的技术、资金与管理人才。

2003年，出于环保的要求，国家商务部、建设部等四部委联合颁布了《关于限期禁止在城市城区现场搅拌混凝土的通知》。

对于企业而言这其中包含有两层重要信息，一是有利的，这个通知将揭开中国商品混凝土行业迅猛发展的帷幕，迎来商品混凝土的春天；二是负面的，即通知一出，必将会引发商品混凝土搅拌站的大量上马，如不抢占先机，三局在此领域一枝独秀的局面将不复存在。

对于发展商品砼产业链，局领导班子早就看到了这个巨大的市场。局要求总承包公司利用原有建研院的外加剂生产线，建立起完善的砼外加剂厂，加快研究生产不同性质用途、不同强度的系列产品，从而更好占领商砼市场。

2004年8月，三局在充分调研的基础上，迅速整合内部有关混凝土业务的各类资源，以总承包公司现有的五大混凝土供应站为主体，将一、二、三公司的各混凝土搅拌站整合在一起，统一归口管理，组建了中建三局商品混凝土公司，吴文贵任总经理，这是三局对混凝土业务的第一次大整合。

三局领导班子对混凝土业务寄予厚望，明确要求打造一流的混凝土公司，为三局的高端项目做最强有力的支撑。混凝土公司自2004年起开始发力，产量由整合之初的100多万立方米，增长至2008年的近300万立方米，产值从3亿元增长至近10亿元，中建三局混凝土公司仅用4年时间就进入了中国商品混凝土行业十强。

2008年8月18日，混凝土业务进行了第二次整合，只不过这一次的主导者是中建总公司。新成立的中建商品混凝土有限公司，由陈华元兼任董事长，吴文贵任总经理，注册资金3亿元，拥有预拌商品混凝土专业企业最高资质，具备400万立方米的年生产能力，年销售额已经达10亿元。"中建商砼"因而正式成为中国建筑第一个挂牌成立的专业公司。

也就是说，从这一天起，"中建商砼"羽翼丰满，不再只是中建三局的下属全资子公司，而是中国建筑旗下的专业化公司。中建三局从"娘家"变成了"股东"。

吴文贵多年后这样回忆：

> 作为这一过程的参与者，我深深地了解三局对我们的舐犊情深。所谓"春播一粒籽、秋收万颗粮"，混凝土公司倾注了三局三届领导人的心血，正值收获之际，又为了我们更好地发展，为了中国建筑的大局，忍痛割爱、送子远行。我们知道，想要具备更强壮的身躯，必须经历风雨的洗礼；想要飞得更高更远，必须练就坚强的翅膀。进入中国建筑的怀抱，我们曾经因为能力不足而彷徨；经受外部市场的冲击，我们曾经步履蹒跚。而在关键时刻，三局总是我们最坚强的后盾，尤其是在市场开拓上，我们紧随三局步伐，分享三局的地方资源，快速推进全国布局，实现了高速成长。

2012年，混凝土公司产量突破1000万立方米，产值突破30亿元，综合实力跃居中国混凝土行业前三甲。

2013年,中建商砼迎来了第三次整合重组机会,与中国建筑系统内所有混凝土业务进行整合,并通过整体注资上市企业"西部建设",打造了全新的"中建西部建设股份有限公司"。

2013年4月,整合重组工作顺利完成,中国建筑打造了第一家独立上市的专业化公司和中国商品混凝土行业最大的上市企业。重组资产达23.8亿元,股票代码002302。

有付出就有回报,整合后的中建西部建设市值一路提升,作为大股东的三局,股权价值由当初的9亿元,增长至目前的近20亿元。

搅拌激情,浇筑梦想。中建商砼20年的发展传奇,已在华夏大地打下深深的烙印。

3.奔向新饰界

自从人类有了建筑,便有了建筑装饰。但现代建筑装饰产业,在中国起步较晚。

1978年8月,一位美国房屋建造商参观了北京、广州等五个城市后说:"中国的住房是原始的,用黏土和稻草做砖,但也使用一部分预制混凝土板来建房。建成后的质量很粗糙,但非常实用。"

这个美国房屋建造商名叫伊莱·布罗德,他那时看到中国大多数人都住在这样质量粗糙的房子里,筒子楼、公共厕所、公用厨房、街道浴池,一般家庭连独立的空间都没有,更谈不上对家居的装饰装修了。

国家建工总局副局长张恩树,是改革开放初最早注意到国际建筑装饰行业的领导者之一。

"那时,"张恩树说,"我印象最深的就是室内装修。我带队考察了一些国家,才开始知道这个行当。"

归国后的张恩树开始大力推介现代装饰，在1982年促使中建总公司在深圳成立了深圳海外装饰公司。这大约是中国第一家现代意义上的专业装饰公司，这一年也通常被认为是中国装饰企业成立的元年。

1985年，三局局长张恩沛也察觉到即将到来的装饰行业的商机。12月26日，三局成立了"中建三局深圳装饰公司"，成为全国首批获得最高资质的高级装饰公司。

挟"深圳速度"的品牌影响，他们很快承接了公司历史上第一个装饰项目——深圳京鹏大厦室内装饰工程，不久又承接了深圳国贸大厦室内装饰工程。

当时装饰工程所使用的主材、辅材、电动工具等主要来源于境外。国内现代装饰的设计能力低、施工工艺落后、标准规范可谓空白。就这样，公司69名职工，在资金不足、技术落后的情况下开始了创业之路。但他们有着迎接全新挑战的勇气与决心。

不久，他们承接了深圳友谊商场门面改造工程——这是他们独立中标的第一个工程。同年开始推行经济承包责任制，与项目经理部签订经济责任状，并在深圳国贸大厦室内装饰工程进行试点。

1987年，他们依托一公司承接的上海太平洋大饭店，与香港公司以技术比武的方式成功赢得了进军五星级酒店装修业务的机会。今天，你如果有机会去上海太平洋大饭店，你会在首层南休息大厅看到两根香槟红大理石镶嵌的柱子，乍一看，都一样的辉煌气派，都一样的做工精美，但仔细观摩，便会发现其中细微的差别——这其实是两家装饰公司的作品。

这里隐含着一段故事。当时的局领导班子认为装饰业必须做大，力主装饰公司进军上海滩。太平洋饭店项目业主对装饰要求极其严格，必须是曾经装修过四星级酒店以上的装修公司才能进场。三局装饰公司没有这个业绩，好在一公司前期的业绩十分突出，业主才松口让他们试一下。

一楼休息大厅有两根柱子，业主找来香港戎氏公司与三局装饰公司同台竞技，想看看谁做得又好又快。香港戎氏公司在建筑装饰界是前辈，拥有丰富的经验和技术。与他们同台PK，三局人心中没谱，但没谱也得上。如同两个打擂台的对手，总不能还没上场就认输吧！

先上场的是香港戎氏公司，他们也不敢掉以轻心，派出最有经验的工程师和工人共七人，搭上围挡，以防"偷技"。他们精工细作，用七天时间完成任务。业主一看，效果不错，比较满意。

三局装饰上场了，他们仅派出四个人，使用同样的材料，不搭围挡，大大方方公开施工，他们用三天时间即告完成。业主和市质监站派出专家现场实测，得出的结果，一致认为中建三局装饰公司施工的那根柱子无论平整度、观感还是拼缝，都更胜一筹。三局装饰公司胜出，职工们握拳跳脚欢庆。

三局装饰公司由此打入太平洋大饭店，承建1至5层共用房、25层皇室套房、大堂及门厅、休息厅、大中小宴会厅、中西餐厅等高级装修共计18万平方米。其中1至5层及25层的皇室套房是整个工程的关键部位，是该饭店高级装饰的重点与精华。

花岗岩、大理石、木材、墙布、地毯等材料，均从意大利、美国等地进口，质地好、档次高。装饰公司经理单建周在那时就开始了质量"三检制"和承包责任制，他们把施工上升到了"艺术"再造的高度。

30年过去了，太平洋大饭店仍然美轮美奂，金碧辉煌，当年的那些装修在今天看来不仅不过时，还因为岁月的积淀愈显高贵。

中建三局装饰公司依靠在上海滩的这一战名声大振。他们一举创造了我国装饰行业的两项第一：第一个国内装饰企业自行施工的五星级酒店，第一项自行设计施工的干挂石材幕墙工程。同时也是建筑装饰行业最早获得"鲁班奖（国优）"的3家企业之一。同年他们在上海设立分公司。

1989 年，中建三局装饰设计工程公司更名为"中建三局深圳装饰设计工程公司"。1990 年，承接公司历史上第一个高档写字楼工程——上海国际贸易中心室内装饰工程。

1994年，上海分公司业务突出，成功做大，三局为进一步抢占市场的需要，将整个分公司剥离，另组建为中建三局东方装饰公司——这便是三局内部"装饰双雄"的由来。

东方装饰成立之初困难不少，公司账上只有3000元现金，办公、住宿在简易民房。一到雨天，外面下大雨，屋内下小雨。就在这样的环境下，只有65名员工的东方装饰艰难起步。

短短三年时间，他们的生产规模、利润总额、固定资产较成立之初分别增长2.5倍、1.5倍和30倍。他们在浦东北蔡一次性购进110套商品房作为办公生活基地。

1997年成为中建十强装饰施工企业，并开始大力引进大中专学生，先后在武汉城建学院、湖北工学院等12所高校招揽人才近百名。1998年又特意在浦东的东方路买下近2000平方米的写字楼作为总部办公室。

东方装饰曾经的母公司——三局深圳装饰公司也一路高歌猛进。1996年，深圳装饰迎来一个较快的发展时期，特别是玻璃幕墙业务，成为公司的拳头产品之一，不久成立了专业的幕墙分公司和加工厂。

从南到北、从东到西，三局装饰"双雄"打造出上海正大商业广场、深圳地铁罗湖站、上海世博园意大利馆和加拿大馆、广州西塔等一大批地标工程，先后荣获鲁班（国优）奖、全国建筑工程装饰奖、全国用户满意工程奖、中国土木工程詹天佑大奖等国家级奖36项，省部级各类建筑装饰奖数百项。

2010年9月，在中建总公司专业化战略主导下，中建装饰集团成立，由郜烈阳任董事长，田厚春任总经理。深圳装饰公司与东方装饰公司一起被划归中建装饰集团管理，成为中建装饰的支柱力量。

新成立的中建装饰集团拥有装饰、幕墙、园林设计甲级，装饰、幕墙、园林、古建、绿化施工壹级等30多项专业资质。公司提出以"提升生活品质、创造装饰价值"为使命，致力于成为行业内成长性最佳、品牌最响、竞争力最强、国际化水平最高、员工幸福指数最好的大型现代装饰集团！

纵观中国建筑的专业化，三局成功地为之孵化了三家著名企业：钢结构行业第一的中建钢构、装饰行业第一的中建装饰、中国混凝土行业最大的上市企业中建西部建设，直接影响了相关行业的格局。

第十九章　挥师海外

企业发展到一定规模，国际化是必由之路。中建三局自1975年"搭船出海"开始，之后从"借船出海"，再到"造船出海"，三局建设者的海外征途同样精彩。

1.你好，巴基斯坦

1987年3月6日，时任三局副局长的林树魁突然接到一个电话："三局愿意去巴基斯坦做工程吗？"电话是湖北省电力局基建处处长王盛会从北京打来的。

出国？林树魁放下电话就向洪可柱汇报，随后得到了局领导班子的支持。三局随即派出副局长鲍定祥、出国处处长冉隆玉到省电建一公司商谈。原来是中国机械设备进出口总公司哈尔滨电站设备成套公司（简称哈成套公司）要出口一批设备到巴基斯坦。一公司经理厉复兴亲自带队赴京谈判，最后确定巴基斯坦贾姆肖罗电站的二、三、四机组的全部土建工程由一公司承建。

两个月后，林树魁、周国钧、熊国辉等一行八人首次踏上巴基斯坦的土地。

巴基斯坦,意为"圣洁的土地",与中国保持着兄弟般的传统友谊。早在一千多年前,中国晋朝高僧法显和唐代高僧玄奘就先后到过巴基斯坦。中巴两国从1951年5月21日建交以来,在各个领域的互利合作关系不断发展。1964年2月,周恩来总理访问巴基斯坦时亲手种植了一棵象征中巴友谊的乌桕树,巴基斯坦朋友深情地把这棵树称为"友谊树",称该山为"友谊山"。此后双方高层领导人交往频繁,民间交流亦是水乳交融。

从这一天开始,三局建设者就与这块土地结下了不解之缘。1987年9月,三局与巴基斯坦贾姆肖罗电站的总承包方哈成套公司签订该电站的土建分包合同,合同价为4100万美元。一个月后,14名三局员工飞抵巴基斯坦,这意味着三局正式开始试水海外。

经过三年的艰苦施工,1990年1月31日,《人民日报》以"一曲争气歌"为题报道了此项工程的建设情况:

> 贾姆肖罗是一个小镇,在此处建设大型电厂取水方便,并可直接向国际商业交通名城卡拉奇和工业城市海德拉巴输电。巴基斯坦政府对电站的建设极为重视。
>
> 从1987年12月10日破土动工起,到1989年12月6日一座21万千瓦火力发电机组在荒原上突兀而起并网发电,仅用了不到两年时间,这在中国机电史上没有先例,在巴基斯坦也绝无仅有。巴基斯坦水电发展局主席说:"我们花再多的钱也买不到这个速度,这只有中国的朋友能办到。"看到中国承建的机组领先发电,日本公司也加快了建设速度,决定在1990年初提前发电。这对电力紧缺的巴基斯坦来说,无疑又是一个佳音。
>
> 承建一号机组的是一家实力雄厚的日本公司。而一号机组

和二号机组相距20米，共用一个锅炉烟囱和一个中央控制室。中国工程技术人员和工人把这视为对中国人、中国设备的考验。中国提供的21万千瓦火力发电机组是国内同类设备中最先进的产品，和日本机组比较，中国的产品不仅价格便宜，而且较适用于发展中国家的管理水平和技术水平，具有较高的可靠性和安全性。

大烟囱是电站最引人注目的建筑物，两座高达150米的烟囱分别由日本和中国公司承建，由日本公司承建的第一座烟囱建成后，巴方以及西德咨询公司表示满意，第二座烟囱竣工后，所有外国人对中国人的技术和干劲更加刮目相看。中国承建的大烟囱的工期仅为日本公司承建的烟囱工期的一半，而施工质量无论是混凝土密实度、垂直度，还是表面光洁度，均明显超过后者。

电站从印度河引水，要建造两座取水管桥，日本公司和中国公司各承建一座。日本公司把这项工程交给一家新加坡公司承包，他们先在取水桥旁建起一座引桥，用150吨大吊车吊装桥休。中国公司由于准确测定了印度河水的最深点，使承建的二号桥桥身比一号桥缩短了50米，节约了百余吨钢材。中国工程技术人员经过精心设计，没有先架引桥，而是浮船拼装法。这不仅缩短了工期，而且大大节约了经费。结果新加坡公司花费了大约200万美元，中国公司只用了97万美元，同样保证了工程质量。巴方和西德咨询公司都称这是中国公司的创举。

负责这两项工程的中国建筑三局一公司的刘晓东总工程师感慨地说，我们在国际竞争中得到在国内得不到的锻炼，事实证明，中国的社会主义企业完全有能力和外国公司竞争。

1989年12月6日，由中国公司承建的巴基斯坦贾姆肖罗电站二号机组终于赶在日本公司承建的一号机组之前并网发电，安全运行。经测试，电机、汽轮机、锅炉以及其他设备都达到设计标准。巴方总工程师希迪奎先生高兴地说："中国人不仅在时间上创造了奇迹，在质量上也十分令人满意。"

从1987年开工到1989年建成，他们优质高效的施工使得当时的巴基斯坦总理谢里夫亲自前来对他们表示感谢。

1990年，三局又在巴国承建了世界上第一座使用煤矸石作燃料的发电厂——拉克拉电厂。该电厂位于卡拉奇市以北200公里的荒原，日平均气温高达42摄氏度，并时常受到狂风沙暴的侵袭，自然条件十分恶劣。业主方对工期要求特别紧，从开工到竣工发电的日历总工期36个月，只相当于国内类似电厂工期的五分之三。项目施工管理难度大，工程土建施工图由中国设计院负责，施工验收却执行美英德三国规范标准，并实行双重监理制，每个施工方案和每道工序都需经巴国和德国监理工程师共同签字认可。

针对这些特殊情况，三局建设者精心编制了施工进度网络计划，对阶段性目标严格实行经济承包责任制。为战胜恶劣的自然条件，职工们广泛采用土洋结合的新工艺和新技术，如采用在水中加冰的方法降温，控制混凝土入模温度；因地制宜地利用当地高温干燥的气候，使用水化热较高的抗硫酸盐水泥及配方，解决大体积砼无水养护的问题；在上百米高的烟囱施工中，采用液压单滑新工艺，并用激光铅直仪和经纬仪测控，最终垂直偏差大大低于允许值。

拉克拉电厂并网发电后，性能稳定、效果良好，有效解决了当地的缺电问题，受到业主、咨询工程师、我国驻巴使领馆的高度赞扬。巴国的业主总会自豪地拉着三局人向他的朋友们介绍说："咱们中国兄弟真是太OK了！"

虽然三局的海外征途开始很早，但是在最初的很长一段时间，三局的海外业务只能算是"搭船出海"和"借船出海"，即依托国家、外单位的海外发展进行被动的海外出征。三局人迫切需要自己"造船出海"。

2.重返圣地

在20世纪90年代中期，由于海湾战争等因素影响，三局暂停了海外业务，但三局人如同蛰伏的雄鹰栖息在高枝之上，他们在等待一个更合适的出击机会。而这一等竟然是长达约十年的时间。2005年，在中建总公司的支持下，三局开始较大规模重启海外业务，旗下各大公司均剑指海外。

2005年6月，一公司通过相关途径了解到中国将与巴基斯坦军方合作修建JF-17（中国称为"枭龙"）战机制造厂，在得到三局的肯定与支持后，一公司全力跟进该项目，由此再次进入巴基斯坦市场。

2006年春节后，三局海外部副经理廖红和一公司总工程师楼跃清、工程部经理谭国富等人赶到巴基斯坦进行合同谈判。他们在居无定所、办公设施不全的情况下，与巴军方展开了长达20多天的艰苦谈判，最初他们使用的是中国建设部的合同条款，在谈判快结束时巴方却要求改用FIDIC条款。廖红等人仅用了一天一夜就把合同改写过来，让巴军方大为赞赏，连声说：中国人的效率真是高！

2006年3月10日，在巴基斯坦空军总部，中建总公司海外部总经理唐铁志代表中国建筑与巴基斯坦空军司令签署了巴基斯坦飞机制造厂（JF-17）项目一期总价约3000万美元的工程总承包合同。

该工程（位于卡马拉镇，距伊斯兰堡约70公里）是三局以中建总公司名义承接的第一项具有重大政治意义的国外军事工程。中建总公司明确要求，不仅要把本工程当作重返巴基斯坦建筑市场的"开山斧"，更要把它当作一项体现中巴传统友谊、体现我们国际主义精神的事业来看待，提出争取把这个项目做成既让祖国放心，又让企业受益，更让巴基斯坦人民赞扬的"三赢"工程。

4月份，一公司正式组建巴基斯坦分公司。工程开工后，广大施工人员克服占地面积大、单体工程多、气候炎热等诸多困难，不断加快施工进度。有这样的良好表现在前，2006年7月，他们又顺利承接到本项目合约额为2780万美元的二期工程。

2007年3月21日，巴总统穆沙拉夫莅临飞机制造厂视察，对施工情况表示满意，给全体施工人员以极大鼓舞。后来，该工程获得鲁班奖，系湖北省首个境外鲁班奖工程。

2007年4月，三局在巴国市场迎来了质的改变。如果说以往三局人在巴基斯坦只是"搭船出海"或者承担一些"政治工程"，从这个月开始，他们正式进入了自由竞争市场。

这年4月到6月，他们在巴基斯坦市场连中"三标"，分别是位于伊斯兰堡的人马座五星级酒店、凯悦五星级酒店和位于拉合尔的电信总部大楼工程，总合同额达3亿美元。

但是，海外征程并非一帆风顺。2008年，由于美国次贷危机引发的亚洲金融风暴冲击，三局在巴国承接的这几个项目都频频告急。这段时间也成了局主管海外工作的局副总经理易文权、海外部副经理廖红等最"闹心"的一段日子。

2008年4月，巴基斯坦安全局势因政府军在斯瓦特地区的反恐行动而变得十分紧张，并有消息称人马座项目可能成为袭击目标，再加上中巴两国习俗不同等种种原因，从国内引进的一些劳务分包方组织了工人罢工。

消息传到国内，易文权率工作组第一时间飞赴巴国，紧急处理事件。针对劳务工人罢工情况，他们采取两条措施：一是易文权亲自与工人代表谈判，劝说他们树立大局意识，以国家利益为重，抓紧复工。二是向中国驻巴基斯坦大使馆说明情况，请求通过大使要求巴基斯坦政府动用正规军事力量加强对人马座项目周边及现场的保卫工作。随后，巴国内政部增派了警察参与项目安保，稳定了职工恐慌心理，确保了人员安全。

此后，三局在巴国或其他海外市场尽量使用其本国工人，即劳务属地化管理。

几乎就在同时，凯悦酒店的业主BNP因为经济危机而资金链断裂，工程开始停工。项目部敏锐察觉到对方有可能会恶意兑现三局出具的工程保函而"出逃"，必须提前做好防范措施。原来在合同谈判时，三局按规定为业主出具了两份一共450万美元的见索即付工程保函。于是三局紧急行动，向巴方法院申请禁止兑付令，对方的兑现行为宣告失败，三局保住了450万美元的国有资产。多年后，廖红回忆起此事仍然后怕不已。

而正在施工的拉合尔电信总部大楼项目附近发生了一起恐怖袭击，有传闻说还将发生更大的恐怖袭击，于是工地上的新加坡监理与现场代表紧急撤退回国，留下三局的员工们进退两难，要开工没有图纸和监理，而且卢比贬值、材料涨价，复工变得遥遥无期。三局面临着巨大的损失。

易文权和廖红、楼跃清、谭国富等及时商量对策。三局充分利用中巴传统友好合作关系和旁遮普省需要中建进一步繁荣建筑市场的有利形势，不断通过代理人、业主高层、旁遮普省政府及中国大使馆等渠道积极与业主进行谈判和沟通。

巴方官员夏巴兹·谢里夫（现巴国总理纳瓦兹·谢里夫的弟弟）到现

场后看到其他外国人员都已经撤退，只有中国人还在坚守，大为感动。历经多轮细致艰苦的谈判，最终在2009年4月与PITB业主签订一份补充协议，取得10亿卢比的合同外补偿，同时也为三局在该项目的后续施工扫清了障碍。本次协议的达成化解了三局进入巴基斯坦以后最大的亏损风险，同时开创了中建在海外通过谈判索赔成功的先河。

远征的路上总会有各种各样的风雨和暗礁，但是三局人从来没有被困难吓倒，一直坚定前行。

2009年4月，根据总公司大海外发展战略部署，中建总公司将巴基斯坦代表处授权三局经营管理。同时，一公司巴基斯坦分公司与巴基斯坦代表处合并，由一公司巴基斯坦分公司直接管理巴基斯坦代表处。2011年3月，为了在巴基斯坦市场更好地开展对外经营活动，三局直接对巴基斯坦代表处实施管理，并成立中建巴基斯坦有限责任公司，启动中巴公司在当地的注册工作，以一套班子、两块牌子对外开展市场经营和项目履约。2012年5月，中建股份有限公司批复同意设立中巴公司。同年12月，中巴公司在巴基斯坦伊斯兰堡注册，正式取得独立的经营牌照，成为中建三局第一个真正意义的海外直营公司。

中巴亲密的兄弟关系需要用汗水浇灌和培育。2012年，中国春节前夕，三局在巴基斯坦上演了一场跨国抢工的大戏。原来三局承接的贝·布托机场工程原本按计划推进，但巴国总统扎尔达里责成民航局加快新机场项目建设进度，并计划于2013年3月份视察项目。巴民航局长会见易文权时郑重要求："土建结构必须在4月底封顶！你们可以做到吗？"

突如其来的抢工要求让项目班子措手不及，抢工对三局人来说是常有的事，只是这次是在国外抢工，资源与人力组织不像在国内那么方便。但是既然业主有要求，三局就没有任何推辞的理由。于是，一场由国内国外紧急抢工的大战打响了。三局决定，由西北公司新疆经理部抽调精干管理力量和优秀劳务队伍赴巴，协助中巴公司确保完成此项"政治任务"。贝•布托国际机场是该国重点工程，受到社会各界关注。新机场以时任总统扎尔达里已故夫人、前总理贝•布托的名字命名，更为该项目增添了特殊的政治色彩。从接到通知起仅一周时间，西北公司10名骨干管理人员和55名优秀劳务工人就进驻了现场。这10位骨干，人称"巴铁十兄弟"。

在困难面前，援巴将士确立了"突出重点、注重细节、加强控制、确保工期"的管理目标，通过时间用足、空间占满的方式，把每一个分项工程的开工和完工时间细化到天，精确到小时，坚决做到工地无闲人、工序无空档。

2014年2月12日15时45分，巴基斯坦首都伊斯兰堡贝•布托国际新机场，一架运输机在巴基斯坦民航局长穆罕穆德•约瑟夫中将的注视之下腾空而起，直飞云天——贝•布托国际新机场首次试飞成功，这也象征着中巴公司的海外业务一飞冲天。

2015年4月20日，正在巴基斯坦访问的国家主席习近平在伊斯兰堡接见在巴华人、华侨及留学生代表并合影，驻巴的中建三局巴基斯坦公司总经理谭国富受到习主席亲切接见。谭国富十分激动和自豪，他说："我们将牢记习主席的叮嘱，把握'中巴经济走廊'建设的新形势和新机遇，为中巴两国新时期的全天候战略合作伙伴关系贡献力量。"

三局人是这么说的，更是这么做的。

2015年11月27日，三局与武汉理工大学签约，联合培养巴基斯坦留学生。巴基斯坦驻华大使马苏德先生、三局总经理易文权、武汉理工大学校长张清杰等参加了签约仪式。根据协议，三局委托武汉理工大学定向培养8名巴基斯坦留学生，读书期间，8名留学生的学费、生活费等共计160余万元均由三局承担。为三局培养既拥有专业知识又熟悉中国企业文化的巴籍管理人员，他们将在"中巴经济走廊"建设中发挥作用。

易文权在签约时说，这既是三局体现中巴全天候友谊的应当之责，也是三局海外战略的重要措施。

三局人在巴基斯坦的征程才刚刚开始，不久后，就有一个超级大单在等着他们！

3.开拓东南亚

在三局的海外征途中，开拓东南亚亮点频出，到如今已经呈现出星火燎原之势。就在一公司在巴基斯坦做得风生水起的时候，二公司也开始了"闯南洋"之旅。

2005年，二公司"五万美金闯南洋"故事至今被认为是二公司海外征途的发端。机会看似来自一个偶然，5月的某一天，湖北某电建公司找上门来，约二公司一起去印尼参与投标一个电厂的土建与安装工程。由于该电建公司主要从事电厂设备安装，对于电厂的土建施工并不在行。于是双方约定，由二公司负责参与土建竞标，电建公司负责设备投标。

其时，三局各大主力公司都在想方设法"走出去"。这样的机会让时任二公司总经理的易文权眼前一亮。在公司班子会上，大家一致同意"先出去看看。"二公司当即派出商汉平、兰英云、黄向莉等人拎着刚刚兑换过来的五万美金踏上了南洋之路。

他们面对的其实不是印尼业主，而是中国华电集团。原来，印尼在能源、基础设施等领域有着强烈的需求和广阔的市场，恰好许多中资企业在当时都有着走出国门的强烈愿望，双方一拍即合。中国华电集团就是在这样的背景下进入印尼的，他们与印尼国家能源部签订协议，以EPC形式承接其Indorama电厂，华电集团实质上是总承包方。他们对于三局这样有着丰富电厂建设经验的国家队的到来，表示欢迎。须知，三局早在三线建设时期就是建设电厂的主力军。三局二公司顺利中标该电厂的部分土建工程，当时合同额不过6000万元。

在施工中，三局二公司派出工程技术和管理人员，在当地招收工人，用了2年时间完成任务，产生了较好的经济效益。而这只是开拓征途中前期的小小前哨战，但其意义重大，为二公司站稳印尼市场打下了第一个阵地。

2007年，就在本工程收尾之时，又一家中资公司哈尔滨电气集团也成功进入印尼能源市场，以EPC模式承接其百通电厂工程，为一套装机容量660MW亚临界汽轮发电机组。商汉平当即主动找上门去，与哈电集团接洽。而对于哈电集团而言，他们也是第一次开拓印尼，对三局主动找上门可谓欣喜万分。此时三局人在印尼已经两年，可算是"印尼通"了，三局积极提供咨询、帮助办理相关手续等前期服务。双方签下合同额为6.15亿元人民币的大单，创下当年二公司签约记录。由三局负责百通电厂的所有土建施工任务。

百通电厂项目的承接，三局在印尼成功注册营业执照，这标志着三局在印尼建立了根据地。

然而，世事并不都是一帆风顺。2008年，一场波及全球的金融海啸席卷而来，人民币升值、国内劳动力成本增加，主要建材价格上涨，工程收入减少，市场行情一路下滑……项目可能出现巨额亏损，形势变得十分严峻。

难道三局人好不容易打开的南洋之路就此梦断？此时，工程局和二公司给予了项目巨大支持，坚定了他们的信心，同时远征海外的项目部人员不等不靠，决定再难也要咬牙坚持下去，一为三局人的海外梦，二为中国人的形象。

面对困境，海外团队迎难而上，大胆创新。比如钢材价格突然涨价，当时投标时钢材价格为6000元/吨，而到施工时竟然涨到13000元/吨。项目部及时了解到国内钢材价格还比较便宜，于是后方人员立即组织货源、装柜，2900吨来自中国的钢材很快到位，成功化解了价格风险。

项目率先实践"劳务属地化管理"，项目现场工程师直接管理劳务班组，根据当地劳务的工作岗位、技能水平、劳动强度等因素，制定等级化的工资标准。

项目团队大胆创新，填补了多项电厂施工技术的空白，成功在世界上最大的群岛国家竖起亚洲最高的烟囱，建起该国最大的发电机组。更为可喜的是，项目成功摆脱金融危机的冲击，化解了巨额亏损，印尼百通电厂成为二公司历史上第一个超高盈利的海外项目。紧接着他们独家议标，成功承建印尼万丹电厂，又承接印尼海螺孔雀港440万吨粉磨站主体建筑工程（合同额5600万美元）。截至2015年，二公司在印尼已经承接5座电厂工程。

与此同时，三局人兵分几路开拓其他国家和地区。2007年，二公司在也门承建其外交部大楼工程。2008年6月26日，也门外交部大楼落成，在落成剪彩大会上，正在也门访问的国家副主席习近平亲切接见了中建三局的工程建设者们，并与易文权等亲切合影。这是对三局员工巨大的鼓舞与鞭策，同时也是三局海外事业逐渐成长壮大的见证。

2010年，二公司成功承接越南永新电厂，合同额达12.3亿元人民币，是二公司迄今承接规模最大的海外工程；其烟囱高达210米，为越南目前最高的电厂烟囱。同年，二公司又成功在马来西亚承接巴林艾（BALINGIAN）2X300MW火电项目。

2015年，二公司与昶盛集团有限公司签订柬埔寨暹粒世纪城项目设计+施工总承包协议，合约额为1.95亿美元，这标志着公司海外营销模式由产业链下游的"土建分包模式"升级为设计加施工总承包模式，在二公司海外发展史上具有里程碑意义。

从2005年五万美金下南洋开始，十年时间，二公司累计实现海外合约额近40亿元，所有竣工和在建项目均无亏损；海外从白手起家，到现在的3000余万元固定资产；海外管理人员从初期的3人，发展至目前近200人。他们从"借船出海"到主动出击，从资源自备到属地管理，从沟通不畅到和谐共赢，他们的海外之路坚定而稳健。

同样，后起之秀的总承包公司也不甘人后，他们开拓海外市场的第一站就来到了"东方的十字路口"——斯里兰卡。

2013年2月，三局与斯里兰卡政府签订汉班托塔枢纽公路开发项目商务合同，合同额2.52亿美元，一举刷新了当地中资企业从项目跟踪到合同签署的最快纪录。中建总公司海外事业部执行总经理李吉勤到访斯里兰卡时说："该项目作为中建开拓斯里兰卡的第一个项目，是一座里程碑，希望三局能够以此为契机，开创斯里兰卡的新局面。"

而一公司也出手不凡。2015年，中标马来西亚新山综合体一期桩基及主体工程（合同额4.68亿美元），成为三局海外历史上最大自营项目。11月，一公司又中标马来西亚马六甲歌剧院工程。

至此，三局人在东南亚地区的市场布局已经呈现多点开花的局面。

一名年轻的海外员工写道："无论在海外多么艰苦，走出去，就海阔天空！"

4.阿尔及尔，我们来了

当中巴公司的员工们在巴基斯坦贝·布托国际新机场奋力拼搏的时候，当二公司的同事们征战在东南亚的时候，远在数千公里外的地中海畔阿尔及利亚清真寺项目，三局的另一支队伍也在征战不休。

这支队伍是三公司的员工们。2011年，时任三公司董事长唐浩也力主开拓海外，三公司成立了海外部，制定一系列支持海外发展的措施。机会终于来了，同年11月，在总公司、三局的协调和帮助下，三公司成功接洽造价超过15亿美元的阿尔及利亚嘉玛大清真寺项目。大清真寺项目占地面积27.8万平方米，建筑面积40万平方米，包含祈祷大厅、宣礼塔和图书馆等12座单体建筑，其中宣礼塔高265米，为世界宣礼塔之最。项目建成后将成为非洲最高、规模最大的清真寺，也是世界第三大清真寺，该项目对中建在阿国的长远发展具有十分重要的战略意义。

唐浩在海外员工出发壮行会上说："海外征途肯定是艰辛的，但也一定是光荣的！"

工程施工期间，中建总公司董事长易军亲自前往助威鼓劲："嘉玛大清真寺项目的难度前所未有，它是严苛的欧洲标准和宗教标准的叠加，包含了历史、文化的精华，浓缩了一个国家的精神。它是海外施工技巧和厚重伊斯兰文化的浓缩，将是传承千年的伟大工程。"

作为公司第一批翻译团队成员，江明春压力很大。他第一次担任现场翻译，听到专业术语连表达的意思都不明白。于是，他只能一边用画图来讲解，一边做辅助性的翻译。也正是这样不断地磨砺，让江明春和他的翻译伙伴们语言水平突飞猛进，专业知识也积累颇丰。如今，他们在项目开设了高、中、低三档法语、英语课程，每周两个课时，学员络绎不绝。

大清真寺项目采用欧洲与宗教双重标准，对国内员工的思维惯性是极大的挑战。机电部工程师闫志奇回想起初来时的不易：项目深化设计需要重新对原始数据进行复核，由于对欧洲标准和规范不熟悉，设计小组只能先总结出一套国内规范对应下的设计思路和要求，再研究相应的国外规范，找出差异点。为了把防排烟系统设计规范研究清楚，大家每晚加班到凌晨，梦里都在计算公式。

作为管理人员近400人，35岁以下青年占比超过70%的年轻团队，为打造更具战斗力、凝聚力的先锋组织，在开工之初，大清真寺项目党总支正式成立，极大地鼓舞了士气。

2014年1月2日20时，大清真寺项目A1区迎来了第一块S10层剪力墙砼浇筑。新的开始总伴随着不断的麻烦，开始浇筑仅2个小时，第一台地泵发生堵塞，20分钟后第二台也发生故障。此时，A区区域经理龙跃带领着青年突击队开始了长达100米的泵管拆卸工作。半个小时后，两台泵陆续恢复正常，但其后又多次出现问题，仅792立方米的砼量，浇筑长达50小时，正是大家团结一心，才让施工有序进行。

海外的工作生活简单而单调，却不影响爱情的甜蜜。同在大清真寺的小赛和蕾蕾，就是这样一对幸福的小夫妻。2012年，当项目开始筹建的消息传来时，身在武汉的他们还是情侣，来到海外，他们一起学习法语、一起工作、一起烧菜做饭、一起绕着工地一圈又一圈散步，看着自己施工的建筑一天天高起来，平淡的生活也因此温暖。2013年，公司为小夫妻举行了婚礼，在地中海温暖的阳光下，在公司大家庭的祝福中，这一对相爱的青年正感受着海外的幸福。

阿尔及利亚康斯坦丁歌剧院项目是三局建设者在海外奏响的又一支进行曲，歌剧院建筑面积4万平方米，拥有3000座的大剧院和300座、150座的小剧院各1座，设计精巧、造型独特、工艺复杂，但是三局建设者克服了资源不足等难题，仅用12个月就完美竣工。2015年4月16日，阿拉伯国际文化艺术节在这里隆重开幕，为这座古老的城市带来无比荣光。阿尔及利亚的文化部长说："我们把这么重要的工程交付给中国朋友施工是正确的，中国建筑，了不起！"

2014年11月19日，三局与中建阿尔及利亚公司又签下一份大单——7.54亿美元的七五奥林匹克体育场与凯悦酒店项目。

5年时间，三局在阿尔及利亚从11人的首发阵容，发展到220人的精英管理团队；从嘉玛大清真寺一枝独秀，到康斯坦丁歌剧院、"七五"体育场、凯悦酒店等"五朵金花"；从大清真寺项目指挥部的临时机构，到组建阿尔及利亚分公司；从一个项目党总支，到成立阿尔及利亚分公司党委，三局开拓阿国成绩斐然。

2016年三公司"两会"上，公司董事长、党委书记袁文清面对全体员工说："我们要坚定出征海外的信心，强化征战海外的能力，提升海外市场的品质。"

而对于三局建设者来说，他们在阿尔及利亚的逐梦之旅才刚刚开始。

5.三船出海，扬帆远航

探索三局的海外征途，其实要从1975年说起，那时三局刚刚转移到湖北不久，就抽调了35名技术人员参加湖北省建材局承担的尼泊尔巴格达普尔砖瓦厂援建任务，尽管只是劳务输出，却是三局历史上第一次出征海外。

1979年以后，三局与中国建筑工程公司开展了多种形式的劳务合作，向中建公司在中东地区的一些阿拉伯国家和中建公司驻香港的机构派出了各类劳务人员。三局赴也门共和国施工组先后承建了兵营、总理府、总统官邸、中央银行、民政部、交通部、萨那医学院等25项工程，出国施工人员高峰达606人。

1983年11月，正值改革开放初期，三局在第二届职代会上明确提出"立足国内，开拓国外"的经营方针。这是三局历史上第一次正式提出"海外战略"。

从20世纪70年代以来，在长达40年的时间里，三局人国际化之路应当说走得比较稳健和务实。1990年，三局的海外之路已经积累较多经验，当时局党委提出了"搭船出海"（输出劳务）、"借船出海"（分包工程）、"造船出海"（在境外组建合资企业）的三步走战略。

到1995年，三局先后进军泰国、新加坡、斯里兰卡等国家以及澳门地区。

但是，三局人的海外征途并非一帆风顺。20世纪90年代中期，受海湾战争以及其他因素的影响，三局暂停了一段时间的海外业务。综观中国企业的国际化之路，几乎都有一段心酸记忆。海尔集团如此，联想集团如此，华为集团亦如此。梳理三局的海外征程，也是如此。但是中国企业要想立于世界强企之林，海外征途必不可少，即使遇到再大的挫折和风浪也不能熄灭中国人走向海外的雄心。这不仅关乎企业的发展壮大，也关乎民族的崛起和国家的振兴。

2005年，三局重启海外业务。在市场布局上，初步形成了"一点三线"（一点即巴基斯坦，三线即钢结构专业线、电力专业线、国家经援线）的市场定位，业务涵盖东南亚、南亚、中东、非洲等地区。在三局多路出击海外的战线中，2005年远征坦桑尼亚一役就遭遇到挫折。

2005年6月，在三局重启大海外的战略下，当时的四公司参与投标坦桑尼亚国西北部地区卡盖拉区Kagoma-Lusahunga的154公里道路升级改造工程（简称K-L项目）。经多轮谈判和考察，三局于2005年12月中标，中标额约4340万美元。于2006年3月13日双方签署合同，总工期39个月。这是一条相当于国内省级公路的项目，施工技术难度不高，四公司当即组建了项目班子进驻坦桑尼亚。然而，他们进场之后才发现整个项目难度超出了他们的想象。

主要困难有：一是当地资源极度匮乏，施工常用的水泥、钢筋、沥青等需要依赖进口或者国内采购，无论哪种方式成本都将高到无法承受；二是所有施工设备都需从国内采购运到当地，中国的工程管理技术人员与当地工人之间的理念差异和沟通障碍，直接影响了效率与进度；三是工程采用国际通用的菲迪克条款，而国内派出的管理人员多数对此不熟悉；四是雨季漫长，一年中只有半年左右的施工时间，虽然合同工期为39个月，而实际有效作业时间仅20个月。

经过19个月建设，工程完成了47%道路挖填方、3%的C2层、全部的箱涵和85%管涵施工（施工最险、难的北段）。但是由于清单报价的原因，前期路基土方施工部分的单价非常低，导致产值仅占合同额的35%。2008年1月初，坦国家公路局以工期过半、产值未达50%、施工进度慢为由，要求项目分割70公里的施工任务给其他单位，并承担由此造成的费用。三局经过研究决策，拒绝了坦国家公路局的要求。2008年1月25日，坦国家公路局单方面中止合同。

2008年4月，三局向坦国家公路局提出仲裁，要求索赔3600余万美元，与坦桑尼亚国家公路局进入专家仲裁阶段（DRE）。2009年6月专家裁定三局胜诉，但坦国家公路局不服裁定提起国际诉讼，经过两年的拉锯战，2011年6月双方达成和解，以对方赔偿400余万美元告终，前后历时近6年。

三局原计划好通过本项目在非洲市场大展身手的战略被迫中止。但从另一方面来说，本项目也给三局人上了残酷而生动的一课。

尽管遭遇到了"坦桑之痛"，但是三局人并未停下进军海外的步伐，三局从信念上更坚定了"走出去"战略，从国际理念、经营战略上更加严谨和多元，从人才储备上更加全面和充足。

在经营结构上，三局海外业务涉及房建、电力、公共建筑、酒店、基础设施等领域，承包方式包括施工总承包、专业分包和EPC总承包等。

在内部管控上，基础管理工作得以加强，配套制度建设力度加大。出台了《海外经营管理（暂行）办法》和《海外业务联席会议制度》等一系列规章制度，对海外的薪酬、福利、激励机制等方面进行了规定，对市场调研、项目跟踪、项目评估及投标、项目履约管控等方面进行了规范。同时搭建海外信息平台，加强沟通交流，实现数据共享。

在组织体系上，稳定了"4+1"模式，也就是4个主力公司（一公司、二公司、三公司、总承包公司）加1个海外直营公司（中巴公司）。

与此同时，海外人才队伍不断壮大，一大批优秀员工在海外历练中脱颖而出，成长为懂业务、精技术、会管理的复合型人才；海外人才梯队建设逐步加快，海外后备人才培训效果显著，一批年轻员工在海外管理岗位上异军突起，逐渐成长为海外主力人才。到2015年底，三局在海外的员工达到800余人，聘用外籍员工3600余人。

在属地化建设上，加大力度推动属地化发展进程，着力建设"机构、人才、分包"三位一体的属地化网络。

有坚守就会有回报，有耕耘就会有收获。2015年12月22日，中建三局签约史上最大海外项目！这一天，三局在总公司的直接支持下，与巴基斯坦国家公路局在伊斯兰堡签订卡拉奇至拉合尔高速公路（苏库尔至木尔坦段）EPC总承包合同，合同额约28.9亿美元，约合人民币184亿元，本段全长392公里，全线按照双向6车道、时速120公里标准设计，是中国建筑海外史上最大的项目，工期36个月。这一次恰好与2005年三局重返巴国相距十年。

该项目作为"中巴经济走廊"的重要组成部分，也是中国"一带一路"战略中重要基础性项目，建成后将极大改善巴基斯坦交通状况，有力促进当地经济社会发展，也将为中巴互联互通发挥积极作用，成为连接中国和中亚国家通往卡拉奇和瓜达尔港的交通干线。

这也标志着三局的海外征程驶上了快车道。至此，中建三局大海外格局基本成型。

为了梦想，三局建设者从未放慢前进的脚步。他们将如何实现大海外战略？

面对未来，他们这样规划：

一是完善业务组合。在巩固房建业务的同时，积极拓展电力工程、工业、交通基础设施等其他细分领域。拓展专业工程承包业务，抓住中国资金投资的大型基础设施EPC项目机会，紧盯国内大型的电力能源投资集团及石化、工业厂房、装配制造等领域的上游优秀企业并与之加强合作，深度挖掘在海外电力线专业的既有施工能力，并带动局安装、钢结构等业务板块走出去。

二是优化组织体系。完善局海外部职能定位，组建海外事业部，配置50~100人的专业团队。进一步完善现有的1+4管理架构。通过考核引导中巴公司、号码公司、总承包公司和基础设施公司加大对海外资源的投放力度。

三是加快区域布局。紧跟国家"一带一路"战略导向，加快海外市场布局，深耕重点市场、兼顾潜力市场，伺机进入机会市场。

四是创新拓展方式。推行"借船出海"模式，借助战略客户加快走出去步伐。建立地方联盟，通过与目标市场当地设计公司或专业公司结成战略联盟，组成投标联合体，以股权合作方式参与项目投资、建造和运营，加大市场渗透，降低运营风险。组建专业团队，加大对"一带一路"有关战略研究，强化项目策划及资源整合能力，协助政府部门将规划落地为具体项目。

五是强化激励考评。打造年轻化、普适化的以新员工为主的基础团队，定向化、专业化的骨干团队，精英化、职业化的核心团队。强化考核引领，调整组织目标责任体系，提高海外业务考核权重，激发各单位拓展海外业务的积极性。

国际化，是中国建筑的必由之路，也是中建三局的一道必答题。在"走出去"的道路上，中建三局的背后有强大的中国建筑作为支撑。

2015年三局"三会"上，陈华元在讲话中说，三局要致力成为成熟的跨国企业，但三局离成熟的跨国企业还有一定差距，三局的海外事业还处于摸索和培育阶段，要坚定信念，要有"功成不必在我"的胸襟和情怀。

2016年初，中国建筑召开落实"一带一路"战略推进大会暨第十四次海外工作会，中建总公司董事长、党组书记官庆在会上指出：国际化是中国建筑坚定的战略目标，要以海外优先为总体原则，以践行"大海外"为根本途径，以深化海外体制机制改革为主要动力，牢牢抓住"扩规模、转方式、调结构"的工作主线，努力成为中央企业践行国家"一带一路"战略的代表者与领先者，着力向"海外业务运营一体化服务价值链的组织者和领导者"目标迈进。

官庆强调说，海外事业不会一帆风顺，但只要朝着正确的方向，始终坚持"志不求易、事不避难"，始终坚持"抓铁有痕、踏石留印"，始终坚持"一张蓝图干到底"，中国建筑的海外事业就一定会结出更为丰硕的成果。

有信念就有力量，有梦想就有希望。

面对广阔的海外市场，三局人已经做好了准备。

▲ 2008 年，国内单体面积最大的公建项目——中央电视台新台址悬臂底部桁架完成对接

▲ 香港环球贸易广场，高 484 米，为香港第一高楼

▲ 上海环球金融中心主体结构施工

▲ 上海环球金融中心，高 492 米，时为中国第一高楼、世界最高的平顶式大楼

▲ 2005 年，中建三局建设工程股份有限公司（北京）成立大会

▲ 2009 年，中建三局南方公司完成重组

▲ 2009 年，中建三局西北公司成立大会

▲ 2009 年，中建三局成都公司正式成立

▲ 2014 年，中建三局东北公司成立揭牌仪式

▲ 2008 年，中建商品混凝土有限公司成立

▲ 2008 年，中建钢构有限公司成立

▲ 2010 年，中建装饰集团有限公司成立

▲ 巴基斯坦伊斯兰堡贝·布托新机场航站楼,建筑面积 16.54
万平方米,为巴基斯坦近年来最具影响力的公共建筑

▲ 阿尔及利亚嘉玛大清真寺,高 265 米,建成后将成为
非洲规模最大、世界第三大清真寺,并拥有世界最高
宣礼塔

▲ 印尼百通燃煤电厂,是印尼单机容量最大的电厂(达
660MW),烟囱最高达 275 米,为东南亚最高烟囱

▲ 马来西亚新山公主湾项目,总建筑面积 650 万平方米,一期建筑面积 60 万平方米,位于马来西亚南大门,紧邻新山
市通往新加坡的海关关口

>>> 第五篇

筑梦未来

身为国企，非止在商言商，更要在商言责。灾后援建，广受赞誉；建筑中国，不断刷新城市天际线。从争先红海到筑梦蓝海，从高端建造到"三商合一"，英雄旗帜接力相传。筑梦未来征程如虹，扬帆远航纬地经天。

第二十章　核心动力

人为企业之本，企业无人则止。在企业所有的资源中，人才资源是第一资源；在企业所有的资本中，人力资本是投资回报最高的资本。人是最活跃的因素，也是企业真正的核心动力所在。三局数万员工要想产生合力，要靠文化素养，要靠人才兴企。

1.领跑者

2008年，中国举办了举世瞩目的北京奥运会，多个奥运工程由三局承建或参建。

但这一年，一场由美国"次贷危机"引发的经济危机席卷全球。在经济全球化的时代，中国不可能独善其身。但是中国政府从容应对、化危为机，中国被誉为世界经济复苏的引擎。英国莱斯特大学经济学教授、世界银行顾问帕尼科·德梅特里亚德在2009年初接受采访时说："中国正在对世界经济发展做出特殊的贡献，并将在应对此次危机中发挥积极作用。"

2009年，达沃斯夏季经济论坛在由三局人修建的天津梅江国际会展中心举办，时任国务院总理温家宝在会上发言说："当金融危机的严冬来临的时候，我曾呼吁要有信心。我认为信心比货币和黄金更宝贵。我们的前途是光明的，我们一定能够运用全人类的智慧和勇气克服困难。"

在国际金融危机的阴霾笼罩下，中国经济仍然保持了高速稳定增长，为世界经济复苏担当了领跑者的角色。

中央的一系列刺激经济措施对建筑业而言是极大的利好消息，中建三局抢抓机遇，签约额、营业收入、效益均连创新高。

2011年，中建三局以715亿元的营业收入，继续排名武汉市百强企业前三名〔前两名分别是东风汽车公司、武汉钢铁（集团）公司〕。

2012年，中建三局新签合同额超过2000亿元，达到2304亿元；营业收入达960亿元，年增长量首次超过200亿元。在总公司八大工程局中，三局合同额、营业收入、利润、经营性现金净流量均排名第一位，雄居湖北省百强企业前三强。

2013年，中建三局全年新签合同额2622亿元，营业收入首次跨越千亿平台，达到1050亿元，位居中国建筑行业竞争力百强榜首。

2014年，中建三局新签合同额2498亿元，完成营业收入1170亿元，完成投资额135亿元，营业收入和净利润提前完成"十二五"规划目标。

2015年，中建三局全年新签合同额2613亿元，实现营业收入1290亿元，完成投资额201.8亿元，实现了"十二五"规划的圆满收官。在总公司工程局序列，三局主要经济指标继续排名第一。千亿企业平台进一步得到巩固，连续三年位居中国建筑行业竞争力百强榜首，为"十三五"及更长远目标的实现奠定了基础。

2.行板如歌 薪火相传

如果企业是一列行进的火车，领导班子就是火车头。打造强有力的领导班子是企业保持健康发展重中之重的大事。

敢为天下先

2011年9月23日，中建总公司董事长、党组书记易军，中建股份有限公司副总裁王祥明来三局召开全局干部大会，会上宣布总公司党组决定：熊德荣因年龄原因光荣退休，由陈华元接任局董事长、党委书记。

熊德荣从2001年11月担任三局党委书记，2005年4月起担任董事长、党委书记，在三局工作了整整10年。在离职讲话中，他深情地说：

> 10年前，我来三局时曾说过四句话：一是说"武汉话"，意思是奉献三局；二是说"北京话"，意在贯彻落实好上级的指示；三是说"老话"，就是要搞好传承；四是说"新话"，就是要锐意创新。这是我到三局工作的开场白。今天我想讲三句话，作为在三局的谢幕词。

> 一是表态的话。我愉快地接受总公司党组的决定，这是我一年前反复向总公司领导要求的，今天终于实现这个愿望。我免去董事长、党委书记后，会立即辞去在三局兼任的所有职务，实现"裸退"。我坚决拥护总公司关于陈华元同志接替我的决定，陈华元同志具有丰富的领导经验和基层工作经验，他来接任我是顺理成章、水到渠成的事情，是他的业绩使然、民意使然，我相信他一定比我做得更好。

> 二是感谢的话。我来三局10年，是国家飞速发展、发生深刻变化的10年。实事求是地说，这10年，三局也实现了很大的发展。扪心自问，我尽心竭力为企业做出了一些应该做的工作，为员工办了一些应该做的事情。但我深知，企业的发展，个人的作用是十分有限的。三局之所以能取得这样的发展，得益于这个伟大时代为我们提供了广阔的舞台；得益于总公司和湖北省委、省政府的正确领导；得益于三局历届班子奋发努力

为我们打下的很好的基础；更得益于广大激情燃烧的三局人同心奋斗，这是企业发展不竭的力量源泉和坚强的组织保证。所以，我要特别感谢总公司和湖北省委、省政府对我的培养、关怀和信任。要衷心感谢三局几届班子成员、广大中层骨干和全体员工对我的尊重、包容和支持，特别是感谢与我搭档过的三位领导：洪可柱同志、王祥明同志、陈华元同志。我们互相支持、互相关心、互相帮助，精诚团结，无缝合作，不仅是岗位上的搭档、事业中的伙伴，还是思想上的知己，也是生活中的朋友，我非常感谢他们。

三是祝福的话。我在三局10年，走到了职场的终点。我深深地爱着这个企业和广大员工，我在位时，努力追求三局好；我退位后，希望三局更好。所以我真诚地祝福以陈华元同志为班长的新班子传承创新，奋发有为！祝福我们共同的家园三局，在总公司的正确领导下，在新班子的带领下，永铸辉煌，永争第一！祝福所有在岗员工工作顺利，事业有成！祝福所有离退休员工幸福安宁，健康长寿！

熊德荣说完，起身鞠躬，全场以持续热烈的掌声对他表示感谢。

数据最能说明问题，2005年熊德荣任中建三局董事长时，全局签约额为204亿元、营业收入140亿元。而到2011年，全局签约额为1299亿元，营业收入达到715亿元。增长幅度可用"跨越式"来形容，中建三局继续保持中建系统领跑者的位置。

陈华元在就职演说中高度评价熊德荣对三局做出的贡献，并代表全局员工向熊德荣表示感谢。他用四个"一定"表态，即一定要更加发奋学习，一定要更加勤奋工作，一定要更加注重班子建设，一定要更加严格自律。

2011年12月，王祥明再一次来到三局，宣布中建总公司党组决定：任命易文权为中建三局总经理、党委副书记。

中建三局50年的风雨历程其实就是一个薪火相传的过程。在这个巨大的舞台之上，从刘贤开始，代代相传，虽不停地有人登台、谢幕，但争先的主题从未改变，奋斗的精神从未丢失。

3.作风建设进行时

在企业发展过程中，抓营销、抓管理固然十分重要，但企业最为关键的因素是"人"，一支用坚定正确的理想信念和优良作风武装的队伍，是制胜最重要的保障。

以陈华元为"班长"的三局新一届领导班子上任伊始，即对企业作风建设紧抓不放。一是三局长期以来重视作风建设，新班子抓作风建设是对传统优势的继承和坚持；二是近些年一些不良社会现象的影响，如果不更加重视、不旗帜鲜明地强化作风建设，就会影响三局的事业；三是作风建设是企业文化、企业战略的重要组成部分，从历史与现实来看，从企业和国家的兴衰来看，作风强，则事业兴。战争年代如此，创业阶段如此，守成年代亦如此。把作风建设作为战略的组成部分，作为文化领先的组成部分，有利于长久保持企业的兴旺发达。因此，新一届班子甫一上任，即将作风建设旗帜鲜明地亮出来，决定从领导干部的作风建设入手，抓住企业发展的"牛鼻子"。

2012年2月，局党委出台的第一个重要文件就是《中建三局党委关于进一步加强领导干部作风建设的决定》。

《决定》指出，全局作风建设以"四重四讲"为主题，即重大局，讲团结，大力倡导和弘扬团结共事、民主办事的思想作风；重状态，讲担当，大力倡导和弘扬激情超越、争先有为的工作作风；重学习，讲实效，大力倡导和弘扬勤奋学习、学以致用的学风；重清廉，讲格调，大力倡导和弘扬清正廉洁、健康向上的生活作风。决定用三年左右的时间，集中强化全局各级领导干部队伍的作风建设。

为推动《决定》落实，局党委成立作风建设领导小组，陈华元任组长，易文权、胡金国任副组长。并成立督导办公室，实时监管全局干部的作风建设情况。

同时确立2012年为"作风建设推进年"，主要分五步走开展相关工作：广泛宣传学习，务必全员覆盖；深入调查研究，认真查摆问题；突出重点工作，狠抓整改落实；完善工作制度，建立长效机制；开展督导检查，强化责任追究。

2012年8月20日，局领导班子全体成员向全局员工做出作风建设十项承诺，内容强调十个带头：

（1）带头遵守政治纪律。与党中央保持高度一致，坚决执行总公司和工程局的决定，不公开发表不同意见，不听、不信、不传小道消息。

（2）带头遵守组织人事纪律。坚持秉公办事，任人唯贤，不搞个人封官许愿，不干预局属单位授权范围内的干部任免，不泄露干部任免调配的讨论情况和尚未公布的干部任免调配决定。

（3）带头遵守财经纪律。严格控制职务消费，到基层出差轻车简从，非特殊情况在内部食堂就餐或便餐，中午就餐不饮酒，不接受超标准接待，不参与高消费娱乐、健身活动。

（4）带头遵守党内生活制度。自觉参加中心组学习、民主生活会和党支部会议，非特殊原因，不以任何借口缺席集体学习和党组织生活会。

（5）带头执行集体决策制度。坚持民主集中制，遵循分管领导首先发言、班子其他成员逐一发表意见、主要领导末位表态的议事程序，不个人决定企业重大决策、重要人事任免、重大项目安排和大额度资金运作事项。

（6）带头遵守廉洁从业制度。自觉接受监督，履行"一岗双责"，清白做人，干净做事，不以权谋私，不收受礼金、有价证券和贵重物品，谢绝下级、业务往来单位人员家访。

（7）带头深入基层为员工服务。每年用三分之一以上时间深入基层调查研究，到联系点工作不少于两次，直接听取基层群众意见和建议，不脱离群众，不回避矛盾和问题，不做任何损害员工利益的事情。

（8）带头担当责任，永葆激情争先、奋发有为的精神状态。脚踏实地，埋头苦干，创新进取，把全部精力用在抓落实、谋发展上，不作秀，不浮躁，不忽悠，不折腾，不搞形式主义和"花架子"。

（9）带头践行社会主义核心价值观。保持高雅格调，坚守道德底线，自觉抵制庸俗娱乐方式和不良社会风气，不参与赌博、"带彩"娱乐以及各种封建迷信活动。

（10）带头加强班子团结。顾全大局，分工协作，坦诚沟通，互相支持，不断提升班子建设新境界。班子内部以同志、姓名或职务相称，杜绝"老板""老大"等庸俗化称呼；班子之间不自行其是，不互相猜忌，不拉帮结派，不搞小圈子。

陈华元、易文权领头在承诺书上签字，班子其他成员也郑重地在承诺书上签字。

局领导班子成员分别下基层宣贯和调研，建立联系点制度，帮基层解决实际困难。结合信访调查、效能监察和业务检查，这一年共对51名违纪干部进行了追责。

2013年6月18日，党中央启动群众路线教育实践活动。三局党委在这年初已确定本年为"作风建设提升年"。明确了三项重点工作，加强班子建设、提升总部绩效、服务基层员工。同时再次制订一系列措施，包括完善决策议事机制、规范领导薪酬和职务消费行为、切实改善一线员工工作生活条件，完善作风建设长效机制，为企业科学发展提供优良作风保障。

2014年，局党委确定本年为"作风建设强化年"，再次发出实施方案，着力从四个方面进行强化，为打造"一最四强"战略目标提供动力：通过践行群众路线、打造一流总部、建设魅力三局，强化示范引领，树立鲜明导向；通过持续整治四风、规范领导薪酬、减轻基层负担，强化专项整治，解决突出问题；通过亮明管理底线、加强监督约束、严格责任追究，强化底线管理，严格监督约束；通过融入企业理念、融入管理制度、融入员工行动，强化融合渗透，健全长效机制。

把作风建设与群众路线紧密结合，是三局推进企业健康发展的重要措施。2014年3月18日，三局召开动员大会，全面部署群众路线教育实践活动。陈华元作了题为《践行群众路线解决"四风"问题——助推企业早日实现"一最四强"奋斗目标》的讲话。根据总公司统一部署，以局及局属各二级单位领导班子、班子成员、总部为重点，在全局近800个党组织、8411名党员中深入开展第二批教育实践活动。

为推进活动实施，4月3日，三局党委发布了《深入开展党的群众路线教育实践活动实施方案》。目标明确，有任务、有组织、有措施、有责任。局纪委书记田涛带领督导小组深入到各基层单位，严督实导，全程把关，推动问题解决。这项活动收到很好的效果，得到中建总公司督导组的充分肯定。此后，结合开展"三严三实"专题教育，局党委提出要切实践行"严""实"作风，进一步健全作风建设的长效机制。

2015年，三局进一步加强作风建设，坚持抓常、抓细、抓长，持续努力、久久为功，推进集中反"四风"改作风转为经常性的作风建设，形成作风建设新常态。为进一步改进领导干部作风，在全局深入开展"三严三实"专题教育，以践行"三严三实"为主题召开民主生活会，各级党组织书记都给员工们上一次专题党课。局属单位中层以上领导干部都开展了自查自评，总结个人三年作风之变，以作风转变促进工作效率提升。对违反作风建设有关规定的典型事件要指名道姓予以通报曝光和查处，保持震慑效应，严防松懈和反弹。认真总结局连续三年开展"作风建设年"活动成果，抓好经验转化运用工作，将其行之有效的经验和做法，体现在企业规章制度和"三个标准"之中，切实推进作风建设常态化、长效化。

从作风建设"推进年""提升年"，再到"强化年"，持续开展的作风建设，形成作风新常态，使企业进一步呈现风清气正、政通人和的良好风貌，保证和推进了企业健康发展。

4.党建引领

2016年春节前夕，武汉天河机场T3航站楼项目。这是一个工程造价高达50亿元的"巨无霸"工程，已经紧张施工一年多的项目团队此刻都疲惫不堪了。但是面对繁重的施工任务和广大市民早日通航的期盼，项目党支部在其微信群中发出了"别人过节我抢工，党员干部向前冲"的号召。不一会儿，"我是老党员，我参与春节抢工！""我是新党员，我也要参战！"的留言很快刷爆项目微信群。春节期间，工地上"党员先锋号""党员突击队"的红旗迎风招展，施工机器轰鸣，现场一片沸腾。

与此同时，在数千公里外的吉林松原查干湖民用机场项目，大雪纷飞、千里冰封，虽是新春将至，但三局东北公司第三经理部的项目经理、党支部书记况定军和员工们还在为施工进行着紧张的准备。他随手拍了一张工地大门的照片：蓝天白云下，茫茫雪原上一座带有"中建蓝"的项目大门傲然矗立……

"这是中建人的凯旋门，一座顶天立地的大门，诉说着建筑人的艰辛与自豪。"

"铁军之师，名不虚传！"

在三局官方微信公众号中，这张照片不到三天点击量就超过五万，无数感人的留言挤爆了微信后台。

这是一种什么样的信念与力量？

如果要解密这信念与力量背后的"密码"，那么就是三局作为国家队，具有与生俱来的"红色基因"。在企业发展的长河中，始终坚持党对企业的领导，始终体现党组织的政治核心作用，始终发挥党建引领的独特优势。

党建引领，首先体现在三局党委始终坚持把握企业发展方向、参与重大决策上。半个多世纪来，无论是在三线建设、出征开拓、变革跨越、转型升级的每一个时期，无论三局的领导体制、经营机制和治理结构如何变化，三局各级党组织始终深入贯彻党的路线、方针与政策，在思想上、政治上、行动上与中央保持高度一致，确保企业的社会主义方向，始终与国家同呼吸、共命运，彰显了央企"听党指挥、为国争光"的政治担当和"建设祖国、奉献社会"的家国情怀。

在企业决策过程中，党组织发挥着决定性作用。每年年初，三局都要先召开党委全委（扩大）会议，就全年工作统一思想、达成共识；紧接着召开职工代表大会，以法定形式对全局工作作出决议，使党委的决定成为全体员工的意志；最后召开工作会，具体安排落实当年工作。这样的"三会"制度，三局数十年来一以贯之。既体现了党组织"理清思路谋发展"的作用，又实现了"核心"与"中心"的融合。

2005年，三局实施国有独资企业董事会制度后，局党委根据现代企业制度改革的需要，确立了"把握大局、服务中心、凝聚员工、促进发展"的党群工作总要求，不断创新党组织领导体制机制，构建了党委常委会、董事会、总经理办公会三大日常决策平台。按照"制度是根本，人和是保证""既讲究程序，又注重效率"的原则，三局党委制定了《"三重一大"决策制度实施办法》《党委常委会议事规则》《董事长常务会议事规则》和《局总部决策制度相关配套规定》等系列决策制度，企业"三重一大"、战略规划等重大问题，都要事先通过党委会审议，再提交相关决策平台。从而为党组织发挥政治核心作用、履行保证监督职能、参与重大问题决策奠定了基础。

党建引领，其次体现在三局党委始终坚持党管干部、党管人才，加强领导班子建设上。局党委将党管干部原则与董事会依法选择经营管理者以及经营管理者依法行使用人权相结合，坚持"凭德才、重经历、看业绩、听公论"的用人导向，注重从年龄、专业、阅历、性格甚至性别的角度优化配置各级领导班子，强调"遵纪守法、忠诚企业"是企业选人用人的底线。

在领导干部的培养交流、选拔任用和考核评价上，三局党委形成了一整套较为完善的工作制度和标准流程，出台了《局管干部管理手册》《局属单位干部管理手册》。党政干部"双经历、复合型""双向进入、交叉任职"，企业主要负责人既要有行政经验、又要有党群经历，是多年来形成的优良传统。每年组织全局中层以上领导干部集中轮训，既学习现代企业管理，注重思想理论武装，已成为三局党委在领导班子建设方面闪亮的特色品牌。

局党委认真贯彻执行《中国共产党廉洁自律准则》《中国共产党纪律处分条例》《国有企业领导人员廉洁从业若干规定》，牢固树立"监督干部就是爱护干部，监督到位就是爱护到位"的观念，坚定不移地推进党风廉政建设和反腐败工作，全面落实"两个责任"，切实加强企业生产经营全程监督，推行岗位廉洁风险管理，建设以"清廉•和谐"为主要内容的廉洁文化，促进干部廉洁从业。经过多年不懈努力，三局锻造出了一支优秀的领导干部队伍，不仅为企业发展提供了充足的人才支撑，还向外输送了一大批优秀干部，如孙文杰、王祥明、李传芳，以及任铁栓、叶浩文、裴晓、王宏、陶盛发、陈保勋、方胜利等。多年后，已经担任上海市城乡建设和交通委员会副主任的裴晓回忆说：

> "我在三局这么多年，从不知道领导的家门在哪里、小孩有几个，更谈不上什么礼尚往来，但我得到了提拔和重用。从这个角度说，三局的文化是健康的，是按能力来取人、按贡献来提拔的，可以让很多年轻人实现梦想。"

党建引领，还突出体现在三局党委始终坚持合理设置组织机构、打造坚强战斗堡垒上。在企业改革、改制过程中，社会上也曾有政工类的非生产经营部门有没有必要设置的争论。但三局党委坚持从党建工作实际需要出发，合理设置政工机构，采取机构合署和职能扩充等形式，将党委办公室与行政办公室合并，党委宣传部和企业文化部合并，组织部与人力资源部合并，纪委办公室与监察室合并，既体现了现代企业特色，又保留和强化了党委工作部门。在公司、分公司均设立党委和纪委组织，每个项目均成立党委或党支部，配备专兼职党务干部，确保支部建在项目上，形成了组织和工作全覆盖的企业党建组织体系。

一个支部就是一个堡垒，一个党员就是一面旗帜。为保证把党组织的政治优势转化为企业的核心竞争力，三局党委坚持企业经营生产延伸到哪里，党群组织就建立到哪里、党群工作就覆盖到哪里，甚至通过和劳务分包队伍组建联建党支部，把农民工党员也纳入到企业党组织的工作范畴。同时及时整顿软弱涣散的基层组织，突出全面从严治党。全局80个党委，37个党总支、753个党支部、2600多名专兼职党务工作者，遍及国内海外的每一个基层单位和工程项目，支部亮牌子、党员亮身份、党建亮业绩的"三亮"活动蔚然成风。

今天，无论是在东南沿海争分夺秒的福州京东方项目，还是在西北边陲风雪弥漫的乌鲁木齐高铁站项目；无论是在阿尔及利亚的大清真寺项目，还是在巴基斯坦PKM高速公路项目，抑或是在斯里兰卡的汉班托塔公路项目，党组织就如同一个个坚不可摧的战斗堡垒，引领着广大员工团结一心，在国内外两个市场攻坚破难、勇往直前。全局一万多名共产党员高举旗帜、争先筑梦，在各自的岗位上恪尽职守、无私奉献，发挥着先锋模范作用，就如同深深扎入大地的根须，让企业之树茁壮成长，常青常绿，充满活力。

党建引领，同时也体现在不断加强党的自身建设、提升企业党建科学化水平上。多年来，三局党委以党建品牌活动为抓手，积极开展党建"四五六"工程（创建"四好"班子、"五好"党支部、"六好"党员）和"三号联创"（党员先锋号、工人先锋号、青年文明号）、"三联建"（联建党支部、联建团支部、工会联合会）活动，建立了一套完整的党建工作运行体系。随着时代的发展，企业党建工作同样也需要制度保证和方法创新。为解决基层党建工作难以全面落实和科学评价等问题，三局党委构建了党群工作与生产经营工作同规划、同部署、同推动、同落实、同考核、同改进的"六同"模式，在行政工作中纳入党群考核内容，在党群工作中纳入生产经营考核内容。在公司层面，对党群工作采取"方针目标管理百分制考核"办法；在分公司层面，出台《分公司党组织工作标准及考核办法》，对分公司党组织的基本职能、机构设置、工作标准、考核办法等作了明确规定；在项目层面，以建设学习型、服务型、创新型党组织，推行党建标准化、信息化为主要内容，开展项目党支部工作达标创优活动，落实支部书记培训计划，制定出台了《党支部工作标准》和《党组织工作手册》，强化项目党组织在参与项目重大事项决策方面的作用，使党支部战斗堡垒作用得到充分发挥。

党建引领，还表现在始终坚持建设激情争先的企业文化、营造蓬勃向上的企业氛围上。三局各届党委在企业50年发展的厚重历史之上，不断地总结、提炼、完善以"敢为天下先，永远争第一"为内核的企业文化，用这种文化凝聚员工，引导企业的发展，使之内化于心，外化于行，固化于制。为加强对全局文艺工作的领导，积极为员工搭建各种各样的文化艺术创作平台，三局还成立了文学艺术联合会和职工体育协会，经常举办丰富多彩的文体活动，努力构建和谐企业。

卓有成效的党建工作，成为企业发展不竭的原动力。于是，我们看到了"深圳速度"中的向死而生、"双塔奇兵"中的舍我其谁、"神木精神"中的战天斗地、"三大战役"中的巧夺天工、"武汉会战"中的三军用命，当前"转型升级"中的敢于担当。这种原动力，就是胸怀祖国、放眼世界的大格局，就是敢为人先、引领行业的大担当，就是奉献社会、造福人类的大情怀，就是致力民族复兴、实现中国梦的大抱负。

2010年8月7日，新华社《国内动态清样》以"中建三局把党建工作融入企业经营发展"为题，专题介绍了三局的党建工作经验。

2011年7月1日，中共中央在北京人民大会堂隆重召开庆祝中国共产党成立90周年大会。时任中共中央政治局常委、中央书记处书记的习近平宣读《中共中央关于表彰全国先进基层党组织和优秀共产党员、优秀党务工作者的决定》，中建三局党委荣膺"全国先进基层党组织"称号。同时三局还被中共湖北省委和中建总公司党组评为"四好"班子。这一年，三局第三次获评全国五一劳动奖状。

2012年，三局获评中央企业思想政治工作先进单位、中国企业文化竞争力十强。2013年，获全国厂务公开民主管理先进单位，湖北企业社会责任杰出企业和湖北改革开放十大杰出贡献企业。2015年，三局党委及6家局属单位党委获评湖北省国有企业示范基层党组织。同时三次蝉联"全国文明单位"，全局13个主要生产单位全部创成省级以上文明单位。

五十载春华秋实，党建工作硕果累累。三局党委努力构建起体现企业特色、符合发展需要的党建工作组织体系和运行机制，真正把党建资源转化为发展资源，把党建优势转化为发展优势，把党建成果转化为发展成果。

心胸中红旗高举，思想里党徽闪光，三局发展的动力便会源源不断、永不停息！

5.人才兴企

人为企业之本，企业无人则止。

在企业所有的资源中，人才资源是第一资源；在企业所有的资本中，人力资本是投资回报最高的资本。人是最活跃的因素，也是企业真正的核心动力所在。三局数万员工要想产生合力，要靠文化素养，要靠人才兴企。

早在三线建设时期，三局就有尊崇知识、尊重人才的优良风气。很多大中专毕业生在三局这座熔炉中继续学习、磨炼成才，有的成为行业专家，有的成为管理能手，有的成为中国建筑、地方政府及三局的领导人物。

队伍调迁湖北之后，三局进一步加大了人才的培养力度，在武昌县（今江夏区）纸坊镇开办了武汉建筑工程学校（三局职工中专），并负责技术与管理人员教育培训工作，为三局培养了一大批管理技术骨干。在人才选用上，树立"知识化、年轻化、专业化"导向，青年知识分子越来越受到重视。

进入20世纪80年代，三局实施培训提高一批、引进储备一批、分流淘汰一批"三个一批"战略，大力推进人才结构调整。

在国家紧缩固定资产投资的20世纪90年代初期，企业施工任务很少，但三局依然坚持吸收和引进大中专毕业生，每年达数百人。那时进入的学生，现在很多都走上了企业的中层乃至高层管理岗位。到1995年后，三局提出打造"智力密集型企业"的战略目标，与此相适应，确立了"扩大总量、优化结构、完善办法、提高素质"的人才战略，每年引进的青年学生稳定在600人左右。现在活跃在企业各层面的骨干力量多数都是从这批青年学生中成长起来的。

只要有表现就会有舞台、只要有梦想就会有天空。三局树立"人人都是才"的理念，对于非高学历人员的培养与使用也是"因才施用"，不拘学历重能力，许多招收来的工人、农民工均在培育下担当大任，成为管理或者是技术上的带头人。

每年数百名高校毕业生加盟三局的情景，一直延续到新世纪的第一个十年。近几年，随着企业规模的扩大，三局每年招收的新员工高达2000人以上。每年7月，三局主要领导都要为新员工开讲职场第一课。

对于一家志存高远的企业来说，人才战略必须有超前的准备。

随着时代发展，建筑业无论是从技术上还是管理上都发生着深刻的变化。各种新技术层出不穷，从"手艺活"转向"脑力活"，显然需要更高的知识层次才足以应对。另一方面，三局致力成为国际一流总承包管理企业，即便就一线员工而言，对管理协调能力的要求也越来越高，愈发考验员工的综合素质。

与此同时，企业在转型升级的过程中，需要广大员工能够跟上企业的发展，中层管理者能够推动企业发展，高层决策者能够引领企业发展。在企业成长的过程中，最需要的就是学习能力。

"一年之计，莫如树谷；十年之计，莫如树木；百年大计，莫如树人。"

进入新世纪，三局提出"三化"人才战略：高层人才尖端化、中层人才专家化、基层人才职业化。

在这一人才战略下，三局的用人导向、领导班子建设、干部管理开始形成体系联动。"十二五规划"中明确重点培育七类核心人才：三级企业领导人员、项目经理、科技研发人才、建筑设计骨干人才、商务法务人才、投资运营人才和高技能人才，大力建设经营管理、项目建造、建筑设计、地产开发、专业管理、劳务等六支人才队伍。

没有强大的人才队伍，就不可能有高端建造的领先，不可能有总承包管理、精细化管理的推进，也不会有后来的"转型升级"的成效。

在长期的人才建设实践过程中，三局形成了"以人为本、任人唯贤"的人才观，成为争先文化的重要组成部分。一方面，以用为本是企业选人用人的出发点和落脚点，尊重员工个性特征，坚持用当适任、用当其时、用当其才，使每一个员工都拥有干事创业、建功立业的舞台；尊重员工、发展员工、成就员工，使每一个员工都享有人生出彩、梦想成真的机会。

另一方面，坚持五湖四海、任人唯贤。强调"贤"的标准是德才兼备、经历丰富、业绩突出、群众认可。

坚持德才兼备，强调以德为先；坚持经历丰富，强调基层实践；坚持业绩突出，强调工作实绩；坚持群众认可，强调员工评价；以民主、公开、竞争、择优的方式，不拘一格选用一切优秀人才。

2013年9月，三局党委印发《关于进一步加强人才队伍建设的决定》，从目标、措施、用人机制、组织实施等各方面进行了全面规划。提出强化三个理念，即强化人才第一资源理念、人力资本理念、以用为本的理念；打造三支高素质人才队伍，即高素质经营管理人才队伍、高素质专业领军人才队伍、高素质技能人才队伍；积极创新四项机制，即创新人才引进机制、人才培养开发使用机制、人才评价机制、人才激励保障机制。企业在人才建设的"选、用、育、留"环节，越来越体系化。

2013年12月10日，三局首届"星青年精英营"开班。"星青年计划"，是对进入企业工作9年内的青年员工进行主动性、系统性、分阶段、持续性培养，包括青年卫星计划（工作1～3年）、青年行星计划（工作4～6年）和青年恒星计划（工作7～9年），三者之间成递进关系。陈华元在与学员交流时说："星空辽阔浩瀚，星空深邃无穷，希望大家一起探索实践，锤炼成星，让我们三局成为一个群星闪耀、光彩夺目的企业。"

同时，针对企业最迫切需求的五类人才，一是实施"领导力提升工程"。以局属二、三级单位领导班子成员为重点，从领导班子后备干部中优选约100名优秀人员进行优先培训和重点培养。二是实施"总承包管理能力提升工程"。以局高端项目经理或执行经理、总工程师、生产和商务经理及主要管理骨干为对象，优选约100名全局共享的总承包工程管理实践经验丰富、业绩突出的项目管理骨干组建专家库，建设职业化的总承包管理人才队伍。三是实施"投资能力提升工程"。以投资业务管理人员为重点，优选约100名具有投资项目实践经验或培养潜质的专业骨干重点培养，建设一支专门从事房地产投资开发、融投资建造、城市综合开发、固定资产和金融投资项目管理的各类专业管理及运营人才队伍。四是实施"海外管理能力提升工程"。以海外管理骨干为重点，在全局范围内优选约100名海外管理人才进行重点培养，建设一支具有国际视野、熟悉国际惯例、具备跨文化沟通能力的国际化高级海外管理人才。五是实施"行业专家推选工程"。依托专业职级通道建设，优选约100名局级专家通过入选国家各类人才计划，全面提升局级专家的行业知名度和社会影响力。这就是三局人才培养"五个100工程"。

在对自有人员系统培养的基础上，三局始终注重对外部人才的引进。在企业转型升级的当下，企业大力引进急需的专门人才和高级人才。争先品格下兼收并蓄的文化特征，让这些外来的人才同样如鱼得水。他们中的不少人，已经走上企业的重要甚至核心岗位。今天，随着转型升级上升到国家战略层面，中建三局人才引进的规模正在创造企业史无前例的记录，并仍在加快步伐。基础设施、投资、海外、建筑工业化等新兴业务板块，在短短一两年便能扩充到数百、上千的人员规模。不仅显示出三局的气度格局与高速发展态势，也透露出三局对人才的吸引力越来越强。

这就形成了三局人才建设的"三度空间"：一是在广度上做到全覆盖，树立起人尽其才、人人都是才的思想；二是在深度上做到有针对性地培养，比如"五个100工程"；三是在梯度上做到层层推进，根据企业发展战略做好后备力量的储备。

为了改变"千军万马挤独木桥"，大家都想走或者只能走"行政升级"路线的局面，三局进一步拓宽员工的职业发展空间。从2013年开始，在全局启动了专业职级改革工作，按照分级归口管理原则，通过3个批次、8个序列的试点运行，截至2016年5月，评定局级专家近500人，各单位认定高级及以下专业职级人员约5500人。随着建造、科技、商务等序列专业职级试点的全面铺开，目前专业职级体系已覆盖全局80%以上的专业岗位，涉及管理人员近2万人。按照计划，到2017年，三局将实现专业职级全系列全覆盖。

专业职级的评审可以评为特级专家、资深专家、专家等六个级别，获评者可享受相应的薪酬待遇。

"十三五"期间，三局将主要从五个方面实施人才战略：一是强化干部队伍建设，二是优化调整人员结构，三是健全人才培养开发，四是创新人才评价使用，五是完善分配激励体系，构建起配置高效、结构合理、质量优良的人才队伍。

个人奋斗与企业进步同频共振，个人成长与企业发展同向而行。一如前述，对于三局而言，这并非侥幸，也绝非偶然。在三局"七个并重"的战略思想中，有一条正是"企业进步与员工发展并重"。陈华元在2015年1月第九期的企业内刊《争先》杂志中这样写道：

就像释迦牟尼曾问弟子："一滴水怎样才能不干涸？"在大家冥思苦想不得其解时，释迦牟尼给出答案："把它放到江河海洋中去。"同样的道理，员工与企业就是"一滴水"和"一条河"的关系。

第二十一章　投资转型

一个企业，面对不断变化的市场环境，唯一不变的就是要懂得适时地处在"转"和"变"之中。三局从2008年开始探索投资转型，经8年实践，已初具规模。不仅以投资成功带动建造升级，而投资本身作为企业新的经济增长极，效果已经显现。

1.转型之机

　　三局的建造实力虽强，但建造业务在整个产业链条中处于下游地位。简单说，"建造商"主要是接订单干工程，根据图纸建房子。如果总处在产业链的下游，发展就会受到不小的限制。三局决策层开始考虑企业转型升级的问题。

　　2009年，中建总公司成功上市，在战略层面提出了产业结构调整的"532导向"，即总公司房屋建筑与勘察设计、基础设施建设与投资、房地产开发与投资的营业收入，比例应为5:3:2。与这一战略目标相比，三局的差距很大。

　　其时三局的传统建造比例高达90%以上，投资比重很小。总公司的这一导向，为三局转型升级指明了方向。

有了方向，还需要机会和施展身手的舞台。

而大武汉的提速，为三局的转型提供了一块绝佳的土壤。武汉作为华中重镇、中部崛起的"桥头堡"，在基础设施方面有许多"欠账"，与沿海发达城市相比，与广大市民对宜居城市的需求相比还有较大差距。作为在鄂央企，三局调迁湖北已近30年，企业扎根湖北、建设湖北，更与武汉这座城市有着割舍不断的情结。

在国际金融危机爆发的形势下，2008年，武汉市的GDP保持了15%的高增长速度，但是经济下行压力巨大。武汉市政府出台了促进经济增长的相关措施，其中把加大基础设施建设作为重要的措施之一。

一方面，大武汉需要大发展，其基础设施需要大提速，武汉需要一些有担当、有实力的大企业积极参与。另一方面，三局经过多年的积累，品牌、信誉、资金实力不断增强，也需要一个良好的平台来回报湖北、助力武汉。可以说，三局与武汉的合作是"在恰当的时间正好遇到恰当的你"。

2009年初，武汉市开始了基础设施建设大提速，但是由于开工建设的项目较多，便推出了以BT模式招商建设14项重大基础设施项目。

BT是英文Build（建设）和Transfer（移交）缩写形式，意即"建设—移交"，是政府利用非政府资金来进行非经营性基础设施建设项目的一种融资模式，指一个项目的运作，通过项目公司总承包，融资、建设、验收合格后移交给业主，业主向投资方支付项目总投资加上合理回报的过程。

与三局以往"我做多少活，业主就付多少钱"的模式迥然不同，BT模式则是"我不但要为你干活，而且我还先出钱"。一个项目周期往往长达数年，需要投入的资金高达数十亿元，这需要企业有很强的融资能力、创新的管理方式和化解财务风险的手段。

这在当时是一种新型的建设模式，社会各界普遍对此持观望态度。武汉市政府邀请三局参与其中两个项目的投标，即武咸公路改造（建成后改名为白沙洲大道）项目和沙湖大桥项目，其中武咸公路项目投资约20亿元、沙湖大桥项目约7亿元，两项合计27亿元。

三局内部的争论也开始了。有人认为风险过高，由三局施工的合约额近30亿元，风险之大可想而知。但支持方认为，BT模式是工程建设领域的一种新方向，三局应当尝试挑战新事物。

须知，其时三局全年的利润也不过几亿元，而武咸公路项目需要高达20亿元的投入，万一出现风险，将是企业不能承受之痛。

"接还是不接？"这样的艰难抉择在三局的历史上有过很多次，其中最著名的是当年承接深圳国贸大厦。那一次三局舍弃在手的金城大厦去承接国贸大厦，成就了"深圳速度"。这一次面临的抉择与挑战一点也不亚于当年。

不接——三局的风险会小一些，企业也能平稳发展。但三局就有可能错过转型升级的最佳时机，就有可能在武汉建筑市场错失先机。

接——风险的不确定性有可能会给三局带来危害，却也是三局转型升级的契机。

熊德荣、陈华元和局领导班子的同志们兴奋着、纠结着、反复地权衡着。

在最后决策时，三局领导班子完全达成了共识，认为应当承接，理由有四：一是风险看似很大，但建设方是政府，多年来三局与武汉市政府有着良好的合作与互信；二是BT模式会成为一种新的投资、建设模式，三局要抢得市场先机，本项目就是契机；三是这两项基础设施工程影响巨大，且是民生工程，符合三局高端项目的营销战略；四是三局是驻汉30多年的央企，回报武汉、建设大武汉是应尽之责。

三局将项目呈报到中建总公司，同样也有争论。总公司总经理孙文杰、党组书记郭涛明确表示支持承接，中建股份公司易军总裁多次到武汉考察，他也表达了支持意见，于是项目进入实质性的合同谈判阶段。

武汉市此次14项BT项目招标，最终仅有4个项目落地，这说明了当时社会各界对BT模式的认识还不够。而在落地的4个项目中，三局积极参与了其中的两个项目。多年以后，人们回看此事，都认为"接"是理所当然的，然而"不识庐山真面目，只缘身在此山中"，如果没有迎难而上的勇气、没有敢于破局的决心、没有回报社会的情怀，恐怕也不能登高望远、抢得先机，此后的"两轮驱动""投资转型"战略只怕也是空中楼阁。

在此期间，三局与武汉市就武汉国际博览中心项目以BT模式展开了谈判。本工程同样需要高达20亿元的投资，总公司以实际行动让三局吃了定心丸。

2009年2月26日，中建股份公司总裁易军与武汉市市长阮成发在武汉签订《战略合作框架协议》。双方约定，中建股份把武汉作为重点投资区域，在政策和资金上予以大力支持和倾斜；武汉市则同意在法律、政策允许的范围内为中建进行项目开发建设提供便利条件，并同意在土地使用、税费减免等方面给予支持。三局代表中建总公司具体负责实施。

2009年5月，三局与武汉市就武咸公路项目签订合同，以BT模式承接本项目。这是三局历史上第一单BT项目，也是武汉市第一单BT建设项目，接着沙湖大桥、武汉国际博览中心两个项目也相继签约。

鉴于投资业务的快速发展，2009年初三局抽调总承包公司副总经理刘建民等7人组建成立基础设施事业部，其职能定位为局基础设施业务归口管理和经营推进部门。

与此同时，三局获得了历史上首次BT项目银行专项授信，额度达到

59亿元，为BT项目的顺利实施提供了资金保障，三局投资转型步伐开始加速。

武咸公路项目是进出武汉市的南大门，武汉市和中建三局都希望这个项目成为同类项目建设的样板，其意义已经超过项目本身。

此项目当年有"四最"之说，即最长的城中高架桥（全长7.9公里）、最深的桩基工程、最难协调施工的过程、最复杂的施工工艺。这样的工程仅凭局基础设施事业部的力量恐怕难以完成，好在三局的集团优势此时发挥巨大作用。2009年3月，全局第一次基础设施业务工作会召开，会议明确了三局发展基础设施业务的方向和决心，会后一、二、三、总承包四大公司相继成立基础设施分公司，组建专业施工力量进驻项目，以投资带动建造的联动效应十分明显。

与三局以往的项目不同，这次成立了项目管理公司，对内不仅要承担施工总承包管理责任，同时还是项目投资方；对外还承担社会协调职能，同时又是政府的乙方。如何摆正自己的位置，成为团队都在思考的问题。他们需要重新学习、重新磨合、重新适应。

无论过程多么艰苦，武咸公路和沙湖大桥在2010年都圆满完工，大大提升了武汉城市功能，当初的经济风险也被逐渐化解。随后武汉国际博览中心也完工，雄立在长江之滨，成为大武汉的新名片。更为重要的是三局进一步赢得了武汉市政府和人民的信任，坚定了投资转型的信心，培育了投资的品牌，打造了一支专业化的队伍。

紧接着，三局又以BT模式相继承建了武汉江汉六桥、三官汉江大桥、珞狮南路改造工程等项目，投资转型的种子开始生根发芽，呈现出喜人的生长态势。

可以说，三局的投资转型是由多方面原因促成，一是中建总公司有要求，二是自身有愿望，三是地方有市场。当然更重要的原因是我们正处在一个伟大的时代，三局投资转型的种子得以在武汉这片肥沃的土壤中茁壮成长。

2.在商言责

大江大湖大武汉，通商通贾通天下！

从大武汉开埠以来，历代仁人志士为建设美丽武汉殚精竭虑，前赴后继。现在，三局建设者为自己能有幸成为建设大武汉的一支重要力量而自豪。到2012年，三局基础设施业务力量迅速扩张，人员达2000余人，基础设施板块逐渐壮大，与高端房建的整体联动效应逐步显现。

从2009年BT首单以来，三局与武汉市的合作的重大基础设施项目全部优质高效完成。其后，几块人见人怕的"硬骨头"又摆在了三局人面前，即长江大道改造工程和东湖通道项目。

长江大道改造工程之所以叫"硬骨头"，是因为该工程跨越武汉两江三镇，途经常青路、青年路、武胜路、江汉一桥、鹦鹉大道、龟山南路、长江大桥、武珞路、珞瑜路和珞瑜东路等多条主干道，串接10座山体、7座湖泊，全长29.7公里，是武汉的第一大动脉。由于历史原因，这条大动脉功能落后，成为武汉人民的"堵心"之路，改造这条路也成为武汉市委、市政府向市民承诺的必办实事之一。

此前，三局已经跟踪评估过这个项目。本项目投资高达40亿元，施工难度大，投资回报低，风险大，许多企业都望而却步。而武汉市政府对合作企业的实力与信誉要求又高。眼看工程上马在即，还没有一家企业接手。此时，武汉市政府再次把信任的目光投向三局。

如果从商业的角度来说，不接这个项目是最好的选择。同样三局内部也就接不接这个项目有了争论。反对者的观点是投资大、周期长、回报低、风险大，基本上是吃力不讨好的活——这几乎是显而易见的。

　　三局的决策层又陷入长考中，在充分征求各方面意见的基础上，最终拍板决定接下这个"烫手的山芋"。这是基于三局解政府之忧、纾市民之难是应尽之责，要有大局意识，不能只顾眼前利益。同时三局的投资和基础设施领域经过持续数年的培育，已经有了更强的应对考验和挑战的能力。

　　2012年4月，长江大道工程开工，尽管三局人此前对困难早有预计，但开工之后的困难仍然超出了想象。如果说长江大道是武汉市的大动脉，那么这个改造工程就相当于难度极大的大动脉血管改造手术。

　　长江大道全线处于闹市区，时刻处于市民和媒体的关注之下，工期极紧，但又不能封路施工。每时每刻车辆川流不息，多个路段本就是堵点，组织协调是第一大困难；其二，沿线拆迁难，仅拆迁投入就高达15亿元，一些拆迁户因为不理解，对工程进度影响较大；其三，沿线的旧管网改造难度极大，水、电、通信、燃气等改造量大，还不能影响居民生活。整体来说长江大道施工有六大分项工程：拆迁储备、立面整治、道路畅通、绿化提升、夜景亮化和设施统一。

　　三局人科学组织，分段实施，夜以继日地抢工，终于在规定时间内胜利完成工程。今天的长江大道已经成为武汉一条极富浓郁文化特色的景观大道。

　　随着合作的深入，特别是在武汉一系列投资工程的顺利实施，三局既赢得了武汉市及湖北省的信任，又得到了中建总公司的肯定。2012年12月18日，中建总公司与湖北省在汉签署战略合作框架协议。时任湖北省委副书记、省长王国生与中建总公司总经理官庆代表双方在协议上签字。时任湖北省委书记李鸿忠，中建总公司董事长、党组书记易军共同见证这一历史时刻。根据协议，中建总公司将扩大在湖北省的投资，发挥其在"投资、设计、开发、施工"等全产业链优势，支持武汉、宜昌、襄阳及其他重点城市连片综合开发和交通基础设施建设等。这表明中国建筑与湖北省、武汉市的合作再次升级。

在中建总公司与湖北省签订战略合作框架协议后，三局的投资发展之路在纵向上走得更深，在区域上走得更广。三局结合湖北省"一主两副"的发展规划，开始在全省持续发力。

由于三局在长江大道改造工程中出色的投资与建设表现，中国最长的城中湖隧道——东湖通道项目经武汉市政府多方考评和公开招标，最终由三局采用BT模式中标实施，本项目投资额达80亿元。

东湖通道是中国最长的湖底隧道，穿越东湖风景名胜区，工程设计以"潜虬隐水、层林尽染"为思路，以"楚堤神韵、龙腾四海"为指导思想，在充分考虑5A级东湖风景区规划建设的前提下，采用"桥—隧—路—隧"的组合形式，与景区文化融为一体。

三局组建项目管理公司，主要职责是协调施工，监督资金运作，对接政府职能部门和相关专家组。这种项目管理公司也是当年武咸公路改造项目管理部的升级，其管理职责更为清晰，运转更为科学。

东湖通道工程全长约10.63公里，施工难度极大，其中最难的是如何在保证工期质量的同时保护环境。

因为工程穿越国家5A级风景区，又涉及在湖底施工，环境保护问题引起了社会各界的高度关注。在政府请出的环境专家组之外，三局还高薪聘请第三方环境专家担任顾问，每一道有可能对环境造成破坏影响的工序均要再三论证，绝不野蛮施工。

东湖通道的池杉都有几十年树龄了，成为一道靓丽的风景，为了153棵池杉，项目多次更改方案，宁愿增加成本也尽量不破坏树木。

工程施工过程中，省市领导十分关注，多次到现场视察，均对三局这种负责任的做法表示满意。对三局而言，投资中的经济收益固然重要，但是更重要的收益是社会效益，是人民与政府的信任。

陈华元对员工们说："我们宁肯慢一点，投入再多一些，也不能破坏环境。"

经过三年的紧张施工，2015年12月28日，东湖通道全线建成通车。从此，汉口商圈与武汉光谷告别了"异地恋"，只需20分钟即可到达。当天的本地媒体这样写道：

> 今日，全国最长湖底隧道——东湖隧道建成通车，开创武汉地下穿湖历史。武汉过湖交通迎来"湖面行船、湖上架桥、湖底通隧"的三维时代。

如果说三局承建武咸公路、武汉国际博览中心项目，在武汉的建筑央企中充当领军者、先行者和探索者的角色，那么在长江大道、东湖通道等项目上，就进入了高难度的基础设施投资建设大门。敢为天下先的三局人，从来就不惧怕陌生和新鲜的事物，在很短的时间内，实现了相关经验的学习、积累与成功应用。

就在这条全国最长的城中湖隧道建成通车的同时，三局投资建设的另三大项目也同时开工，分别是：全长15公里的武汉汉江大道、全长28公里的环东湖绿道、由三局和中建国际联合投资80亿元的武汉光谷中心城地下公共交通走廊及配套工程。这标志着三局的投资转型之路开始进入成熟期。

在东湖绿道施工现场，阮成发说："要以千年之作、传世经典的信念，将东湖绿道打造成最美丽、最幽静、最具湖光山色、最富人文气息的滨湖绿道。"

武汉城市规划勾勒了将武汉打造成世界级生态宜居之城的宏伟蓝

图，三局力量将是描绘这张蓝图的重要参与者。

谁说建筑一定就得是高楼大厦？建筑也可以是湖光山色，建筑更可以是诗意栖居。

一家企业与一座城的故事已经演绎了数十年，而且还将有更精彩的故事继续。

3.武汉，每天不一样

武汉有一句城市形象口号：武汉，每天不一样！

约百年前，孙中山先生曾在《建国方略》中提出了建设大武汉的梦想："三镇相连，多桥飞架，隧道穿江，武汉应略如纽约、伦敦之大。"

在此后近百年的时光里，武汉人民驰而不息，凭借勤劳与智慧将中山先生的梦想一步步变成现实，武汉渐渐变成今天这个麻辣可爱的城市。但人口膨胀、环境恶化等阵痛，也一路同行。人们需要一座新的武汉城——在这座城市里，商业繁荣、文化多元、交通快捷有序、环境山清水秀、生态绿色环保、人民安居乐业。

在武汉的"每天不一样"中，有着三局人的勤奋智慧，有着三局人的勇气担当。正是这样的"每天不一样"成就了武汉的大变样。

1975年，三局总部搬迁到珞狮南路时，周围还都是菜地与农田，甚至没有一条进出的道路。岳洪林、楚福和等老一辈三局人在此开山辟路，终于有了一条泥泞的勉强可供车辆通行的道路。20世纪80年代后改成双向两车道的水泥路，20世纪90年代升级成双向六车道的城市主干线，高楼大厦开始取代菜地农田。

2012年，珞狮南路再次升级成为城市的快速通道，这条武汉中心城区最高的高架桥路同样由中建三局完成。2013年，三局承建了雄楚大道改造工程。

说起雄楚大道改造工程的承接，充满了戏剧性。当时，三局正在施工长江大道项目，雄楚大道改造工程前期已经由另外几家公司组成的联合体中标，但是这家联合体在实施过程中感到困难重重，主要是资金紧张和协调难度大，同时联合体内部也出现了一些问题，因而终止合同退出合作。这让代表政府的建设方陷入被动，再对比一下三局的项目，确实让人省心省力。

建设方又想到了三局。这个项目从三局老大院门前划过，对三局而言，也有着一层特殊的感情。但是接手这个项目的风险确实很大，经过多轮思考，在建设方的诚恳邀约下，三局以央企责任为重，以回报武汉人民为荣，最终还是决定接下这个"烫手山芋"。就在此时，武汉市另一家知名央企武船重工集团找上门来，寻求合作。他们以船舶制造闻名国内外，有军工企业背景，其民用部分这些年也在寻求转型，他们在桥梁建造方面颇具实力，曾与三局在桥梁施工中有过多次合作。在建设方的牵头下，由三局和武船重工组成新的联合体以BT模式承建雄楚大道改造工程，三局占股51%，武船重工占股49%。

工程于2013年8月26日重新开工，于2015年8月全线通车，至此，武汉的二环线终于画圆！

凌空俯瞰江城，那一座座蜿蜒的高架桥如同一条条漂亮的丝带，飞扬在楼宇林立的城市之间，为这个城市频添光彩！

湖北素有"千湖之省"的美誉。在江城武汉，众多湖泊贯穿城市之中，一座座横跨在波光粼粼湖面上的桥梁，构筑了武汉特有的湖桥风情和湖桥文化。2011年9月30日，三局承建的第一座跨湖大桥——沙湖大桥正式通车，创造了武汉首例、全国第二例大跨度大截面展翅连续箱梁施工奇迹，被誉为武汉最美的跨湖大桥，成为江城又一道靓丽的风景线。

如果说沙湖大桥是武汉最美的跨湖大桥，那么三局承建的后官湖特大桥则是武汉最长的跨湖大桥。该桥全长约5100米，其中湖面段长约4500米，接近武汉天兴洲长江大桥主桥长度（4657米）。汉水东流，福泽两岸；造桥之梦，激荡澎湃。从房建领域转战基础设施领域，转型升级的三局人，在湖北汉江上开启了跨江大桥筑梦之旅。

以2009年承接襄阳汉江三桥为开端，三局先后承接了武汉江汉六桥、三官汉江特大桥、四环线九通汉江特大桥，将湖北近年来新建的四座汉江大桥悉数纳入囊中。

从城市高架到湖桥江桥，从城市地铁到地下空间，三局的建设者们默默地用汗水让城市变得更美丽、出行更快捷，生活更宜居。

三局在建设城市的同时，自己也在发展壮大。随着投资业务的发展，2013年4月，三局以基础设施事业部、城市综合建设部等机构为班底正式成立了投资发展公司，员工人数从当初的7人已经增加到近400人。陈华元兼任董事长，李勇兼任副董事长、党委书记，刘建民任总经理。2015年5月，刘建民接任董事长、党委书记。

2014年10月，三局又以总承包公司路桥分公司为主体，组建成立三局基础设施工程公司，王洪涛任董事长。至此，三局一共打造了投资公司、基础设施公司、房地产公司三个投资平台，投资业务进入阔步前进时期。

而大武汉将会给三局更大的舞台。

2013年9月，《武汉2049——新中国成立100年时的江城》发布，这个振奋人心的武汉远景发展规划中明确：到2049年，武汉将建成更具竞争力可持续发展的世界城市。要实现这一伟大目标，武汉要分三步走。

第一阶段是国家中心城市成长阶段，到2020年之前，重点打造中部地区的中心城市，影响范围主要在中心城和"1+8"都市圈，产业表现是工业加速与服务强化。

第二阶段，国家中心城市成熟阶段。到2030年之前，武汉影响范围从"1+8"都市圈扩展到中三角，产业表现为生产性服务业快速发展，制造业向区域转移。

第三阶段，世界城市培育阶段。到2049年之前，武汉影响范围开始从中三角扩展到更广泛区域，形成以生产性服务业和区域消费服务为主导的产业表现。

2016年1月，武汉市召开武汉市十三届人大五次会，审议通过"武汉市十三五规划"。规划明确，在基础设施建设领域，武汉市要形成"四环五射"的大交通格局、建设地上地下的立体交通网、打造智慧城市、建设宜居城市、扩充城市周边功能区、建设地下综合管廊等。

无论是"武汉2049"远景规划还是已经开始的"十三五规划"，都是一张宏伟的蓝图，同时也是三局施展能力的巨大舞台。

2015年9月16日，刚刚接替易军履新中建总公司董事长、党组书记的官庆再次莅临武汉，与武汉市委书记阮成发共同见证中建总公司与武汉市政府再签深化战略合作协议。"十三五"期间中建总公司将投资1000亿元助力武汉大发展，共同打造未来之城，助推武汉建设国家中心城市。

从2009年开始，中建总公司先后与武汉市、湖北省四次签署战略合作协议，且一次比一次站位更高，一次比一次范围更广、一次比一次合作更深。这四次协议的签订首先在于三局的业绩支撑，其背后有着历史的必然，更有着政企双方领导的高瞻远瞩和洞察先机。

三局从2009年签下"BT首单"算起用6年时间走出一条投资转型之路。截至2015年12月，三局已实施投资类项目逾60个，累计完成投资额超600亿元。

历史在用建筑跟我们诉说过往，今天的我们同样在用建筑创造新的历史。两江交汇，龟蛇相望，三镇鼎立，大江东去，英雄辈出。武汉市域之浩荡，气势之磅礴，不可谓不大。在这座庞大的城市里生活着的人们从不以"大武汉"自居，开放包容、善良豪爽的武汉人永远是这座城市的骄傲。

大武汉自有大未来！

4.投资湖北化

在投资转型初期，三局顺应总公司区域化的总体要求，同时紧抓湖北省构建"中部崛起"重要战略支点、武汉市建设国家"中心城市"的历史机遇，提出了"投资湖北化"策略。

何为"湖北化"？即立足湖北，深耕武汉和积极拓展宜昌、襄阳"一主两副"优质市场，辐射其他地区。三局前期的投资转型基本上都在湖北省境内。

为何要"湖北化"？第一，"两轮驱动"投资板块需要落地。第二，总公司政策引导，严格控制工程局总部所在区域以外的投资规模，所以三局在湖北的投资能得到更多政策支持。第三，湖北自身发展态势良好，在基础设施等领域的投资空间很大。第四，三局在湖北深度耕耘，积累了良好的品牌信誉。第五，区域培养过程的必需。这也是三局又一个"立足湖北，面向全国，走向世界"的重新开始。第六，三局在湖北发展多年，反哺与回报家乡和人民也是理所应当。

可以说，这是历史的巧合，又是时代的必然。没有多年来的健康持续发展，三局就不会有今天的资金、技术与管理实力；没有湖北省的支持和帮助，就不会有三局生存和发展的良好空间。当然没有三局的主动求新求变，也不会有投资转型的华丽转身。再加上国家层面中部崛起的战略布局，武汉发展的黄金十年等因素叠加，这才成就了中建三局与武汉、与湖北的美妙之约。

2013年，三局先以BT模式在襄阳市通过公开招投标获得新市民公寓保障性住房项目，襄阳市政府同意以位于襄阳汉江北路的地块进行风险抵押。三局就此地块很快拿出了详尽规划方案，理念超前，赢得了规划部门认可。这样的综合开发不仅仅只是"拿地建楼出售"这么简单，而是从城市规划开始到基础设施建设、楼宇建设再到服务市民的全流程参与。

2014年1月，三局成功摘牌拿地，即刻进行了全面的规划，整治环境、修建道路、商业配套、楼盘开发等。2015年6月，该地块一期开盘，定名"中建•状元府"，开盘三小时300套房即告售罄，创下襄阳地产销售新纪录。

几乎就在同时，三局进军宜昌，以BT模式中标承接宜昌点军大道、宜昌火车站广场等项目。在项目实施过程中，三局与宜昌市对接，洽谈更深层次的合作，在宜昌市中央商务区筹建中，三局结合宜昌本地情况拿出了让人无法拒绝的规划设计方案，在国内外众多知名开发商的竞争中脱颖而出。比如在项目规划阶段，三局提出建设一条沿江下穿通道，打造最美沿江大道等。同时三局展现了强大的资源聚合能力，联合国内外一些酒店集团、商业集团、融资机构共同入驻。2015年元月，首批700亩地被三局揽获，分南北两区。三局两个月内完成了规划、手续、资金、深化设计等一系列程序。3月，南区正式开工，规划为60万平方米的住宅和20万平方米的商业用地等，包括一幢330米的地标建筑，系全领域的城市综合开发项目。同时三局不吝投入，将项目临江一线进行改造，将此打造成为"万里长江最美的一公里"。项目还未完工，此地就成为市民休闲游玩的热点。项目命名为中建•宜昌之星，于2015年8月开盘，看着销售中心外排起的长长的抢购队伍，三局投资人个个笑逐颜开。截至2015年底，宜昌之星共销售1500余套，去化率高达90%以上，成为宜昌市销售冠军。

2015年10月16日，三局成功中标新建武汉至十堰铁路首期项目二标段，中标额27.87亿元。汉十铁路为湖北省重点工程，在首期项目招标中，中建以投资带动施工总承包模式中标二标段，里程40.6公里，实现三局在铁路建设领域零的突破。

湖北化就是投资从湖北探索、起步，积累经验，树立品牌，培养人才。但是投资湖北化最终的目的还是要面向全国，未来还要走向世界。其实三局已经开始了一些尝试，鼓励优势区域公司实施投资，形成"1+N"的发展态势，让区域投资与"湖北化"形成互补。

在深圳，三局人承接了地铁九号线9104标段的"两站一区间"工程，这是配合总公司的BT项目。三局为进军以前不熟悉的地铁领域，投资近6000万元购进一台由中铁装备公司制造的盾构机。2014年5月，习近平总书记视察中铁装备公司时，曾登上一座85米长的盾构机装配平台，细致察看三局的"争先一号"盾构机。2015年2月12日，三局提前18天实现了深圳地铁9号线双线洞通。与此同时，三局人在武汉又承接到地铁21号线第一标段工程，该工程采用"投融资+施工总承包"BT模式，工程线路全长约9.39千米，共4.5个隧道区间，长度为8244.45米（双线延米），工程概算总额18.9亿元。

2016年初，三局再次走出湖北，在广东惠州市以PPP模式承建的惠新大道及梅湖大道、四环路南段、金龙大道、小金河大道、市西出口改造五项市政基础设施工程同时开工。

项目总长约52公里，总投资约为77.64亿元，惠新大道及梅湖大道单项工程建设期42个月，其余单项工程建设期36个月，建成后运营维护期均为8年。

这一次，三局以联盟的方式聚合了强大资源共同投资开发为主。由中建股份与中建三局、中建四局、中建交通、中建铁路共同出资组建惠州中建基础设施投资有限公司（简称"惠州中建"），其中中建三局是本项目的投资及施工责任主体。

这五个市政基础设施PPP项目对于三局而言具有两大重要意义，一是三局成功突破"湖北化"，开始走向全国；二是成功探索了投资领域的联盟、联营模式，为三局进一步走向"运营商"开辟了新路径。

5.运营城市梦想

如果说从投资"湖北化"到走向全国是三局投资战略的一种区域广度上的扩张，那么"运营城市"和打造"建造、投资、运营于一体的三商合一"则是三局在投资深度上的探索。

三局不再单纯以建造者的身份参与城镇建设，而是以"城市合伙人"的身份全方位融入城市的发展中来。城市梦是中国梦的重要单元，也与中国建筑的企业宗旨"拓展幸福空间"一脉相承。三局人以央企的责任、家国天下的情怀开始了"运营城市梦想"的探索之路。

2015年6月25日，武汉市首个公开招标的PPP项目——光谷火车站东、西广场项目面向社会公开招标，三局积极参与竞标。所谓PPP模式，即Public-Private-Partnership的缩写，是指政府与社会资本之间，为了合作建设城市基础设施项目，或是为了提供某种公共物品和服务，以特许权协议为基础，彼此之间形成一种伙伴式的合作关系，并通过签署合同来明确双方的权利和义务，以确保合作的顺利完成，最终使合作各方达到比预期单独行动更为有利的结果。

因为随着形势的发展，BT模式中的一些问题也开始显现。2015年1月1日国家新的《预算法》颁布，规定政府举借的债务只能用于公益性资本支出，不得用于经常性支出。同时发改委2724号文《国家发展改革委关于开展政府和社会资本合作的指导意见》及财政部113号文《财政部关于印发政府和社会资本合作模式操作指南（试行）的通知》下发，投资规模较大、需求长期稳定、价格调整机制灵活、市场化程度较高的基础设施及公共服务类项目，适宜采用政府和社会资本合作模式，即PPP模式。综合来看，国家开始力推PPP模式优先应用于有收益的公益性项目中。

经过激烈角逐，三局成功中标，项目总投资高达37亿元。一个月后的7月28日，项目开工。本工程包括停车场、商铺等。按照合同，建成后三局运营18年收回成本与收益，再行移交给政府。或许这个项目的成败还需要时间检验，但是三局已经做到了先行先试。

至此，三局有约400万平方米的商业综合运营用地储备，还将在城市垃圾处理、水务、地下管廊、养老地产、供水供气等领域进行投资运营。

2015年10月15日，三局与中建国际组成联合体，成功中标投资建设武汉光谷中心城地下空间项目，中标额81.48亿元，建筑面积52.6万平方米。该工程建成后，光谷将成为地面地下、室内室外、功能布局、交通市政"四维一体"的"立体城"，成为中国乃至世界地下空间利用开发的典范。三局不仅投资、建造，建成后还将担负此项目的招商、运营、维护和管理之责。

两天后的10月17日，三局以中建股份名义，通过竞争性磋商谈判，成为十堰市地下综合管廊PPP项目第一中选社会资本方，项目干线管廊45.61公里，总投资35.5亿元。地下综合管廊建设是国务院力推的基础设施投资重点方向，十堰市是首批十个国家级地下综合管廊试点城市之一，也是湖北省入选的唯一城市。这标志着三局在地下综合管廊投资建设领域占据了有利先机。

随着三局在投资转型之路上越走越快，越走越宽。显然单纯以BT或者PPP模式参与基础设施投资建设已经不能满足三局的未来发展需要。

三局有一个更远大的目标——运营城市梦想。

"运营城市梦想"不是简单的地产开发，而是一种攻克高端、拓展城市开发新领域的行为，主要包含的内容为"参与城市规划、投资综合开发、完善城市服务功能等。"就是在目标区域内以投资代建公共设施、基础设施为基础，联动地产开发，辅以商业发展、产业招商、公共交通、教育医疗、文化旅游和园林景观、居民生活配套等聚合资源打造"中心城"的理念。

"三商合一"理念最早提出是在2013年12月17日，易军莅临三局调研，他在和湖北省、武汉市主要领导会谈后对三局提出了新要求：中建三局要从建造商向建造、投资、运营"三商合一"转型。

2015年9月15日，官庆在三局调研时也再次强调，三局要认真谋划"十三五"规划，按照世界500强和中国百强企业的标准，对标优秀企业，优化资源配置；加大投资力度，做深做透湖北市场；抢抓"一带一路"发展机遇，做大海外市场，通过多种方式推进企业转型升级、品质发展。

……

面对未来，方向已明，路当何走？陈华元给出了三局领导团队的集体思考。他强调要做到三个不动摇：

一是坚持投资转型的战略取向不动摇。三局投资发展既有改革深化的"天时"条件，又有湖北崛起的"地利"优势，更有气势如虹的"人和"因素，优秀的投资企业不仅善于把握大势，更懂得因势而谋，顺时而为。

二是坚持积极稳妥的发展理念不动摇。相比于建造业务，投资业务不能立竿见影，一针见效。同时投资风险大，不确定因素多。优秀的投资企业一定要具备洞察市场的敏锐眼光，但同时也必定具有完善的风险防控能力。要通过实践摸索，总结经验，突破施工的惯性束缚，使企业的思维模式、制度体系和运营机制更适应投资发展的现实要求，全面向优秀投资企业看齐。

三是坚持创新驱动的路径选择不动摇。要紧跟国家投资导向，对新兴产业板块进行战略性布局，并以此保持稳定收益，充实品牌内涵，提升投资品质，实现发展可持续。要善于运用自身优势，整合资源，依托外力，实现借势发展。

此时的三局可以说是"建造很牛""投资渐强"，但如何成为优秀的运营商？

在"十三五"乃至更长的时期内，三局将从以下方面来探索运营商的内涵：

一是开展资本的运营，通过资本创造效益。包括土地开发、基金、股票、有价证券等投资，形成固定的商业模式，且具有一定规模。

二是开展资产的运营。适当持有物业，进行物业运营。适当投资市政基础设施，包括城市综合管网、城市地下综合管廊、地下空间、公共交通等，并进行投资运营。

三是开展城镇综合开发的运营。顺应国家城镇化建设战略，从规划开发到建造一座新城，包括产业招商运营、城市设施配套建设与运营。从文化、旅游、娱乐、生态、体育、购物、交通等进行全方位的运营。

四是开展社会服务功能的运营。为居民提供水、电、气、电信等综合服务管理，形成自身稳定的发展模式。

"三商合一"的前景必定美妙，但探索的过程也必定艰辛。这或许是一个不断实践、不断完善和不断提升的漫长过程。只要坚定信心，就有理由期待；只要心中有梦，理想就会达成。

第二十二章　地产崛起

中建三局的投资转型，除了以BT、PPP模式参与基础设施、城市运营之外，房地产开发也是重要一环，是三局投资转型战略体系的重要组成部分。作为与建筑业关系极为密切的房地产开发，三局在此领域也走过一条起伏跌宕的路。

1.重装上阵

早在20世纪90年代初，三局就开始了房地产业务探索试点。1992年10月31日，三局与江苏省吴县新技术开发总公司、江苏省吴县地产总公司、丽奇投资建筑（澳门）有限公司合资成立了"苏州澳太房地产置业有限公司"。他们开发的第一个楼盘叫"东吴国贸大厦"，38层，高100米，集商业、酒楼、办公、居室于一体，这在当时是相当前卫的设计与定位。

1993年，国务院发布《关于当前经济情况和加强宏观调控意见》，海南房地产热浪应声而落。海南地产泡沫破灭，对中国地产有着深远影响。三局房地产公司在这场巨大的泡沫中也惨遭"滑铁卢"，三局房地产公司黯然清盘退出。到1998年，住房制度货币化改革又掀起了国内房地产市场的新热潮。三局人一直等待的机会也即将到来，只是这一次，三局表现得更为谨慎。

转眼时间到了2002年，前文述及的武汉新时代商务中心被视为三局重新开始房地产业务的一个标志。2002年12月，武汉市决心盘活烂尾楼，当时这座武汉市最大烂尾楼已经烂尾了6年。三局领导班子看到其中机遇，决定接手这个"烂摊子"。

2003年，当三局开发团队拿到设计图后，发现原设计理念已经过时。他们紧急找到设计院做出一个应急设计方案。然而，该工程原业主已将设计图拿到规划局审批，而后规划局呈报市政府并通过。

开发团队仍不甘心，专门去深圳、北京、上海学习知名建筑的设计，找到了武汉世贸大厦幕墙设计师叶臻。三局团队"三顾茅庐"，最终设计了3个效果图。

当拿到新时代商务中心的新设计图时，所有人眼前一亮，新设计寓意内圆外方，圆形代表企业的无限发展，而四个针尖意味着事事如意、蒸蒸日上。

当他们把新方案呈送给政府相关部门报批时，大家都说好，于是又获得了政府一致通过。三局与煤炭院的谈判也顺利完成。这座烂尾10余年的超高层写字楼，在三局建设者手中起死回生，成为武昌制高点。中南第一烂尾楼终于凤凰涅槃，重生为新时代商务中心。2004年，三局以此项目为发端，正式进军房地产投资业务，这一年被认为是三局新地产公司的创业元年。

经过三年的持续建设，2007年3月18日，三局总部搬入新时代商务中心，剩余楼层开始对外发售，因为操盘得当，汇丰银行、新东方、华中粮食局、生命人寿、太平洋航运等大客户开始整层购买。

当时，在与太平洋航运公司谈判过程中，营销团队遇到了一个相当棘手的问题,对方承诺拿到权属之后立即支付1300万元,但对方要求一天之内办完权属手续。按照惯例,客户从签订合同到拿到权属至少需要一个星期,于是整个营销团队开始了疯狂的一天,每一秒都惊心动魄。从营销现场到房管局,其中涉及的10多个节点都派驻了专人盯守,每个人都顾不上一日三餐,连轴打转,他们采取了"人盯人"战术,一直小跑着使公章一个一个地盖下去。直到房管局下午下班之前,刚好为太平洋航运公司成功拿到权属。最后,大客户被整个营销团队的高效与敬业所感动,并在当天开出了1300万元的支票。

到2007年底时,附楼全部售罄。其后,主楼租售情况也比较理想,三局房地产重新开业的第一炮打响,这表明三局地产重装上阵,顺势回归。

2.关山巨变

20世纪70年代,三局从贵州千里移师湖北时,曾在武汉郊区一个叫"关山大彭村"的地方建有一块基地。其中,有三公司从赤壁市搬迁到武汉的机关所在地、局综合加工厂(主要生产预制构件,后因市场原因由三公司兼并重组)和二公司部分生产生活基地。

这块地因此被称为"关山大院",当年此地异常偏僻,甚至连一条进城的公路都没有。三局人自己动手,开山辟路,建桥修房,办公楼、加工车间、生活基地等逐步建成。到了20纪世80年代,有了城乡接合部特有的环境。

1998年,关山大道贯通,将关山大院一分为二,并与三环线连接,接着通了公交车。正所谓关山度若飞,时代飞速发展,从2000年开始,关山大院周边先后建起了万科城市花园、光谷长城坐标城等高档小区,使得三公司员工们住的宿舍更显得如同老旧的"鸽子笼"。

2007年4月27日,局房地产在成功运作完新时代商务中心后,开始进军住宅楼项目，这一天三局成功摘牌"关山大院"地块。主要开发方向就是将以前的老旧职工居住楼整体打包开发。同年11月16日正式开工建设，楼盘命名为"中建•康城"。这也是三局房地产事业回归的后第一个住宅项目。中建•康城占地面积12万平方米，总建筑面积25.45万平方米。

要立新，必破旧。许多时候，破旧比立新更要艰难许多。这片旧楼数百名住户大多是随三局南征北战的退休老职工。政府征收公告发布一年多时间，仍有多半住户因为各种原因没有签订房屋征收补偿安置协议。他们都是为企业立下汗马功劳的功臣，总不能"强拆"吧？

房地产公司领导班子成员分头开展工作，从规划设计到拆迁谈判，再到开盘销售，经受了艰难的磨砺与考验。首先拆除的是三公司的老办公大楼，在破拆那天，许多三公司的员工在楼下围观、拍照、留影，这里有他们美好的过去，却有着更美妙的未来。这是一段过往岁月的结束，也是一个崭新时代的开始。

地产团队挨家挨户找老职工们谈心、拉家常，了解每家情况。一些特别困难、体弱多病的老职工，他们也尽可能在政策许可范围内帮助解决实际困难。接触时间长了，相互间也就多了一些了解，少了许多隔阂，沟通慢慢就顺畅了。

绝大多数职工表示理解企业发展的需要，无论是从改善自身居住环境还是从支持企业发展的角度出发，纷纷签约，主动搬迁。

有位老职工董婆婆已经81岁高龄了，一生随三局征战南北。老来子女均在外工作，老伴去世后，她独自住在老宿舍楼中，是典型的空巢老人。她因为年事已高，不想折腾，因而成为"钉子户"之一。

这天项目派拆迁负责人安正国第三次去见董婆婆，前两次董婆婆根本就不听他们解释。好在这一次她为他们的诚心所感动，耐心听完解释和规划后，婆婆长叹一口气说："我老了，活不了几年，本来不想再折腾，但你们说我们不同意拆迁有可能影响到企业的发展，我们总不能老来拖公司的后腿吧？"

董婆婆同意了拆迁，但是又因为过渡房的破烂而生气，到项目办公室发了一大通火。地产公司领导得知消息后马上与负责拆迁的同事商量，决定把康城一期还没有出售的住房简单装修好，给婆婆住。装修好之后请董婆婆来看，婆婆表示满意。

地产团队趁着天气好，还帮她一起搬到临时过渡的新房里，这样既方便了她的生活，她又没有离开原来熟悉的生活环境。地产团队在闲暇时还来关心她的生活，时不时去看看老人，帮她做些重活。老太太气顺了，心情也好了许多。

2009年1月21日，中建·康城一期正式对外销售，开盘之日，中建·康城实现了开门红。中建·康城8次开盘15次加推，全部当天售罄，打造了武汉市"十大人气楼盘"。

董婆婆不需排队就选到了心仪的好房子，2014年春节搬进了新房。小区内园林景观错落有致，休憩的木栈靠椅、乌黑的小区柏油马路，休闲广场以及小区的树木花草郁郁葱葱。小区整洁别致，停车位、人行道干净明亮井然有序，临街各种便民商店的招牌鲜艳悦目。

有一天，董婆婆和大儿子一起来拿房产证，董婆婆捧着鲜红的新房产证，笑得像花儿一样，还特地给当初拆迁的安正国带了一盒包装精美的茶叶。安正国在一篇文章里这样写道："我突然感到自豪，原来工作中的苦和累、误解和委屈最终都成为收获的快乐。从大彭村到关南小区再到中建·康城，见证了董婆婆住房变迁的历史，也见证了三局房地产事业从启动到发展壮大的历程。"

今天的中建·康城已经全部交付业主，俨然成为光谷核心区一个新的经济小沸点。三局房地产不仅收获了丰厚的经济效益，还培养了一大批骨干人才，三局地产开始走向规模经营。

3.福地传福

位于武昌珞狮路248号的三局总部大院在1975年时还只是一片荒地，周围都是农民的菜田。当年，岳洪林、楚福和等率领职工们修路、建房、种树，他们于1975年11月搬过去时，局办公楼、局招待所、局医院等相继落成，只是由于位置偏僻，甚至没有一条像样的公路。

从1975年到2007年，珞狮路248号院一直是三局的总部机关所在地，三局建设者从这里出发、征战全国、放眼全球，一点点发展壮大。因此，这是三局人的福地。

当年岳洪林、楚福和他们亲手种下的树木已经长大成荫。40年前的荒郊野地成了交通便利、商业发达、学院林立的繁华地段。

与关山大院一样，三局大院作为局总部机关所在地，承载着老同志的深厚感情。但基地内房屋多为20世纪七八十年代产物，多年来历经风雨，房屋陈旧、功能落后，已无法满足现代居住功能的需要，也与三局日新月异的发展形象不相适应。因此，对总部大院进行重新开发提上了日程。

这是从洪可柱、傅开荣到熊德荣、王祥明，再到现任局领导班子多年的夙愿，三局为此专门成立了机关大院开发建设领导小组，全面协调、指导局大院征收改造和开发建设工作。同时成立了工作小组，具体负责局大院征收改造和开发建设的实施工作。为更好地维护老业主的权益，还专门推选成立了还建房业主委员会。要把这块三局的福地打造成真正的新时代福地。

2013年，三局再出大手笔，全面启动三局大院开发工作，将其打造成建筑面积约60万平方米的超大综合楼盘，项目命名"中建·福地星城"。

2014年，三局大院周边地块整合获得突破。通过与洪山区政府、太子酒店、德安科技等相关方艰苦谈判，达成福地星城项目周边地块整合意向。

随着中建·福地星城一期开发如火如荼，局大院各项拆迁工作加快推进。以至于高峰时期，每天都大量拆迁户主来到开发建设工作小组办公室反映问题。整个团队始终保持公开公平的办事原则，对拆迁户主们动之以情、晓之以理，顺利完成了整个拆迁改造。

拆迁中有这样一个故事。拆迁办工作人员到老住户胡爷爷家中调查，胡爷爷在三局兢兢业业工作一辈子，退休后还要照顾瘫痪的老伴与生病的儿子，靠着自己的那个小房子做点副食生意维持生计，他强调不指望拆迁开发能给自己带来多大利益，只希望开发以后一家人还能在一起就够了。

在胡爷爷家调查过后，大家心里一直不能忘怀，经过多方商量，拆迁办决定为胡爷爷申请困难补助，于是大家开始了申请补助的工作，有人积极与政府协商，有人收集有效证据，提供手续，最终为胡爷爷取得了补助。老人感动得热泪盈眶，主动要求在拆迁协议上签字。

在给予充分的政策优惠和思想动员下，局大院的改造工作取得了质的突破，还建房选房工作顺利完成，共有576户业主（另有13户选择货币补偿）参与选房，选房确认率达99%。洪山区政府相关负责人说：“在此次中建三局大院拆迁改造中，让我见识了中建三局的组织能力和工作效率，更要对三局员工们的高素质点赞。”

2014年5月31日，武汉气温节节攀升，却也抵不过这一天开盘的中建·福地星城销售现场的火爆气氛。逾300余组客户到场抢房，开盘短短两小时内劲销100余套。总销售额突破1.2亿元，单价超周边竞争楼盘逾1500元/平方米——这就是品质的价值。

目前，中建·福地星城正在持续开发中，全部建成后，必将成为南湖之滨的靓丽风景线。走过40年风雨历程的三局大院即将完成历史使命，涅槃重生！

三局大院，三局福地！

4.地产未来

中建·康城的成功开发，使三局加大了对房地产业务的投入力度，他们放宽思路、加大力度，不再拘泥于自有土地变性，开始多路出击，大胆参与公开市场，将三局资源优势与市场规律相结合，走上了招拍挂模式拿地之路。

2009年，三局与武汉市铭源投资有限公司联合开发中南国际城项目，此项目位于中南核心商圈，与新时代商务中心比邻而居。总用地面积约11亩，地上33层，地下2层，建筑面积5.67万平方米。项目闹中取静，投资居住皆宜，一开盘同样引发抢购热潮。

2009年，三局通过市场运作在孝感市获取中建·国际花园项目地块。2010年5月25日，中建·国际花园奠基。国际花园总用地面积约170亩，开发面积约31.9万平方米。2011年5月15日，中建·国际花园一期盛大开盘，销售十分火爆。2014年，中建·国际花园二期荣获住建部颁发的"二星级绿色建筑设计标识证书"，并被纳入首批湖北省绿色建筑集中示范项目，成为孝感市首个获得上述两项荣誉的建筑项目，树立了当地房地产市场新标杆。

2009年，中建地产和中建三局以51：49的股份合作拍下中建·汤逊湖壹号地块，本地块总用地面积约1168亩，建筑面积约60万平方米。作为武汉市江夏新城的城市客厅，项目集高端别墅、湖景高层和精品商业为一体，打造成为华中地区首屈一指的湖景大盘。2014年，中海地产收购中建地产，变成中海地产和中建三局51：49。2014年3月份，中建三局和中海地产进行股权置换，以中建·大观天下抵充中海地产在本项目的51%股份。于是，中建·汤逊湖壹号成了中建三局持股100%的项目。

2012年，房地产公司通过收购项目获取了南湖渔场地块（中建·南湖壹号），参与招拍挂获取了文化路项目（中建·文华星城），获取洪山村K4/K5地块（中建·福地星城部分）。凭借这三块土地储备获得了中建地产2012年度土地储备金奖。在市场波动、内部竞争激烈的情况下，逆市完成了"一次创业"。中建·南湖壹号项目总规划净用地面积约7.4万平方米，建筑面积约30万平方米。产品涵盖别墅、平层官邸、高层及超高层。一线湖岸将打造2万平方米花海主题公园，属不可复制的城央临湖藏品力作。

2014年9月29日，三局房地产公司十周年庆暨"地产新未来"高层座谈会在中建·汤逊湖壹号项目成功举办。同时福地星城、南湖壹号、国际花园与汤逊湖壹号开启四盘联动，在江城武汉掀起一股"中建地产"热潮。

三局地产公司董事长、党委书记李成强发出集结号："传承创新，二次创业，打造地产新未来！"这一年，局房地产公司完成投资额34.27亿元，新增土地储备面积70万平方米，实现租售额18.03亿元，回款额12.89亿元。投资额、租售额、回款额三项主要指标同比翻番，分别增长241%、282%、211%，实现"二次创业"良好开局。

一个月后，2014年10月30日，三局打出地产业务重组十年来最重一拳，以40亿元成功竞得武汉市2014年度体量最大、地段最好、价值最优、市值最高、发展最令人期待的武汉市核心地块——解放大道与汉西路交汇处C、D地块，总开发面积约70万平方米。此地块开创了三局历史上市场化拿地、投资体量、开发规模、运作突破等多个"历史性第一"，为房地产公司开启"二次创业"，努力实现"中建第一、湖北龙头、全国名企"的发展愿景提供了坚实支撑。

2015年1月16日，三局成功获取东湖高新曙光村地块，取得2015年土地储备开门红。此地块规划总建筑面积102.37万平方米，总地价56亿元，即将兴建中建·大公馆。届时将被打造为光谷核心区第一大盘，并建成关山人道商圈。

2004至2015年的十余年间，三局房地产业务激情争先、奋勇开拓，开发项目达18个，总投资额超200亿元，总开发面积超400万平方米，走出了一条三局地产的创业崛起之路。2015年，三局地产挺进湖北地产前十强。

地产叱咤，风云再起。

第二十三章　提档升级

无论何时，企业自身的素质建设都是应对市场变化的资本。在确立了建造与投资"两轮驱动"的战略后，三局一方面要在经营结构上进行转型，另一方面要在企业运营上提档升级。提档升级至少包含四个方面：产品升级、管理升级、技术升级和服务升级。

1.地标中国

中国经济持续多年的高速发展，让建筑市场空前繁荣。但建筑行业的低门槛也造成市场的白热化竞争。中建三局凭借品质超群打出了一片天地，但从长远来看，长期处于中低端房建领域并非企业发展的长久之计。因此，三局早就提出了"差异化"营销和"高端化"营销。

2009年以后，三局坚持大市场、大业主、大项目的"三大"营销战略，并向"三高"（高端市场、高端业主、高端项目）聚焦。从重"量"向重"质"迈进，即在大市场中主攻高端市场，在大业主中精选高端客户，在大项目中专攻高端项目。

何谓"高端项目"？三局的定位是：社会影响大、科技含量高、战略价值强、经济效益好，引领行业发展和社会进步的建筑工程和投资产品。

产品升级的最佳表现形式就是各地的地标性建筑，当初的上海环球金融中心注定只是中国高度中的一个新起点。

2014年9月17日，天津117大厦主塔楼核心筒第84层混凝土浇筑完成，标高达到416.91米，超越了同样由三局建设者1991年建造的天津广播电视塔（415.2米），成为新的中国北方第一高度。

2015年9月7日，天津117大厦挑战吉尼斯世界纪录成功——5立方米的C60混凝土历时18分钟从地上泵送到621米的高空，创造了世界超高层建筑混凝土泵送新纪录。一天以后的9月8日，天津117大厦结构封顶，结构高度596.5米，成为世界结构第二高楼、中国结构第一高楼。比2008年同样由三局建设者修建的上海环球金融中心高出整整100米。同时创造了12项中国、世界之最。

2015年4月16日，由三局总承包公司承建，高达438米的武汉中心大厦正式封顶，再次刷新了武汉城市高楼记录，问鼎"华中第一高楼"。而这一纪录即将被三局人再次改写，2015年的最后一天，二公司董事长、党委书记樊涛生自豪地向媒体宣布：高度"世界第三、中国第二、华中第一"的武汉绿地中心地面高度正式突破200米，2016年就将再次改写华中高度——636米。

纪录是用来刷新的，高度是用来打破的。这些不断被改写的数字彰显的正是中国建筑人不断突破自己、勇攀高峰的豪情壮志。

中建三局50年创造了无数的中国地标，如同一座座丰碑傲立在华夏大地上。据摩天城网统计，全球在建的摩天大楼（国际公认的标准为高于152米的大楼）87%位于中国，而在全球排名前20位的高楼中，中国独揽10座。中国目前在建的9座超500米高楼中，三局承建或参建了其中8座。

在中国各省区市300米以上的超高层地标性建筑中，90%以上由中国建筑承建，由三局承建、参建的多达28座。400米、500米、600米……一个又一个新高度，不断刷新中国城市的天际线。

心怀梦想，筑梦天下。建局50年来，三局不断挑战建筑的速度、高度、跨度、体量之最，担当国内高端房建领域的领先者和创新者。

从20世纪80年代的深圳国贸大厦到90年代的深圳地王大厦，再到今天，数十年间，三局不断改写中国高度。两座西部最高楼——468米的重庆嘉陵帆影和同样高度的成都绿地中心将双雄比肩；香港第一高楼——490米的香港环球贸易广场和时为世界结构高度第一高楼——492米的上海环球金融中心早就"双峰对峙"；亚洲第一塔——辽宁广播电视塔和东北第一高楼——568米的沈阳宝能环球金融中心工程串联时空。首都第一高楼——528米的北京"中国尊"，和中国结构第一高楼——597米的天津117大厦笑傲北国；636米的武汉绿地中心雄踞华中。没有最高，只有更高。在三局建设者手中，一座座拔地而起的摩天高楼，汇成了"拔高"中国的雄浑交响。

2."两化"融合

在出差途中，即可通过电脑或者手机终端完成合同评审、技术会商、公文签批或者其他业务审批；安全生产监管人员足不出户轻点鼠标，即可对千里之外正在施工的项目进行安全监管；一批材料从品牌、性能到价格都可以网上实时查询，甚至从计划到购买再到使用于工程的哪个部位均可以全程跟踪——这不是在讲故事，在三局已成为现实。标准化与信息化的建设与融合，再一次为企业管理带来升级。

进入"十二五"以来，中建总公司对标准化、信息化工作重视程度达到了前所未有的高度，在"五化"策略中明确提出了标准化和信息化要求。与此同时，三局在跨入千亿平台规模的新形势下，标准化与信息化是企业管理提升的重要内容，是企业由"外延式增长"向"内涵式发展"的关键，也是推动企业转型升级、实现"一最四强"战略目标的必由之路。

早在2009年，一公司又开始了新一轮信息化管理的探索。以公司董事长陈幸福为首的公司领导班子，为改变企业管理跨度大、链条长、信息不对称、分支机构管理行为差异等现状，决定推行符合企业实际的信息管理系统。但刚刚推行时，员工们意见特别多，什么"瞎折腾"、"乱烧钱"之类的声音不绝于耳。

他们的想法得到了局领导班子的大力支持，于是一场轰轰烈烈的信息管理革命在一公司推开。定流程、编软件、学电脑，让管理在电脑中运转、让信息在网络上流传。慢慢地，公司员工开始接受了信息管理带来的快捷和好处。

到2011年，一公司信息化工程通过了住建部专家组的严格审核，专家们认为"三局一公司的信息化管理值得在全国建设系统推广"。2011年12月，一公司承办了住建部建筑企业信息化发展现场经验交流会并担任"主角"。信息化在提升企业管理的同时，还成了一张闪亮的名片。

三局加快了标准化与信息化工作进程。2012年10月，三局成立标准化手册编制工作组，从各业务系统抽调30余名骨干集中开展管理体系文件、业务流程的重新梳理和再造。年底，完成全局现行文件清理及整合，优化对应流程266个、表单558个，形成《标准化手册（征求意见稿）》。

2013年4月，按照"强化岗位职能、淡化部门边界，强化体系联动、提倡思路创新，强化标准统一、允许特殊个性"的原则，各业务系统结合企业实际对企业层面和项目层面的文件制度体系再次进行修订完善，形成《企业管理标准》和《项目管理标准》，为确保两个标准得到有效落实，又共同编制了《企业与项目管理评价标准》。

2014年1月20日，"三个标准"正式发布实施，成为全局各项管理活动的纲领性文件，标志着三局的标准化升级与信息化联动工作取得重大阶段性成果，企业管理标准化与信息化进入新的发展阶段。

2015年1月5日，易军在三局调研时要求三局要做两化融合的排头兵。2015年2月，发布《中建三局管理标准体系运行指南》，重新构建完善"三个标准"，将评估标准拆分纳入《企业管理标准》和《项目管理标准》，增补基础设施、房地产、安装业务管理标准相关内容，启动《岗位管理标准》编制工作，与《企业管理标准》《项目管理标准》共同构成新的"三个标准"。

在"三个标准"的编制过程中，工程局同步启动了局项目管理信息系统的建设工作。该系统以一公司自主开发的系统为基础平台，遵循"系统平台统一、数据结构统一、功能模块统一、关键业务流程统一"的原则。按照局《企业管理标准》和《项目管理标准》的要求，以项目业务管理为内容、成本管理为核心、项目管理流程为基础的集成化信息系统。目前已完成物资、设备、劳务和商务管理四个模块的开发与运行测试。

随着互联网时代的到来，三局也不甘人后。2014年，三局首先开通职工服务中心网络平台。2015年6月，召开"互联网+"主题大会，随即三局官方微信、微博相继开通，员工通过手机可以随时随地了解企业发生的大情小事，享受相关服务。而一公司则更是开始把"互联网+"概念引入到营销中，大数据构建价值矩阵，根据不同类别客户制定了有区别的开发策略，还通过强化增值服务、提升营销品质、延长服务链条等方式，有力提升了企业营销额。

2015年7月，三局编制完成了《中建三局信息系统框架设计方案》，通过企业组织内部评审；8月，完成"企业信息云服务平台"顶层设计，选定合作软件厂商，完成技术平台选型；内部专业咨询团队和研发团队基本就位，建立技术标准，完善平台建设和推广管理制度。由于这是一项庞大的系统工程，要实现各系统间的数据集成，按照计划安排完成数据库建设还要到2016年12月。

2015年8月，中建三局正式下发局"两化"融合2015-2017年工作方案，明确三局的"两化融合"目标是以获取与企业战略匹配的可持续竞争优势为关注焦点，通过2～3年努力，健全上下贯通、左右衔接、覆盖全面、流程清晰、简约高效的标准化体系，构建一体化的企业运营开放平台，形成具有三局特色的"两化"融合管理体系，并通过"两化"的持续改进和螺旋式交互融合，实现企业标准化和信息化水平的明显提升。

3. "441" 计划

一直以来，建筑企业的管理核心就是项目管理，因为项目既是利润之源也是成本核心。抓好项目管理就等于抓住了三局管理的牛鼻子。三局历史上经历过多次革命性的项目管理变革。

当年队伍调迁湖北时开始改出勤制为计量制，这是一种工程管理上的自觉变革。到了改革开放初期，三局在深圳国贸大厦建设中首设项目经理部，到深圳发展中心首次实行主承建方式的总承包。此时的三局已经明白了项目管理的重要性。

到20世纪80年代中期，在"鲁布革冲击波"的影响之下，三局成为全国首批18家推广鲁布革经验试点企业之一。此时三局开始深入探索项目法施工，进行自我革命。

20世纪90年代中期，"珠海经验"横空出世，引领业界。进入新世纪，三局进一步缩短管理链条，全面推行"法人管项目"。

到了2005年左右，随着国家经济的飞速发展，"三大项目"的承

接，企业的规模扩张加快，三局再一次对项目管理进行升级，提出了以
"一整合、两消灭、三集中"为核心的项目管理模式。"一整合"是
从战略层面上进行区域和专业整合，与"区域化、专业化"战略一脉相
承，"两消灭"则是创建资源节约型企业，强力推进消灭分公司亏损、
消灭项目亏损；"三集中"则是指对全局资金集中管理、材料集中采
购、分包集中管理。2005年9月20日，三局为此专门在北京召开推进大
会，会上对14个盈利和亏损分公司典型进行分析，对两名在兼任分公司
经理期间造成重大亏损的公司领导进行了处理，当场撤销两人副总经理
职务，在全局上下产生了强烈的震慑作用。

2010年前后，三局又开始深入实行"双推"（推进项目精细化管
理、推行项目降本增效）……一路走来，三局始终引领着中国建筑业项
目管理的变革。

随着时代的发展、企业的壮大，三局再一次对项目管理进行升级。
正在推行的"441计划"，就是三局多年经验累积形成的"独家秘籍"。

2013年12月10日，三局召开总承包管理研讨会，决定在天津117、武汉
绿地中心等11个项目开展总承包管理试点，吹响了三局全面实施"441计
划"的号角。

那么，何谓"441计划"？简单地说就是一种对现有项目管理模式
的升级，即完善"四个管理体系"——资源保障体系、制度保证体系、
绩效考核体系、客户评价体系；打造"四个团队"——总承包管理团
队、深化设计团队、采购管理团队、专业分包团队；构建"一个管理模
式"——既符合法规要求，又满足市场需求，在中建系统内具有领先水
平的"全能型"和"全候型"项目管理模式。

天津117项目先是强力宣贯，扭转全体员工的思想观念，然后逐渐摸
索并组建了专业负责制的平衡矩阵式组织架构，即进入到专业组内的管理

人员具有双重角色，既要完成专业组的管理协调职责，也要履行职能管理部门部分管理职责。经过规范业务流程、明确职责划分，项目形成了一整套的总承包管理制度。

在计划管理上，开发出涵盖计划编制、审核与发布、跟踪、考核与评价、计划变更管理的各节点管理的流程系统；在深化设计和技术方面，以进度、合约、品质三个核心要素为中心，利用计划、会议、台账三个方法，加强精细化管理；在商务合约方面，树立全员、全过程、全专业、全区域，即"四全"系统思维管理；在采购管理方面，采用"两先两控一平衡"战略，推进采购顺利进行；在公共资源管理方面，创立"保安全、保畅通、保高效、创一流服务"的管理理念；在质量管理方面，运用公检法分工思维，实现部门联动管理；在安全管理方面，树立"防火墙安全系统"理念，对隐患违章查、堵、防，从而防范事故。随着项目进入装饰施工阶段，各专业间接口管理难度很大、协调量剧增，项目部考虑优化组织模式，通过组建区域负责制的平衡矩阵式架构来适应总承包管理需求。

武汉绿地中心项目也在全面推行"矩阵式总承包管理"，形成企业管理层、总包管理层、专业分包层相互联动的局面。项目还有针对性地进行课题攻关，包括探索项目计划书的完整性、可操作性；探索总承包管理的定位、薪酬和考核评价体系；探索总承包与内、外部分包的合约与经济关系；探索设计管理与深化设计新模式等。

三局还采用"走出去、请进来"的方法提高总承包管理水平，有计划地派出管理精英去境内外学习。2013年起分两批次共计120人到香港学习，2014年11月又派出29人赴新加坡学习，然后与三局特色的管理经验相互对照，取长补短。

2014年7月，三局引进管理咨询有限公司提供总承包管理流程优化咨询服务。

2015年4月，三局形成了总承包管理和项目岗位标准化咨询第一期成果，并经局董常会审议通过。经过对第一期咨询成果的整理，编制成《中建三局"441计划"试点项目工作指南》，成为局指导各单位、试点项目实践总承包管理工作的纲领性文件。

实施"441计划"，是突破当下同质化竞争、从价格战向管理战和服务战转型升级的必由之路，必将带来生产方式的变革和生产力的提升，为三局建造业务带来新的发展机遇。

50年来，三局的项目管理一直在探索创新中前进，这些管理手段的变革既有鲜明的时代特征，也划出了一条三局争先发展的华丽轨迹。

4.工匠精神

中国人一向把鲁班视为中国建筑的鼻祖，因而中国建筑的最高奖也就是"鲁班奖"。这是因为鲁班真正体现了"工匠精神"的本质。三局人自认是鲁班传人，当然要弘扬工匠精神。

工匠们喜欢不断雕琢自己的产品，不断改善自身的工艺，享受产品在双手中升华的过程。工匠们对精品有着执着的坚持和追求。他们把品质从99%提高到99.99%，其利虽微，却长久造福于世。

建筑大师贝聿铭说："建筑是一种社会艺术形式。"三局建设者就是把建筑艺术从图纸变成现实的艺术大师。这需要精湛的技艺、高超的技巧，更重要的是要有强烈的"工匠精神"。

在武汉绿地中心工地上，用废弃的模板做成移动式花车，让钢筋混凝土的工地显得绿意盎然；安全帽装上智能标签，工人一进场，身份自动识别确认；施工电梯每次升降，操作员要"刷脸"才能启用。

如果说这些都是小创新、小玩意，那么施工中创造的智能顶升模架系统绝对称得上是大手笔的造楼"神器"。这个高高耸立在楼顶上，看似"金钟罩"的红色钢构体是由三局自主设计研发、全球首创的超高层建筑建造利器。工人们在顶模里作业，如履平地，大楼隔几天就能长高一层。

毕业于上海同济大学的"70后"博士王开强，正是顶模研发团队的负责人。2009年，年仅30岁的王开强成为三局博士后基地引入的骨干。当时中建三局的第一代顶模正在广州试用，但懂得这项技术的人不足10个，且集中在广州西塔项目上。其他项目想用，也只能干着急。而且，第一代顶模不能二次使用，项目一结束，上千万元的顶模就报废了。为研发出便于快速推广的升级版顶模，王开强和同事们顶着烈日在顶模的钢结构平台上做承载力和变形力试验。一次，在钢板上试验了六七个小时后，他一起身，突然发觉腿瘸了，原来是他左脚凉鞋鞋跟被钢板烤化了一大块。一个月下来，他瘦了十几斤。

2015年6月15日，在北京第一高楼——中国尊项目，由北京市政府专业顾问杨嗣信、中国工程院院士肖绪文等7位知名专家组成的鉴定委员会，对三局自主研发的"超高层建筑智能施工装备集成平台研究与运用"进行成果鉴定。这一成果被委员会认定为"达到国际领先水平"。该成果已经获得6项国家发明专利、8项国家实用专利，成功运用于武汉中心、绿地中心、深圳华润总部大楼、中国尊等全国十几个地标性建筑中，成为三局改写建筑高度的"撒手锏"。该项技术还荣登2015年度武汉十大企业新闻。

从传统的翻模、三线时期的滑模再到顶模一代、顶模二代，及至今天的智能顶模系统，三局一次次用汗水和智慧"拔高中国"的背后是数代建筑工匠们驰而不息的进取之心。

2016年1月8日，2015年度国家科学技术大会在北京人民大会堂隆重举行。会上，三局参与完成的"深大长基坑安全精细控制与节约型基坑支护新技术及应用"成果荣膺国家科学技术进步二等奖。该项成果成功应用于包括武汉绿地中心、天津117大厦在内全国15个省区市72项大型项目深大长基坑工程，在基坑变形主动控制技术、基坑防连续破坏控制设计理论和方法、无支撑多级支护设计方法与新技术、沿海地区基坑地下水回灌技术等方面取得自主创新的突破，保障了基坑与环境的安全，显著降低了基坑工程造价。

三局50年的历史，"工匠精神"代代不息。从三线建设时期的岳洪林、王世威殚精竭虑到张君寿为山砂的运用进行的数千次试验；从开拓深圳时张恩沛的"四砸马赛克"到创造"深圳速度"时的"四顶红帽子"；从天塔施工时傅开荣的"责任我负、坐牢我去"到王祥明开拓北京时"誓夺长城杯"，一代又一代三局人用无数幢精美的建筑阐释了何为工匠精神、用156座鲁班（国优）奖（截至2015年数据）、近千个省部级建筑奖项证明了自己的工匠精神。

如今，三局还以劳模、技术能手为核心，创立了草根专家杜建国工作室、路桥专家李卫红工作室、管理能手计克贤工作室等近百个"劳模（职工）创新工作室"。涌现出了如杨红亮、刘建民、陈卫国、郑承红、赵军、林彬泉等管理精英，还涌现出王开强、丁刚、邹慧芳、侯玉杰、戴小松、段军朝这样的创新标兵。从实践中来，到实践中去，几十年间培养各式技术精湛的工匠数千人。三万员工以争当"能工巧匠"为荣，以善于创新为傲。

工匠精神铸造精品工程，催生一流技术。多年来，三局在行业关键领域掌握了一批核心技术和专利技术，形成了超高层建筑、复杂体系巨型钢结构、高性能及特种混凝土研发生产等九大特色技术优势；建立了首家施工企业博士后工作站，先后与清华大学等重点高校院所建立密切的合作关系，使科研成果迅速转化为生产力，为我国建筑业运用高新技术改造传统产业探索出了有效途径。今天，三局已经累计获得12项国家科技进步奖、172项省部级科技进步奖、48项国家级工法、454项省部级工法，645项国家授权专利（含发明专利43项），主编5项国家行业标准、参编21项国家级行业技术标准规范，9项工程获"全国建筑业新技术应用金牌示范工程"，建成6个省级技术中心。

工匠精神是什么？

三局人认为，工匠精神就是心无旁骛的特质。具备工匠精神首先要有匠心，并立志成为匠人，就是专注、坚持、务实，把看似微不足道的事情做到完美、做到极致。

工匠精神就是精益求精的态度。要严谨认真、一丝不苟地对待每一项工程，对过程精品有执着的坚持和追求。不断雕琢自己的产品，不断改善自己的工艺，享受精品工程在自己双手中成型、矗立的过程。

工匠精神就是创新创造的追求。当前，创新创造成为时代的主旋律，面对企业转型升级的艰巨任务，更要大力倡导创新创造的精神，围绕企业发展，立足岗位实践，使创新创造落地生根，开花结果。

陈华元在与局优秀员工代表座谈交流时说：

> 时代呼唤"工匠精神"，现实需要"工匠精神"。中建三局要在时代的洪流之中挺立不倒，担当起行业、国家赋予的重任，同样也需要"工匠精神"。让我们共同努力，传承工匠精神，发扬工匠精神，践行工匠精神，为实现"十三五"发展目标贡献更大的力量！

工匠精神在三局经半世纪的传承，已经根深蒂固，融入三局人的血脉中，成为三局"争先"文化的一部分。

看看那些耸立在城市的高楼、看看飞跃江河的桥梁，便会知道工匠长存，精品不断！

5.绿色建造和建筑工业化

中国建筑业产能过剩、生产效率低、资源消耗高、生产方式落后等问题由来已久。我国的建筑业已经到了一个十字路口，如何破题？

2016年3月，陈华元作为全国人大代表在人民大会堂听取了李克强总理的政府工作报告。他用记号笔重重地对报告中这句话做了标记："积极推广绿色建筑和建材，大力发展钢结构和装配式建筑，提高建筑工程标准和质量。"

其后，他在接受媒体采访时说："建筑工业化、住宅产业化是工业4.0背景下必然的发展趋势，是建筑业从粗放走向集约，从'建造房屋'到'制造房屋'的必由之路，也是推动绿色建筑发展的现实要求。而中建三局已经进行了先行先试。"

工业4.0概念的提出是德国政府主导的一个高科技战略计划。旨在提升制造业的智能化水平，建立具有适应性、资源效率及人因工程学的智慧工厂，将生产中的供应、制造、销售信息数据化、智慧化，最后达到快速、有效、个人化的产品供应。简单说，工业4.0将是"互联网+智能化生产"的时代。

此前人类一共进行了三次工业革命，在约百年时间内创造的财富比之以往人类创造的全部财富总和还要多。

首次工业革命的标志是蒸汽机的发明与运用，这被称之为"工业1.0"。工业2.0则是实现了电气化生产，19世纪70年代，电力的大量运用使得人类进入了"电气时代"，于是开始了第二次工业革命。工业3.0则是计算机的出现后实现了自动化生产。

人类进步的步伐不可阻挡，工业4.0浪潮下的建筑业也面临着革命。因此，绿色建造、建筑工业化和信息化将是建筑业发展的必然方向。

"绿色建造"是指工程建造过程中所有参与者以积极承担社会责任为前提，在建筑物的全生命周期内，追求各项活动的资源投入减量化、资源利用高效化、废弃物排放最小化。

在建筑施工期间，各项施工活动会产生废气、粉尘、污水、固体废弃物、噪声等，这就需要采取措施，避免和降低施工对环境的影响。三局每年有上千个工地同时施工，如何有效保护环境也是三局作为央企当仁不让的责任，三局把"预防、控制、监督和监测"这一环境管理基本思想贯穿于整个施工生产过程中，使项目施工的环境影响完全满足相关法规、标准和环评报告的要求。

在国家层面提出"绿色施工"标准后，三局率先在业内推行绿色施工，并积极参与创建全国绿色施工示范工地。目前，全局的绿色施工示范项目有一百多个。

"绿色建造"体系的核心是"四节一保"，即节能、节地、节材、节水、保护环境。2015年3月14日，全国建筑业绿色施工观摩会在三局成都公司环球贸易广场项目举行，150余名来自全国各地的建筑业协会代表和行业从业人员观摩学习了绿色施工技术的应用。

为了改变传统建筑施工管理粗放、资源浪费、资料保存费时费力的问题，成都环球贸易广场项目建立了云端信息管理平台，每一根柱子、每一道梁的信息都被录入到数据库，每个构件都被赋予一个特殊的"身份证"——二维码。通过扫描二维码就能完成实时的追溯，相关数据信息就能在手机上呈现出来，实现信息快速提取与共享。此举不仅提高了工作效率，更实现了全程虚拟无纸化办公，达到了质量管理信息化和绿色施工的良好结合。

项目绿色施工工作以"四节一环保"为主线展开：扬尘监测与控制、光污染控制、垃圾回收利用、木枋对接、水循环利用、自动混凝土布料机、铝合金模板体系等全面推广。2015年6月，三局正式组建成立环境管理部，专事全局的环境保护管理工作。同时，在公司、项目也相应成立专业管理机构，成体系地全面推进绿色施工，为此专门编写了《绿色施工示范工程实施指南》《绿色建造标准化图册》，并规定所有项目要评奖首先要"绿色达标"。

而"绿色建造"的升级将是"建筑工业化"。何谓"建筑工业化"？形象地说那就是能像搭积木一样造房子。简单说就是房子先由工厂生产好，再到现场进行装配。

其实早在2005年，三局就承建了珠三角地区第一个产业化住宅项目——深圳万科第五园，这也是当时国内最大的工业化保障房项目，施工期间建筑垃圾减少80%，材料损耗减少60%，建筑节能50%。

正是因为绿色建造及建筑工业化的重要意义和广阔前景，三局作为行业的领先者，从2013年初就开始策划成立绿色建筑工业化生产基地。从商业角度来说，此举投资大、见效慢，并非最佳的投资行为。然而三局人考虑更多的不是商业回报，而是责任与担当。局决策层经过综合考虑，决定由一公司先行探索。一公司董事长、党委书记陈卫国亲自挂帅，积极组建团队，进行艰辛的探索实践。

2014年11月，由三局控股的中建科技武汉有限公司成立。2015年1月，该公司投资建设的湖北省首个绿色建筑产业园一期工程在武汉阳逻经济开发区正式开工，7月建成投产，9月被评为国家住宅产业化基地。

2015年9月16日，湖北省副省长曹广晶、中建总公司董事长、党组书记官庆专程来此为该住宅产业化基地揭牌，同时举行PC制造厂投产、产业化项目首吊仪式。

该产业园项目规划面积3000亩，包括示范先行区、绿色建筑生态展示区、招商拓展区。其中，示范先行区主要包含"五厂一中心"，即PC构件厂、内隔墙板厂、装饰部品厂、轻型钢结构住宅厂、城市综合管廊厂和技术研发中心。

产品类型包括整体厨卫、叠合板、装配式外墙、隔墙板、空调板、阳台板、装配式吊顶、节能门窗、共同管沟等PC构件。通俗地讲，这些就是大块头的"积木"，运到建筑工地后进行全装配式施工，直接组装成住宅楼等建筑。

三局将以建筑产业园区为依托，搭建建筑产业服务平台，建立战略联盟协同机制，整合产业链上下游企业，形成产业集聚效应，打造建筑产业新生态。

2016年3月，这个工厂的产品就在实际建筑工程项目中得到了实战检验，据《长江日报》报道：

> 你听说过这样盖房子吗？即外墙、阳台、楼梯等"零部件"提前在工厂里生产好，然后运到建筑工地，像"搭积木"一样拼装成房子！近日，记者探访了位于新洲阳逻开发区的我市首个建筑现代化产业园——中建三局绿色建筑产业园，像"搭积木"一样盖房子将在武汉出现。
>
> 没有嘈杂的声音，没有散落的模板木枋，更没有堆积如山的建筑垃圾，一块块成型的预制构件，三五成群的吊装工人井然有序进行拼装。在武汉市首个建筑工业化试点示范项目——中建三局中建深港新城项目现场，大家观摩了基于BIM的智能施工放样、3D打印预制构件拼装、基于3D激光扫描的非接触式实测实量、砂加气精确砌块施工模拟。

据进一步了解，项目还采用了3D打印预制构件、物联网系统、Allplan以及BIM应用、基于3D激光扫描的非接触式实测实量等。与传统施工方式相比，运用工业化方式建造每平方米建筑面积的水耗降低64.75%，节约木材76%，节约传统钢管架体的投入93%，节约用地37%，人工减少47.35%，垃圾减少58.89%。

这看起来十分"高大上"的施工技术莫非就是我们苦苦追寻的建筑工业4.0？

是的，但是这还远远不够！我们离真正的建筑4.0还差了很远。未来的4.0时代应当是全方位、全领域的，以智能化生产的个性化建筑。

人类建筑的未来到底是怎样的？全面的建筑工业4.0时代又将是怎样的一个盛况？人们充满期待，但更需要全体建筑人为之共同努力。

第二十四章 争先致远

美国建筑师赖特认为："建筑基本上是人类文献中最伟大的记录。"与其说建筑是出自建筑人之手，不如说它归根到底是出自时代精神之手。半世纪来，中建三局也是一个记录者，数代人用砖瓦作笔，记录下新中国50年的发展史。看似冰冷的建筑，因浸透汗水而带有体温，这种温度正是建设者文化的余香。

1.中建信条和争先文化

　　信息时代，产品可以趋同，技术可以学习，管理可以模仿，就以建筑企业来说，国内的建筑企业不下万家，在竞争白热化的市场环境下，唯有企业文化是独特的不可复制的"二维码"。

　　中建三局50年的发展史正是中国建筑史上发展最为迅猛的时期，幸运的是三局建设者亲手用汗水和智慧浇灌了这个伟大的时代，并在50年的历程中形成了具有自己鲜明特色的"争先"文化。

　　在企业初创时期，作为建筑行业的"国家队"，三局广大员工共同坚守听从指挥、拼搏奉献的坚定信念，发扬自力更生、艰苦创业的光荣传统，传承勇立潮头、先声夺人、推陈出新的首创精神。这些元素，成为争先文化的发展源头。

在开拓时期，企业发展的强烈需求和自身拥有的争先基因，促使三局主动适应计划经济向市场经济转轨的大背景，积极走向市场、参与竞争。这一时期，"争先"成为企业开拓市场的导向，它与在工程建设中展现出来的敢想敢干、敢拼敢赢的开拓精神，不怕困难、不畏艰险的创业精神，为国争光、为工人阶级争气的主人翁精神，共同形成了争先文化的雏形。

在体制变革时期，争先文化继续在推进思想解放、市场开拓、技术创新等方面提供精神动力，自身也得到丰富和发展，形成了"开拓、争先、奉献、求实"的企业精神，并在发展实践中增添了"永远争第一，敢为天下先"的内涵。

在持续跨越时期，争先文化通过全员参与、系统提炼，完成了由原生态文化向自觉形态文化的过渡。2008年，在局董事长、党委书记熊德荣的领导下，局党委副书记、工会主席张明铁组织带领专班梳理方案，经局党委中心组学习会以及全局中层以上领导干部培训会的广泛讨论，并在全局上下反复征求意见，以"敢为天下先，永远争第一"为核心的争先文化，首次构建起完整的文化体系，实现由原生态文化向自觉形态文化的过渡。

在转型升级的新时期，随着2012年《中建信条》的发布，中建三局积极推进争先文化与中建信条对接融合。从2013年3月开始，局董事长、党委书记陈华元亲自主持企业文化手册的修订编制工作，在文化传承的基础上，经过十个月的努力，数易其稿，形成由前言、文化溯源、核心理念、企业战略、执行理念、争先书写中国建筑史六个部分组成的《中建信条•争先文化手册》。

在编制过程中，中建三局以高度的文化担当，始终坚持"信条"为根、"争先"为茎的原则，在核心理念中融入中建信条的全部内容，与中国建筑保持高度统一，体现了中建信条与争先文化的"母子文化"关系。同时，作为中国建筑的排头兵，在文化对接、融合过程中，中建三局以高度的文化自信，将"敢为天下先，永远争第一"的特色文化与时俱进地进行了极大的丰富和完善。

《中建信条•争先文化手册》的五条核心理念是：

> 企业使命：拓展幸福空间
> 企业愿景：最具国际竞争力的建筑地产综合企业集团
> 核心价值观：品质保障价值创造
> 企业精神：诚信创新超越共赢
> 企业品格：敢为天下先永远争第一

在《手册》中，中建三局对"敢为天下先，永远争第一"的深刻含义，用这样的语句进行了阐释：

> 敢为天下先，强调的是敢为人先、勇立潮头的胆略与智慧，彰显的是敢闯敢试、敢拼敢赢的气魄与胸襟，倡导的是开拓创新、争先有为的实践与行动；深刻揭示了三局取胜市场源于领先对手出征开拓、跨越发展源于引领行业持续变革的关键要义，是三局人崇尚创新、勇于突破，敢为人所不敢为、前无先例我当先，成就高端项目创新者、行业改革先行者的最好诠释和生动写照，表达了三局全面争当中国建筑排头兵、对标世界优秀企业的远大抱负。

> 敢为天下先，并非事事都争先、处处抢在前，而是集中体

现在企业的使命担当上，为所当为，争让有度，三局追求的是满意客户、成就员工、回报股东、造福社会，不断拓展人类幸福空间。

永远争第一，强调的是志存高远、永不满足的理想与信念，彰显的是不甘平庸、追求卓越的精神与境界，倡导的是直面挑战、当仁不让的责任与担当；深刻揭示了三局成名于速度，以两个"深圳速度"彪炳史册；成功于品质，以专注品质发展赢得尊重的关键要义，是三局人崇尚荣誉，向往胜利，困难面前有我在、越是艰险越向前，成就建筑品质引领者、社会责任担当者的最佳注解和时代内涵，表达了三局致力创先争优、永葆基业长青的不懈追求。

永远争第一，并非时时争输赢，处处论高下，也并非简单的名次之争，而是集中体现在企业的价值取向上，三局追求的是品质保障和价值创造，全力打造中国建筑业最具价值创造力的现代企业集团。

与此同时，还进行这样的丰富完善：

站在转型升级、跨越发展的新起点，意气风发的三局人，把"敢为天下先，永远争第一"的豪迈誓言深深地融入血液中、浸润进骨子里、烙印在灵魂深处，将争先文化的精髓集中体现为"开放、包容、谦虚、务实"的企业特征，升华为"豪气、锐气、灵气"的员工气质，转化为"担责、担难、担险"的实际行动。

《中建信条·争先文化手册》还从企业拓市场、树品牌、创效益、育人才、强服务、优作风六个方面总结提炼出了企业运营中的六条执行理念：

市场观：高端引领，和合生赢

品牌观：追求经典，崇尚卓越

理财观：精实严俭，价值至上

人才观：以人为本，任人唯贤

服务观：重情守信，成就客户

作风观：知行合一，德业双馨

争先文化体系融合了《中建信条》的全部内容，凝聚了三局发展历程中宝贵的精神财富，蕴含了企业管理的核心思想，承载着全体员工的共同愿望。2013年12月26日，三局党委举行《中建信条·争先文化手册》发布会。标志着争先文化建设迈入了新的发展阶段。

以"敢为天下先，永远争第一"为核心的争先文化，是中建三局的原生态文化，是个性鲜明的企业品格，是引领中建三局持续跨越、科学发展的精神旗帜和灵魂支柱。正如陈华元在面对青年员工时所说：

"争先文化是根植我们内心深处的灵魂，是我们共同守望的精神家园，是我们最不容易被别人模仿的品牌。我们要倍加珍惜与呵护，让她变得更加灿烂迷人，使得在职员工倾情她，离退休员工依恋她，走出三局的人想念她，想进三局的人神往她，使得我们每个人都情不自禁地愿意为三局的事业奋斗终生！"

2.文化典范

2008年元月16日，南国大雪纷飞，地面银装素裹。刚刚从舟山出差回来的三公司安装公司市场部经理黄修标又接到紧急任务：明天长沙三一重工某项目开标，必须于今晚赶到长沙送标书。时间是第二天上午9点前，否则视为弃权。

16日下午5时，黄修标和司机吴强驾车从武汉出发赶往长沙。行前他联络高速公路管理处，管理处回答，虽然武汉—长沙沿途都有雨雪，但是高速公路并未封闭。按照以往经验，约三个小时即到长沙，赶上第二天上午9点的开标会绰绰有余。

进入高速公路后，司机吴强发现路面湿滑，只得小心驾驶。但是半个小时后，天开始阴沉起来，车载收音机传来天气预报：今晚到明天，湖北、湖南大部分地区有中到大雪，局部地区有暴雪。车窗外的冰粒打在挡风玻璃上沙沙作响，黄修标看着路两旁旷野中的积雪，心头掠过一丝不安。

预告中的这场雪比预期来得更快一些，小雪粒开始变成了大雪片，飞蛾般扑在汽车大灯上。路上的车全部减速，如同蜗牛爬行。高速路上的警示牌上不断闪烁着黄色警告语：大雪路滑，请谨慎行车！天越来越黑，雪越来越大，原定于当晚九点到长沙的计划不可能实现了，他们只期望路上不要出事，不要堵车，这样明天也能准时参加开标会。

越是担心什么，就越会出现什么。深夜11时，他们在离长沙约有50公里处不得不停了下来。前方因为天雪路滑，一辆大货车出了事故，横亘在路中间，又引发多车追尾，将去长沙方向的路彻底堵死，后面的车也排起了长龙。时间一分一秒过去了，救援工作迟迟没有进展。从前方传来消息说，因为大雪，救援车一时过不来。足足1个小时，他们的车堵在路上动弹不得。时间已是午夜12时，突然黄修标说："我要跑到长沙去，路通了你随后赶来接我。"

吴强吓了一跳，看着黑沉沉的天空说："这离长沙差不多还有50公里啊，再说又是大雪天。"

黄修标说："我步行过去或许还能在9点前赶到，这样等一点机会也没有了，我们不能废标啊！"吴强还在劝，天雪路滑，躲在车上等待是最佳的办法。

但是黄修标下定了决心，咬咬牙抱起标书拉开车门，冷风让他不禁打了一个寒战。他抱住标书向着长沙方向走去，吴强看着黄修标深一脚浅一脚，消失在风雪中。

没有人知道黄修标一路上是如何想的，也没有人知道他是如何坚持下来的。约50公里的路程，他提着厚厚的标书沿着高速路顶着风雪从午夜一路狂奔到凌晨。第二天早上7时，高速路长沙出口的管理员们等来第一个出收费站的，不是一辆车，而是一个奇怪的人。这个人头顶雪花、浑身湿透，却热气腾腾地从高速路上走来，此人正是黄修标。

他掏出手机看看时间，正是2008年元月17日早上7点，他用了7个多小时在雪夜中狂奔了50公里终于走到了长沙（回程时司机吴强打表测试，实为46公里），这时离开标还有2个小时，时间足够了，他欣慰地笑了！此时绝大多数人正在被窝中睡觉，司机吴强和他的车子还被堵在路上。

黄修标准时参加了"三一重工"的开标会，甲方代表无不为他所感动，三公司成功中标。

这是一个在三局青年员工中传诵多时的故事，也被认为是在"争先"文化熏陶下的典范案例。

如果把文化理念比作一颗优良的种子，要让这颗种子长成枝繁叶茂的参天大树，还必须在后天对其进行精心的培育。加强文化管理，推进文化落地，就是培育种子的过程。

在三局的历史上，苦战、恶战的事例不胜枚举，把不可能变成可能的事也多如牛毛，而这些事例就是"争先"文化链条中最光彩的珍珠。

从2008年起，三局先后开展"七个主题年活动"，即企业文化建设年、项目文化建设年、文化管理推进年、文化诊断评估年、中建信条宣贯年、文化融合升华年、《中建信条·争先文化手册》宣贯年，年年定主题、次次有创新，从而不断推进文化理念落地。

局党委要求各级领导带头宣讲争先文化。在局和各单位的新员工入职大会上，主要负责人都要亲自到会给新员工讲授企业文化，给新员工上好入职第一课。

在谈到文化创新时，陈华元还深入地谈到争先精神与谦虚品格的关系：

> 越是饱满的麦穗，越是低头向着大地；越是优秀的企业，越要保持谦虚品格。争先精神是我们勇当优秀的动力和支撑，谦虚品格则是我们激情争先的源泉和土壤。辩证来看，志存高远的争先信念，需要脚踏实地的谦虚行动作保障；理性严谨的谦虚作风，需要敢于担当的争先作为来坚持。两者不可分割、互为表里，甚至可以相互转化。保持谦虚的品格，需要我们有长于自省的意识、勇于归零的心态、善于包容的胸襟、乐于感恩的情怀。

全局各单位根据局党委的要求，大力开展多形式的学习培训、多途径的传播渗透和多载体的文化活动，掀起宣贯企业文化的热潮。与此同时，局党委以中建信条和争先文化为统领，强力规范各单位的特色文化管理。

首先，要守纪律。要求局属单位根据总公司文化建设规范和《中建三局争先文化建设实施纲要》的精神，大力深植和践行以中建信条为核心的争先文化。

各单位不得刻意宣传和放大自身特色文化，不得自行出台文化手册，更不允许自立门户、自成体系。

其次，要有站位。要求各单位将自己作为中国建筑、中建三局的一分子和有机组成，来认知认同中建信条和争先文化，站位高、眼光远、胸怀开阔，强化文化的统一性。

再次，要懂取舍。根据中国建筑文化建设规范，要求各单位勇于舍弃一切与中建信条和争先文化不相契合的文化元素，在争先文化的理念宣贯和文化活动上寻载体、求特色；在践行路径和实现形式上下功夫、谋创新；在项目"文化细胞"建设上创成果、出经验，将本单位企业文化建设的实践经验和丰硕成果有机融入争先文化体系，形成各具特色的文化践行工作品牌，支撑和拱卫争先文化。

2011年12月，陈华元代表三局参加"全国国有企业推进社会主义核心价值体系建设座谈会"，他作为代表就争先文化建设作交流发言。时任国务院国资委主任王勇对陈华元说："三局争先文化提炼得很好，你们企业在文化引领下也建设得很好。像中建三局发展这么好的企业，就是因为真正把企业文化的优势转变成了企业的竞争优势、发展优势。"2013年7月10日，国务院国资委组织的中央企业企业文化建设经验交流会在京召开。会上，三局被授予首批中央企业企业文化示范单位，在30家获奖央企中，是中建系统唯一的获奖企业。2014年，三局荣获中国建筑首届企业文化建设示范单位、中国企业文化建设标杆单位、湖北省十大企业文化示范基地等称号。

争先文化历经半世纪风雨，经数代三局建设者薪火传承，终成典范。

3.战略接力棒

美国陆军军事学院1983年编著出版的《军事战略》一书中的战略公式如下：

战略 = 目的（追求的目标）+ 途径（行动方案）+ 手段（实现目标的方法和工具）

企业要想走得远，制定好、执行好并传承好优秀的企业战略是关键所在。2014年10月，已经退休的熊德荣回顾自己在三局的十年工作经历，他以一个"过来人"的身份说："三局50年的辉煌成就是全体员工、几代班子接力奋斗的结果。我任职期间，只是在历史的接力赛中，跑了其中一棒。应该说，每一届班子都有自己的东西，因为每一届班子所处的时代不同、所处的市场不同，都会有自己的思路。但是每届班子之间会有明显的传承印记，不是下一届把上一届完全否定另搞一套。要不是一届一届传承下来，在传承的基础上又有创新，三局就没有今天。"

三局的发展其实是一场一往无前的接力赛，这场比赛的"接力棒"就是企业战略的传承。站在三局成立50周年的时间节点上，回顾一下三局几个关键时期的战略，确实可让后来者更加明白战略的重要意义。

三线建设时期，在完成渡口的工程后，刘贤"赴京"坚持了三局"建筑野战军"的特质，千里挺进贵州；在三线建设尾期，又是刘贤和岳洪林力主企业千里移师湖北。应当说这一时期的三局是典型的"国家队"。此时要说企业战略即坚持了"国家队""野战军"的建制，本色不变，讲担当，谋发展。

改革开放初期，在变"等饭吃"为"找饭吃"的转变中，岳洪林、张恩沛率先在深圳、厦门等特区打开一片天地，并成功在天津、西北等市场打下楔子。这一时期的企业战略就是"走出去"，用实际行动唤起了全体三局人的市场意识。

到20世纪80年代末，洪可柱为首的局领导班子率全局学习鲁布革经验，进行自我管理革命，开始了精细化管理的征程，并使企业战略更为全面和立体。在营销上，仍坚定"走出去"战略，制定了"沿海一片、京广一线、西安一点、北上西进"的营销目标。到90年代中期，又提出了"打造智力密集型和劳务密集型相结合的企业集团"和"打造成中国建筑业改革发展的先驱者和探索者"的发展战略。还提出了组织结构集团化、产业结构多元化、国内外经营一体化、经营管理集约化的"四化"战略目标。进入新世纪，首提"强化主业和区域化经营、专业化发展、实施资产重组建立母子公司集团体制"。2002年，洪可柱、熊德荣又提出企业整体上市战略，虽然最终因总公司整体上市而终止，但对三局的资产优化、管理规范带来了极其深刻的影响。

2005年，中建总公司在三局推行董事会制度，熊德荣任三局董事长、王祥明任总经理，三局提出了新的战略构想。2006年2月，局党委下发《关于构建和谐三局若干问题的决定》，核心为"五个三局"的建设：建效益三局，以健康发展谋求和谐；建创新三局，以改革进取促进和谐；建文明三局，以优秀文化引领和谐；建法治三局，以制度规范保障和谐；建人本三局，以员工发展主导和谐。同时还提出"1+6"板块的差异化发展之路，"1+6"即建筑安装加钢结构制作安装、室内外装饰、商品混凝土生产、海外业务、房地产开发、基础设施。"1+6"板块为后来的"两轮驱动"打下了坚实基础。

2011年1月，以熊德荣为董事长、陈华元为总经理的领导班子科学研判形势，在"十二五"规划中再一次进行战略调整：坚持"两轮"驱动、打造"四最"企业。"两轮驱动"即建造和投资并进，将三局由以房建为主的传统施工企业向建造和投资并重的综合性企业集团转变；
"四最"即"综合实力最强、发展质量最好、企业品牌最优、员工幸福
指数最高"。并确定要坚持"八个取向"：始终坚持永争第一的目标取
向；始终坚持主攻高端的市场取向；始终坚持结构调整的改革取向；始
终坚持追求品质的管理取向；始终坚持统分有度的集团取向；始终坚持
福利员工的人本取向；始终坚持抓好党建的政治取向；始终坚持奉献社
会的责任取向。

2012年，接力棒传到陈华元、易文权的手中，局领导班子又与时俱
进地提出"七个并重"的战略思想、"一最四强"的战略目标、"两轮
驱动"的战略路径。其中在"七个并重"中明确提出"永续传承与锐意
创新并重"——这正是三局战略接力赛的核心。

2015年5月，在三局成立50周年前夕，三局党委特意安排全体班子成
员和一百多名中层干部重新回到50年前三局在三线时期的创业旧地寻根
溯源。活动目的是寻访创业旧址，弘扬争先精神，再攀发展高峰。陈华
元在三局安顺时期的办公楼旧址前对中层骨干说："要把传承作为沿袭
历史的第一责任，把创新作为跨越发展的第一动力，把作风作为打造团
队的第一要务，把品质作为争先有为的第一追求。"

4．"七个并重"和"一最四强"

国家有国家梦，企业也有企业梦。

2012年11月29日，习近平总书记在参观《复兴之路》展览时提出要
实现"中华民族伟大复兴的中国梦"。在党的第十八次全国代表大会
上，习近平再提"中国梦"，并将其定义为"实现中华民族伟大复兴，
就是中华民族近代以来最伟大梦想"。"中国梦"的核心概括为"两个
一百年"目标：在2021年中国共产党成立100年时全面建成小康社会，这

是中国梦的第一个宏伟目标；在2049年中华人民共和国成立100年时建成社会主义现代化国家，这是中国梦的第二个宏伟目标。逐步并最终顺利实现中华民族的伟大复兴，具体表现是国家富强、民族振兴、人民幸福。

一个有远大梦想的民族才能更为强盛，一个有远大梦想的企业才能走得更远。

2013年9月27日，中建三局召开第五次党代会，陈华元代表局党委作了题为《勇担新使命推进新跨越为建设中国建筑最具价值创造力的现代企业集团而奋斗》的主题报告，报告指出用"七个并重"的战略思想来铸就企业"一最四强"的战略目标。

何谓"七个并重"？

一是政治引领与作风建设并重，全面提高党建工作科学化水平。

二是永续传承与锐意创新并重，始终保持企业生机勃勃活力永驻。

三是企业转型与产业升级并重，深入实施建造投资"两轮"驱动战略。

四是国情意识与国际视野并重，坚定不移走海内外协调发展之路。

五是规模提升与品质保障并重，致力推进企业又好又快科学发展。

六是争先精神与谦虚品格并重，增强文化软实力构筑发展硬支撑。

七是企业进步与员工发展并重，以人为本大力拓展幸福空间。

"七个并重"的战略思想是中建三局在快速跨越发展的形势下对长远发展道路的更深入思考，是企业在不断变化的环境中对战略要旨的更深刻认识，体现的是三局对品质保障和价值创造的不懈追求，是打造百年名企、保持基业长青的热切愿景。

何谓"一最四强"？

"一最"即把三局建设成为中国建筑业最具价值创造力的现代企业集团。综合实力和主要经济指标综合贡献度在建筑央企同类企业和全国地方建筑企业中排名第一，致力成为成长性、创新性、持续性和信誉度最好的企业。

"四强"即保持中建系统前两强的地位，保持湖北百强企业前三强的地位，达到 ENR 国际工程承包商一百强标准，达到世界五百强企业的标准。

"一最四强"的战略目标，体现了中国建筑排头兵的责任与担当，指明了全局员工奋斗的方向。

第二十五章　国企责任

何谓责任？诚信、担当，有所不为，有所必为！歌德说："责任就是对自己要求去做的事情有一种爱。"一家国企，应担负什么样的责任？中建三局认为起码有三个方面：经济责任，政治责任，社会责任。人无信不立，企无责不兴！

1.我在震中

2008年5月12日，四川汶川大地震。

地震来袭时，总承包公司成都分公司的职工们正像往常一样在九眼桥边的中海广场21楼里办公。突然地动楼摇，文具柜、办公桌都筛糠一般摇晃起来，大家一阵目眩。正在办公的分公司经理章维成差点摔倒在地，他意识到地震了，忙冲出办公室大喊："大家不要慌，快走安全通道撤离。"大家迅速撤到楼下，他与分公司领导班子成员是最后撤出的。

章维成冷静下来后马上挨个项目打电话询问受损情况，有些项目因电话一时不通让他急出一身冷汗。好在消息陆续传来：各工地除少量财产受损，无人员伤亡。接着章维成接到了局和公司领导打来的慰问电话，他据实汇报。安定下来后，分公司马上召开紧急会议，成立应急办公室，安排部署抗震救灾。各项目全部停工，做好水、电、食宿的保障工作，确保人员安全。分公司还积极参与地方的抗震救灾工作。

5月13日，分公司紧急组建了200余人、10多台（套）机械设备的救援队，他们在成都市政府的指挥下开赴都江堰灾区参加救灾。他们分成三个小组进入重灾区，仅用半天时间就搭起了20余间活动板房。

铲车司机郭元安和吴军从5月14日起就一起在一线参与救援工作，16日上午，他们在都江堰中医院参与清理废墟时，突然发现一个包裹，打开一看竟然是一包现金，经过仔细清点，共有2万余元。二人直奔前线救灾指挥部，把钱交给了工作人员。救灾人员在短时间内建成了4000平方米的灾民生活基地，总价值340万元，供灾民入住，他们自己则天天露宿。

与此同时，三局在成都的另一支队伍也接到了救援通知。

地震发生时，三公司成都华润项目的党支部书记杨永国正巡查工地，突然大地一阵晃动，身边的一堆钢管滚落在地。正在施工中的工人们都惊叫起来，不远处的塔吊正在吊一捆钢筋，塔吊在空中突然乱舞，那一捆钢筋摇摇欲坠。杨永国抢来一个对讲机，高声指挥塔吊操作员不要紧张，慢慢放下钢筋。同时大声招呼工人们退出作业面，到安全地带集结。

万幸，工地上除了一些材料受损，并无人员伤亡。杨永国立刻召开项目党支部会议，商议如何应对这次灾难、如何保证施工安全。会议中，电话响了，是三公司董事长李全立询问情况，指示他们确保所有人员安全，同时做好应急预案，随时听从地方政府的安排参加救灾。

杨永国放下电话不久，果然接到成都救灾指挥部的通知：请组织一个20人左右的救援小组准备赴灾区救灾。杨永国立刻通知大家自愿报名，只见大家纷纷举手要求参加。杨永国只得一一核实大家的情况，要求党员、团员优先。下午4时，一支24人的救灾小分队成立，杨永国任队长。5月13日凌晨2点，救援队赶赴70公里外的都江堰。

凌晨4点58分，救援队赶到都江堰受灾严重的太东巷小区。昔日繁华的小区已是一片废墟。由于房屋倒塌严重，机械设备无法施力，救援队只能徒手开挖。借着照明灯，不时挖出遇难者。空气中弥漫着令人难受的血腥味，有的队员忍不住吐了。大家疯狂地挖刨着、呼唤着，搜寻废墟中的生命。

废墟中传来微弱的"救命"声。队员们精神为之一振，大声喊："不要怕，我们来救你啦。"随即小心翼翼地将倒塌的预制板一块块抬开，把碎石砖一点点掏出。

13日5点20分，两名幸存者被发现，但他们的上方压着两块又大又重的预制板，生命危在旦夕。此时余震不断，旁边的危房摇摇欲坠。天下起了大雨，队员们浑身湿透。

56岁的李小陇体力不支，栽倒在地；25岁的傅昌鹏不堪重负，脸色惨白；张金国的右脚被扎破，血流不止；王明泽的胳膊被压住，动弹不得……但他们心中只有一个念头：救人，救人，赶快救人！杨永国鼓励道："挺住！坚持就是胜利！"

就这样，队员们冒雨坚持刨了11个小时，终于在下午4点10分，成功救出被压长达26小时的一位70多岁的老人和一名十多岁的孩子。

前夜的舟车劳顿，白天的挖掘救援，到了傍晚，队员们极度疲劳，恨不得倒地就睡，但生命不容等待，救援队又立即奔赴重灾区——青山路社区。在接下来的救援中，他们从废墟中挖出了多名遇难者。

队员们悲痛万分，但大家相信废墟下仍有坚强的生命，继续搜救。15日19时，他们在江堰路废墟中听到微弱的求救声。这再次激发了全体队员的能量！通过仔细搜寻，发现废墟中有三名幸存者！正实施救援，强烈的余震袭来，周围的危房接连倒塌。砖块砸在队员们的安全帽上，啪啪作响。有4名队员相继摔倒，但他们继续奋力救援，共同的愿望就是以最快的速度救出幸存者。经艰难努力，队员们用血淋淋的双手再次从废墟中刨出三条生命。他们是震后第一批赶赴灾区的救援力量之一，仅凭双手从废墟中救出5人。

与此同时，三局全局总动员，第一时间清查三局在四川承建的工程与人员安全情况。消息反馈回来：由中建三局修建的，无论是建成的还是在建的工程，均卓然耸立，员工均安然无恙。

前线救灾紧急，后方的三局人也没有闲着。5月19日，熊德荣接到湖北省委办公厅的紧急电话，要求三局为灾区援建20栋活动板房。熊德荣亲自督办此事，20日材料到场，21日下午就从武汉发往成都重灾区。同时三局发起"情系灾区，抗震救灾"捐款倡议，全局员工积极响应，短短3天时间收到员工捐款730.82万元。5月22日，三局在湖北省赈灾晚会上再捐100万元。

6月中旬，熊德荣突然又接到一个电话，是时任湖北省委书记罗清泉亲自打来的。罗清泉在电话中说："湖北省对口支援四川灾区的援建工作，希望三局给予支持。"

熊德荣当即表态："请罗书记放心，有什么需要我们第一时间上。"

第二天，三局便从各地紧急集中了600人赶往灾区雅安，承担3100套、共计6.2万平方米的活动板房安装任务。三局派出副总经理詹宇为指挥长，率队从武汉、重庆、成都、天津等地赶赴灾区。詹宇一面组织施工救灾，一面与抗震救灾指挥中心进行协调。他把人马按区域按任务进行分派，各区域再设指挥长一名，定计划、报方案，统一协调材料物资。

三公司的一支30人队伍赶往雅安市名山县，在19个乡镇援建20余天。

6月17日，二公司抢建的雅安市人民医院接诊救治70名首批病人。6月19日，一公司在天全县援建的首期350套板房交付使用，雅安市委副书记张锦明将鲜花亲手送给援建的工人们。

6月22日,总承包公司抢建的名山三中完工,学生们重返课堂。7月初,由三公司援建的名山一中迎来震后高考,在板房中考出一名雅安市文科状元,名山中学校长专门向三公司送来感谢信与锦旗。

队员们在援建过程中感受到灾区人民的热情,当地高速路一律免费通行,材料一到,大家都抢着帮忙搬运,当地百姓尽可能地为队员提供食宿。这都让救援者深深感动。

6月24日,时任湖北省委书记罗清泉、省长李鸿忠到灾区视察三局援建项目。此时,湖北省的援建进度已进入全国前列,受到了国家赈灾委的表扬。罗清泉拉着熊德荣的手说:"你们三局立了大功,值得表扬啊!"

2.援建在行动

灾后重建的任务更艰巨。四川汉源县是重灾区,由湖北省对口援建一座新县城,三局成都公司负责新建汉源县新体育馆。

孙永利,来自湖北的小伙子,在新体育馆项目任工长。黄汝彬,汉源县萝卜岗附近的农民,灾后跟妻子一起开了个路边小餐馆维持生活。一段川鄂兄弟情就在他们身上上演了。

孙永利和成都公司的兄弟们刚进驻工地时,除了满天灰尘和一脚烂泥,什么也没有。吃饭就是大问题,他们每天只能去黄汝彬的路边小店随便对付一下。黄汝彬得知他们是来援建的队伍,就常常给他们免费送茶叶蛋和汽水。你要给钱,他跟你急眼。

孙永利想,这对夫妻的小店本小利薄,还非要大方地送,这样下去我们哪是来援建,分明占便宜来的。于是对项目领导建议,不如把工人居住点的板房腾两间出来,给黄汝彬夫妇正规做点生意,同时还解决了工地上员工的吃饭问题。

领导赞同，当即行动。

孙永利找到黄汝彬："小黄，我们工地上大家吃饭是一个问题，想请你帮忙解决下。"

黄汝彬说："孙哥，没得问题撒，你们只管来吃。"

孙永利说："是这样的，你这店嘛，门面都没得一间，露天的不卫生，摊子又小，人来多几个，坐的位置都没得。"

黄汝彬挠挠头，显得很无奈地说："条件确实有限，不是受灾了嘛，房子都垮了。"

孙永利说："我倒有一个办法，不如你到我们工人居住地去开，我们给你两间板房，又有厨房又有餐厅，多好啊。我们来吃饭也不用跑这么远了。"

黄汝彬知道孙永利绕这么大的弯子原来是想帮自己，十分感动，再看看孙永利期盼的眼神，同意了。于是工地餐馆正式开业。

孙永利和同事们来吃饭，黄汝彬总少不了多加一个菜。连续的抢工开始了，孙永利和多名同事都累倒了，毫无食欲。黄汝彬跑到很远的山下去采购湖北菜，送到孙永利的办公室。孙永利已经很久没有吃到家乡菜了，这一餐吃得特别香。

黄汝彬跟妻子商量，咱们也学做湖北菜吧。试了几次，还真是那么回事。看到这帮来自湖北的援建者吃得香，黄汝彬两口子也笑得特别甜。

2009年11月，黄汝彬在新县城分到新住房和一间正式的商铺，为了让他早点搬进去，孙永利就跟同事们一起帮他们装修。12月，黄汝彬的商铺装修好了，这可是新县城的繁华地段，生意铁定好做。

孙永利对黄汝彬说："你可以搬去新商铺做生意了。哪天搬，我们一起来帮你，开张时一定到场祝贺。"

可黄汝彬说："我暂时还不想搬。这儿生意好做。"

孙永利笑道："鬼话，在这有啥子生意哟？天天就我们几个穷哥们来，而且你还老不收钱，再这样下去亏死你娃儿。"

黄汝彬说："反正你们兄弟伙的不走，我就不搬。"

孙永利愣了一下，明白再劝就是见外了，拍了拍他的肩膀说："谢谢你，小黄，我正担心你走了，我们没处吃饭呢！"

黄汝彬抬起头嘿嘿地傻笑。

这年春节，工地上抢工，孙永利和许多同事没有回家。黄汝彬的工地小餐馆也不关门，每天孙永利和工友们从工地下来，总有热乎乎的饭菜等着他们。除夕夜，黄汝彬夫妇做了丰盛的年夜饭，等着孙永利和同事们从工地上下来，他们一起举杯，庆祝新年，庆祝灾区重获新生，又互敬兄弟之情。

2010年4月，新体育馆终于落成了，孙永利他们要走了，黄汝彬端着满满的一杯酒敬大家："谢谢你们，湖北来的兄弟们！"

他们深情拥抱，眼中都含着泪花。一名普通的中建三局施工员和一个灾区普通的小餐馆老板上演了感人的兄弟情。

三局还采用派驻干部挂职的方式积极支援地方建设。

2006年6月，陈志雄被派往湖北赤壁市担任主管工业的副市长。他积极开展招商引资工作，狠抓安全生产，加强陆水湖饮用水源治理。受到当地老百姓称赞。

2007年3月，按照中组部统一安排，侯勇赴新疆挂职锻炼，任新疆生产建设兵团农十四师（和田）党委常委、副师长，为承担总公司的援疆政治任务履行了应尽职责。此后的一年半时间里，三局还陆续派侯玉杰、张维一、张华卫、周承朋、章长杰等开展了相关对口支援工作。

按照湖北省委组织部安排，三局还派出王均生、武传平、杨巍、余仁国、徐鸣、周建国等到地方挂职，分别从扶贫开发、科技创新、城市规划、城镇建设、人事管理等方面支援地方建设，均获得好评。

2015年12月21日，深圳市光明新区恒泰裕工业园发生山体滑坡重大灾害。三局副总经理、总经济师王胜民紧急召开应急抢险落实会，成立了以南方分局局长张华其为组长的"深圳光明滑坡灾害应急救援小组"。第二天，94人和31台（套）设备以及雨衣、雨鞋、雨伞、棉大衣、现场照明灯、发电机、帐篷等各类救援物资进场。昼夜不断开展渣土采挖和运输工作。随着救援工作的深入开展，现场救援急需的钢板路基箱在深圳、广州均已无货。得知情况后，三局立即派出人员赶往长沙、益阳、厦门等地寻找货源，合计采购214片路基箱，连夜运抵深圳市光明救援现场，为顺利救援打通了生命通道。

除此之外，三局还派出专业人员第一时间排查事故附近工地施工现场安全隐患。组织志愿服务队购置饮用水送往救援现场，协助义工组织搬运捐赠物资，并对陆续赶到的伤员家属进行安抚。

三局的快速反应得到时任广东省委副书记、深圳市委书记马兴瑞高度评价。

3.我们是兄弟

这个青年有个很奇特的姓名，他姓火，名会燎。

1992年7月，他在宁夏西吉县结束了一场很不如意的高考。这意味着他的学生时代结束了，生存难题接着到来。

火会燎和中国农村数以亿计的农民工一样，告别家乡，四处打工。他和他的伙伴们在城市间奔波，日晒风吹，书生气慢慢褪去，但梦想却从未放弃，比如他的文学梦。打工途中，他曾在1994年这样写道：

> 我在艰难地爬行，我觉得累，白日里为生计四处奔走，夜

里孤灯独对，劳神费思，时光待我很冷清。我觉察出自己的孤寂来，我在孤独中默默地凝望着希望，尽管很渺茫。

前方的路还很漫长，我将以自己的双脚去跨越人生旅途中的道道险关；我将以我的拙笔去开辟一片圣洁的园地；用彩笔去涂抹一幅灿烂的人生画卷。

1996年9月，他不肯放弃的梦想向他展露了微笑。时任三局总承包公司党总支副书记的陈华元受命前往宁夏西吉县招工。西吉县是国家级贫困县，也是中建三局的对口扶贫县。很快就有500多人报名，但是公司的指标只有40人，录取比例不到12:1。陈华元只得组织考试。火会燎虽然离开校园已久，但从未放下书本，笔试顺利过关，进入面试环节。

火会燎至今记得那天的一个个细节，他们首先要走过一条百米长道，如同模特一般。农民工们议论开了，有的说这是主办方在活跃气氛，有的则说这纯粹是主办方在找乐子。火会燎不这样认为，他认定这是主考官在测试应聘者的"精气神"。测试开始，大部分人都是嘻嘻哈哈地走过去。轮到火会燎，他没有笑，他认定这不仅仅是一次测试，这可能就是他将迈出人生重要一步的新起点。

他心无旁骛，目光直射前方，百米长道的尽头是一脸严肃的考官。他迎着考官的目光看过去，前方没有了人，没有嬉笑，只有一片高远的天空，白云在天上。他的步伐坚定有力，一步步走向前去，不回头，也不左顾右盼。

也许可以这样说，人生就当如此，认定目标一往无前。

在长道尽头等着他的就是陈华元。

"你以前对中建三局有所了解吗？"陈华元微笑着问他。

"有一些了解！"火会燎答道。他曾经去武汉打工，在中建三局的工地边走过，看着中建的旗帜高高地飘扬在工地。他简述了自己的打工经历，表达了想要加入中建三局做工的强烈愿望。

火会燎就这样被录用了。

此后，火会燎在项目中担任材料员。2000年12月光荣加入中国共产党。2004年，他被聘任为总承包公司物资部经理助理，走上中层管理岗位。2005年，他被评为第四届全国优秀进城务工青年先进个人；2007年被宁夏回族自治区评为十佳务工青年；2010年起，火会燎晋升料具站负责人，成为钢管、扣件、快拆件、碗扣等作业用材的大管家，掌管近2亿元资产。2012年，他被推举为党的十八大代表候选人。2013年，他被授予湖北省五一劳动奖章，湖北省总工会把他的传奇经历写成传记——《农民工火会燎》，在全国公开发行。

1992年，与火会燎相隔数千公里的湖北麻城，有个叫徐彬的年轻人也高中毕业了。19岁的他在家种两亩薄田。1993年中建三局对口扶贫革命老区，来麻城招工。徐彬被招录进来，成了一名合同工，经培训当上塔吊工。

"第一次爬塔吊，是在宜昌三峡总部大楼工地。"徐彬回忆，"那时的塔吊不算高，可感觉上去的路很长，腿一直抖，头也晕。"徐彬硬着头皮上，慢慢克服心理障碍，到最后走进驾驶室可以轻松地欣赏窗外风景。

此后，他无数次站在城市之巅——天河机场T2航站楼、武广客运专线武汉站、湖北图书馆新馆、武汉中心……22年来，他参与了一系列重点工程的建设，随着城市的长高，徐彬驾驶的塔吊也从几十米上升到100米、300米，甚至500米。

如今的他已经成为武汉中心项目设备机电组长，掌管着近亿元的设备资产，转型为新时代的产业工人。

　　1992年，当兵退伍的曹佛应回到了湖北通山县老家。他曾迷茫了一段时间，之后开始打零工的生涯，做过厨师、保安等。1995年，他被招入三局成为一名经警，1997年来到总承包公司汉口商砼搅拌站当保安。后来他学习驾驶铲车、混凝土搅拌车，2001年4月份被调到总承包公司武昌砼站从事生产调度工作，后又调到公司机关综合部从事保卫干事工作，走上管理岗位。后来他又在北方第一高楼天津117项目担任土建项目党支部书记。117项目顺利封顶之后，他又被调往新兴重工项目任项目书记，成为一名优秀的基层党务工作者。

　　2015年冬，一场雨雪侵袭华南，而合肥华南城紫金名都项目却施工正酣，正在主持施工的项目经理阮富明正在主持施工协调会。部下一一得令而去——而很有少有人知道，这个合同额达7亿元项目的第一责任人却是从一个地地道道的农民工成长起来的。阮富明在1995年之前只是工地上的一个民工，正是因为他勤奋好学，能力突出，被当时刚刚成立不久的总承包公司特招入职。经过多年的磨砺，他已经成为总承包公司基层骨干管理人员，主持多个项目的施工管理工作。

　　比他们更早"成名"的还有二公司的陶祥发，他1985年时被三局招为农村合同工，从砖瓦工开始，先后做到材料工、工程处统计员等。由于踏实肯干，又具有一定的文化基础，他于1992年担任二公司劳务分公司的副经理，并在1994年正式转成三局员工，此后担任劳务公司党委书记、武汉分公司书记，后又担任二公司党委副书记、工会主席等职，成为三局支柱公司的领导班子成员。

　　这样从农民工成长为企业骨干的还有很多，比如二公司的项德运，从农民工成长为二公司办公室主任，后又任东方装饰公司纪委副书记。

　　实现梦想的途径是多样的，29岁的农民工陈宗欢是一个小有名气的"歌星"。在一公司华南片区举办的"争先筑魂，青年有梦"青歌赛中一路闯进决赛，为近千名工友演出。

2013年11月13日，武汉电力职业技术学院请来两位农民工给大学生们授课，鞋子沾满泥巴的民工老师站上讲台，赢得学生们热烈的掌声。

这两个特殊的老师来自三局武汉九龙仓项目，分别是32岁的杜晓波和40岁的潘云德。在建筑行业摸爬滚打了整整10年，杜晓波已从当年背仪器、拿图纸的小工，做到了项目部的班组长，年收入在12万元以上。他给大学生讲授施工中的细节与技术要求，生动而实用。而潘云德则向大学生们讲述了自己如何从一个普通农民工成长为工地上小有名气的工头，再到劳务公司的副总经理。他寄语大学生们要心怀感恩地做人做事。

在三局的上千个工地，近30万农民工中，不仅有技术专家、怀揣明星梦的歌手，还有李盛明、左丕育这样的农民工画家。他们在繁重的工作之余坚持自己的创作，三局无一例外给予支持，帮助他们实现人生梦想。

中建三局严格监管各项目对农民工的权益保护情况，实行拖欠农民工工资一票否决，绝不容许出现拖欠民工工资情况的发生。多年来，他们的工资以年均高于10%的速度上涨。据统计，企业每年用于农民工教育培训、健康检查、安全防护的费用高达数千万元。

34岁的汪师傅是中建三局武汉中心项目的一名木工，胸前佩戴的胸牌显示他来自福田劳务队，住在大生活区7号楼201室，工作区域是塔楼区，负责模板支护工作。汪师傅所刷的这张IC射频卡不但集成了持卡人的基本信息、进场权限，还能够充值，购物、吃饭，一刷即可。

农民工赵业胜同时荣获"湖北省十佳农民工""湖北省五一劳动奖状"称号，获得城市户籍。他说："我们可以像城里人一样安居生活！"还有像"专家一样受到尊重"的杜晓波，他们都是现代新型建筑工人的代表。

再说汶川发生地震，三局立即对全局500余名灾区农民工提前结算工资，每人发500元路费让他们提前回家，并承诺：处理完家中事，欢迎随时回来上班。许多农民工兄弟感动得泣不成声。

2008年11月5日晚，央视《新闻会客厅》播放了主持人敬一丹与中建三局20名农民工的访谈节目。他们讲述了打工的艰辛，讲到了中建三局对他们的关爱与尊重。

在中建三局许多工地门口，都会看到这样的标语："进了三局门，就是一家人。"中建三局通过各种措施让他们找到"家"的感觉，改善住房、提供24小时热水、宿舍有空调、食堂有多种口味饭菜、工资按时足额发放等。如果这些只是解决他们基本的物质需求，那么提供技能培训、提供图书室、开办工地夜校、设立免费网吧、免费Wi-Fi、放映周末工地电影，则为他们丰富精神文化生活、提升自身素质、实现人生价值提供了机会。

按马斯洛的人的需求层次理论来说，人的需求分成生理需求、安全需求、社交需求、尊重和自我实现共五类，依次由较低层次到较高层次排列。随着时代的发展，广大农民工兄弟们的诉求也在进步，从单纯的打工挣钱到权益的维护、身份的尊重、人生自我价值的实现，三局都努力地为他们提供发展平台。

多年来，三局坚持用四大工程来拓展广大农民工兄弟的幸福空间：一是切实维权，打造安心工程；二是技能培训，打造素质工程；三是志愿服务，打造幸福工程；四是人文关怀，打造普惠工程。

2015年3月，陈华元在全国"两会"上建议：要加快农民工向产业工人转型，对农民工政治上关怀、权益上关心、思想上关切、工作上关心、生活上关爱，让农民工兄弟暖心安心。

2015年9月9日，三局在北京腾讯项目举行农民工集体入会仪式，300名农民工正式成为工会会员。通过成立项目工会联合会，把服务农民工与教育农民工结合起来，为入会的工友们提供技能培训、救助帮扶、法律维权等多项工会会员的普惠服务，促使农民工更好地融入城市发展和城市文明，实现"劳者有其得、工者有其安、弱者有其尊"。

三局从20世纪80年代就开始吸纳农民工，从最初的几千人到2000年后的10万余人，2010年的20万人，再到2015年的近30万人。他们是新时代的产业工人，推动中建三局发展的重要力量，更是中国城市建设的一支伟大力量。

4.三局好人

2010年7月9日21时许，曾经是铁脚板团队一员的孔庆良因病去世，享年84岁。这个曾经转战渡口、贵州、湖北等地的省级劳模，生前最后一个愿望就是死后把遗体捐献给红十字会，用于医学研究。其一生奔波，多次荣获公司先进生产者、优秀党员。他本人就是一部火红革命年代的奋斗史、一代建筑前辈无私奉献的光荣史。许多职工回忆他时都说："他是难得的好人！"人文三局、和谐三局，在三局还有不少这样的好人。

2011年6月27日，局医院退休职工孙苏岚病逝，享年55岁。在生命快到尽头时，她捐出了自己的眼角膜，让两位眼疾患者重见光明。

在孙苏岚的葬礼上，有一副挽联格外醒目："捐出角膜光明他人年轻亦寿，耗尽心力大写人生虽死犹生。"孙苏岚活在亲友们的心中，活在重获光明的眼睛里。

截至2014年11月，荆楚大地涌现出200余名捐髓者，其中中建三局"四代人"严生军（60后）、王燕平（70后）、操石杰和裴志翔（80后）、张笛（90后）成功捐献骨髓，三局成为湖北省企业界捐髓人数最多的单位。

华东公司女职工王燕平只是一名普通的材料员，她的凡人善举却感动了三局全体员工。2007年9月27日，在武汉同济医院为河南一位白血病女患者捐髓，成为三局首例、湖北省第15例成功捐髓者。捐献手术持续了整整8个小时，躺在病床上的王燕平几近虚脱，但看着血袋里过滤出自己的造血干细胞时，她却笑着说：这么一点就能救人，感觉挺奇妙的。当日，王燕平还向湖北省红十字会提出申请——捐献眼角膜和遗体。

"自愿捐献一切可利用的器官和遗体，让自己的生命在另一个生命中延续，为别人和社会尽一点自己的力量。"王燕平在申请书中这样写道。她将这张捐赠卡一直带在身上——她如此解释道：如果哪一天发生意外，身边的人可以帮我完成遗愿。然而许多人不知道的是她在此前已经无偿献血30余次，献血量超过了15000毫升，累计献血量超过3个标准成年人的全身血量。在她的感召下，华东公司又有28名员工签下自愿捐献眼角膜的志愿书。

2010年12月21日，中建商砼股份有限公司严生军在武汉同济医院血液科顺利采集造血干细胞，成功实现捐献，用爱心点燃北京一位16岁白血病患者生命的希望。

2013年4月14日至15日，总承包公司操石杰捐献的造血干细胞两次飞越千山万水，植入远在河北廊坊就医的22岁白血病女青年宋静的体内。400毫升造血干细胞，让一朵快要凋零的生命之花得以再度绽放。

2014年8月21晚，满载总承包公司安装分公司裴志翔拳拳爱心的造血干细胞送抵北京，成功植入一名2岁白血病患儿体内。

几乎就在同一时间的温州万象城项目工地上，正在紧张工作的三局安装公司的员工张笛突然接到中华骨髓库湖北分库工作人员打来的电话："张先生，您的造血干细胞和一名12岁的白血病患者初配成功，不知道您是否愿意……"

　　还没等工作人员说完，张笛就激动地问道，"真的吗？太好了！那我什么时候去捐献？"工作人员说，"您有一周的考虑时间，可以和家人商量，确定好之后再告诉我们。""这还需要考虑吗？您就告诉我需要做什么吧！"张笛态度坚定的回答。

　　3个月后的11月6日，张笛捐献的200毫升造血干细胞成功注入了患者体内，手术非常成功。他是中建三局第5例、湖北省第205例成功捐献造血干细胞者。

　　王燕平、严生军、操石杰、裴志翔、张笛和全国4000多名捐髓者一样，没有任何物质要求，只想把自己可以再生的造血干细胞，捐献给徘徊在生死边缘的白血病患者。他们像一台台播种机，在神州大地播撒下捐髓救人的"生命种子"。

　　爱心是细雨，滋润大地万物；爱心是暖阳，融化严冬寒雪。一代又一代三局人，以实际行动践行"奉献、友爱、互助、进步"的志愿精神，将志愿服务的温暖播洒在神州大地。

　　2013年12月28日，总承包公司安装分公司经理李海兵手机铃声急促地响起。"您好，我是武汉血液中心工作人员，非常感谢您于今年9月无偿献血300毫升。现有一名白血病患者大出血，急需和您一样的AB血型的血小板，我们血液中心库存告急，请问您能否来捐献血小板？"

　　"没问题，我马上到！"李海兵撂下电话迅速驾车赶往血液中心，捐献了1个单位的血小板。

　　2014年4月，水城杜鹃顾晴霞与世长辞，走完她勤奋、朴实的一生。家人在清理她的遗物时，竟然发现了一大沓汇款单据，追查之下，发现她多年一直在默默资助贫困地区孩子上学，同事闻知无不感动落泪。

　　一份简单的爱、一份无声的爱。总承包公司"操石杰青年志愿服务队"一路坚守，给需要帮助的人们送去了"一米阳光"。2015年3月，

"操石杰青年志愿服务队"代表从湖北团省委书记张桂华手中接过"荆楚学雷锋示范团队"的金色奖牌,这既是对志愿服务队的高度肯定,更是对这群年轻人的殷切期待。

3月17日,一公司"清朗网络,青年先行"青年网络文明志愿行动也拉开大幕。

服务队通过主题团日的形式,通过微博、微信、发帖等渠道,发布倡议书,组织原创话题讨论,并在线下开展座谈交流、网络文明素养讲座、签名承诺、宣讲动员等活动,组织动员共青团员争当网络文明志愿者。

一个人做一件好事并不难,难的是一辈子做好事。22年来,一公司技术部副经理姜龙华孜孜助学,累计资助贫困学子14人,先后有10名学子考取清华大学、中国地质大学等高校;他无偿献血58次,总量23200毫升。2012年,他荣膺"全国无偿献血奉献奖金奖";2015年,又先后荣膺"湖北好人"和"中国好人"称号。

三局人的平凡善举,诠释了社会主义核心价值观,为社会汇聚了正能量,让人间爱的星空更加璀璨!

5.企业公民

美国波士顿学院企业公民研究中心这样定义"企业公民":"企业公民是指一个公司将社会基本价值与日常商业实践、运作和政策相整合的行为方式。"

成立于2003年的中国社会工作协会企业公民委员会则认为,企业在经营活动中,以地球环境和人类福祉为出发点,按照为客户提供优质产品和满意服务为基本原则,自觉承担社会责任,实现全面、协调、可持续的线性发展。而三局人的理解就是:产业报国、回报社会、服务客户、福利员工。

50年前，三局成立之初的最高宗旨就是"产业报国"。历经半世纪风云激荡，这一宗旨从未改变。随着时代的发展，企业责任的内涵不断丰富。

2013年5月16日，在第六届中国企业社会责任2013年会湖北分会上，三局捧回了"湖北企业社会责任杰出企业"奖杯。三局是10家获奖单位中唯一的建筑企业，这座奖杯是对三局入鄂40年来勇担社会责任、积极回报社会的肯定和褒奖。三局还在会上发出了"践行社会主义核心价值观"的倡议书：

> 坚定价值信念，筑牢崇高理想。今天，我国经济总量已跃居世界第二位，我们比任何时候都更接近中华民族伟大复兴的目标，比任何时候都更有信心、更有能力实现这个百年梦想。企业强则国家强，实业兴则民族兴。我们要坚定实现中华民族伟大复兴中国梦的共同理想，高扬社会主义核心价值观的精神旗帜，内化于心、外显于行。

> 胸怀卓越追求，致力强国富民。要贡献智慧力量，传承中华美德。要践行法治理念，恪守诚信红线。倡导诚信文化，加强企业信用建设和管理，讲信义、守信用、重信誉，努力办受人尊敬的企业，做受人尊敬的企业家。

> 国无德不兴，人无德不立。随着国家大力推进"一带一路"、长江经济带建设、长江中游城市群发展等重大战略，湖北的战略地位更加突出，发展机遇更加众多。我们要立足新常态，引领新常态，在湖北"建成支点、走在前列"中实现新发展，汇聚建功中国梦的强大洪流，实现中华民族伟大复兴的美好未来！

　　这不是三局第一次获得这样的荣誉。在三局荣誉室里，依次摆放着"武汉最具社会责任感企业""荆楚责任企业荣耀榜杰出贡献奖单位""全省扶贫开发工作先进集体""湖北省对口支援三峡工程移民工作先进单位"等数十个奖牌奖杯，每一个奖杯背后都有三局孜孜不倦地担负社会责任的身影。

　　三局在实现自身跨越发展的同时，还为回报社会部署了一系列的"责任套餐"，从关爱农民工兄弟到响应国家号召援疆建设，从绿色施工环境保护到国有资产的保值增值，三局都注入了强大的正能量，发挥出国有企业在政治、经济、社会发展上的应尽之责。

　　了解三局总会计师鄢良军的人都知道，他一直把"承建工程精益求精，依法纳税坦荡行事"这句话当作座右铭。实际上不仅鄢良军如此，整个工程局都是按照这句话行事的。近十年来，三局累计缴纳税费200多亿元，连续4届被评为武汉市A级纳税人，连续4年被湖北省国家税务局授予"湖北省国税百佳诚信纳税人"荣誉称号。

　　防止国有资产流失，为国有资产保值增值是国企的重要社会责任，三局不仅承载着行业发展的重担，还承载了社会责任的价值追求。近五年年均保值增值率为126.79%，出色地实现了为国有资产保值增值的目标。

　　2014年6月15日，湖北省大型企业精神文明建设研究会表彰首届湖北省"中国梦·建设湖北"40家先进典型单位和50位先进典型人物。三局荣膺十大最佳杰出贡献企业、十大最具社会责任企业，局董事长、党委书记陈华元荣膺十大最佳杰出人物。

　　2015年8月10日，在三局成立50周年之际，三局特意向湖北希望工程捐资1000万元，设立中建三局"争先筑梦青年成长"基金，以资助寒门学子。这也是湖北希望工程历年来接受的最大数额的单笔企业捐款之一。

责任情怀，社会担当。中建三局再次当选"2015年荆楚责任企业荣耀榜"杰出贡献榜首企业。三局党委副书记、工会主席胡金国接受媒体采访时说：中建三局不仅拥有强烈的品牌意识，更具有强烈的责任情怀。

50年来，三局人一直用真诚回报社会。

前50年如此，未来也必如此。

第二十六章　百年名企

五十载风雨兼程，半世纪砖瓦做笔。五十载传承创新，几代人上下求索。也许没有人能够想象五十年后的中建三局是什么样子，就像当初刘贤、岳洪林、楚福和等先辈们无法想象今天的三局。今天，是我们再出发的起点。

1.不忘初心　方得始终

2015年5月24日，西南重镇攀枝花市，阳光和煦，暖风轻拂。在秀丽的南山宾馆棕榈园里，一大群人正欢声笑语，气氛热烈。一场别开生面的仪式正在进行。为庆祝企业50华诞，中建三局开展了"寻根溯源、厚土载福"系列活动。

中建三局董事长、党委书记陈华元，总经理易文权正在铲土。他们亲手铲起带着芬芳的攀枝花红土，郑重地装入一只由蜀绣织成的做工精美的锦囊中。一铲又一铲，陈华元表情庄重，动作熟练，易文权则仔细地把泥土中的一些杂质和石块清理出来。

锦囊很快装满，两人又合力把锦囊放入一个铜鼎中，顿时全场响起热烈的掌声。这些泥土将被带回武汉中建三局总部永久保存。

陈华元动情地说："寻根攀枝花，既是为了纪念中建三局成立50周年，回顾企业发展历程，更是为了缅怀先辈、传承精神，为了激发豪情、再度出发。我们将进一步吸取营养、思考未来，让企业在优秀文化基因的培育和滋养下走得更长更远。"

"13栋"，穿过50年的漫漫岁月，这里已经被列为四川省重点文物保护单位，成为攀枝花市爱国主义教育基地。陈华元轻抚着被摸得溜光的木制扶手楼梯，仿佛触手尚能感受到岁月的余温。

陈华元和易文权站在"13栋"凭栏远眺，但见青山如画，金沙如带，阳光下攀枝花市一派繁华安宁。无数先辈们曾在此战天斗地、挥洒青春热血，方有今日之成就。穿过时光的烟尘，他们仿佛看到当年旌旗招展、千军万马建三线的场景，耳畔响起震耳欲聋的劳动号子。这是历史的回音，也是催人奋进的号角。

在攀枝花市委、市政府的支持下，三局在"13栋"二楼建成了两间陈列室，通过图片、资料、影像、实物等展示了三局从大山大川、走向大江大湖、走向大海大洋的辉煌历程。因而也成为三局职工教育基地，成为三局员工的精神原点。

六个月之后的2015年11月24日，中建三局总部也迎来了来自攀枝花的客人，该市市委书记张剡率招商小分队赴湖北省武汉市中建三局总部，受到了陈华元与易文权的热烈欢迎。张剡与陈华元共同回顾了前辈们在三线建设那段激情燃烧的岁月。双方签订合作框架协议。

中建三局将重回攀枝花，带着新理念、新机制、新动力积极参与到攀枝花城市基础设施建设等重大项目中，实现优势互补、互利共赢。

"不管走多远，也不能忘记开始的地方。"陈华元说，攀枝花是中建三局的"出生地"，更是中建三局实现新发展的"宝地"。陈华元表示，三局对与攀枝花合作充满信心、充满期待。三局将结合自身定位，不断探索创新合作方式，实现企业和地方经济社会共同发展。

50年前，三局人怀揣激情与梦想，从大山深处一路走来，排除千难万险，取得了辉煌成就。在新的历史时期，即使前进路上荆棘密布，沟壑纵横，他们仍有理由坚信，富有争先精神的三局建设者，一定能迎难而上，驰而不息，不断向着新的奋斗目标坚定进发，续写企业改革发展新篇章！

2.不念过往 英雄无悔

2015年10月18日，武汉，秋高气爽，丹桂飘香。位于东湖之滨的东湖国际会议中心欢声笑语，彩旗飘扬。中建三局董事长、党委书记陈华元，总经理易文权笑容满面地站在会议中心门口迎接从全国各地回来的功臣们，恭迎他们参加中建三局成立50周年暨调迁湖北40周年创业座谈会。

三局老兵重聚武汉，执手相看，有的虽已白发满鬓，但无不精神抖擞，共同感怀曾经一起拼搏的岁月。

座谈会前，湖北省委书记李鸿忠、省长王国生等省"四大家"领导专程赶来，看望与会见中建三局的模范员工们。李鸿忠说，中建三局是世界500强企业——中国建筑总公司的重要子公司，承建了深圳国贸大厦、地王大厦、中央电视台、上海环球金融中心、武汉绿地中心等许多地标性建筑，已经成为中国建筑的排头兵和领跑者。中建三局成立50周年特别是调迁湖北40年来，立足湖北、走向全国，创造了一系列辉煌成就，建设了许多可与欧美国家媲美的地标性建筑，展现了杰出的创新能力和高超的建设水平。在企业不断做大做强的同时，培育了优秀的企业文化，积极参与社会公益事业，体现出强烈的社会责任感。希望大家继续发扬艰苦奋斗的优良传统和"敢为天下先，永远争第一"的创新拼搏精神，为祖国建设和湖北发展做出更大的贡献。

李鸿忠表示，当前正值"十二五"收官、积极谋划"十三五"之际，湖北发展机遇叠加、态势良好，正按照中央决策部署，加快构建促进中部地区崛起的战略支点，打造长江经济带建设的"脊梁"。湖北的又好又快发展，将为中建三局在鄂发展提供更加广阔的空间。希望中建三局发挥建筑行业"国家队"和骨干力量的优势，在湖北未来发展中承担更多重大建设任务，积极参与湖北基础设施建设乃至城市总体规划、综合开发，助力湖北经济建设和社会事业发展。

同时，紧跟国家战略，抢抓"一带一路"新机遇，坚定不移"走出去"，开拓国际市场，创造新的更大辉煌。讲完话后，李鸿忠和大家握手并合影留念。

中建三局成立50周年，他们选择了向"三局老兵"致敬、请老兵们谈创业体会这样庄重而简朴的形式来庆贺。

陈华元在致辞中说："50年斗转星移，半世纪沧桑巨变。三局50年来的荣耀，是一届届班子、一代代员工奋力打拼、无私奉献的结果，是老领导、老同事在不同的历史时期为三局奉献了智慧和力量、倾注了心血和汗水，立下了汗马功劳，做出了卓越贡献。站在50年的新起点，面对'十三五'的新征程，三局人充满信心。同时，更加严峻的形势和日趋复杂的环境也让我们深感压力，特别是随着工程局跨越千亿平台，我国经济进入新常态，企业面临的风险在增多，竞争在加剧，考验更加突出，挑战前所未有。但是，三局人坚信，压力能化为动力，挑战能变成机遇，只要我们争先不动摇、担当不畏难、攻坚不懈怠，一定能把三局事业继续推向前进，不负历史，不负时代。到局庆100年时，我们要铸造一个经久不衰的百年品牌，成就一家受人尊敬的伟大企业，筑梦天下，圆梦百年。"

杨桂兰、牛小吾（刘贤遗孀）、王宏、胡建文（三局原研究发展部副处长，现深圳市住建局副局长）、裴晓、熊德荣、洪可柱、李传芳、王祥明、孙文杰等三局老兵们激情满怀，依次发言，或为三局的发展建言献策，或为三局的成功进行解码，或深情回忆曾经激情燃烧的奋斗岁月，无不为三局50年的成绩感到无比自豪。

座谈会上表彰了三局50年来"十大领军人物"：刘贤、岳洪林、楚福和、张恩沛、洪可柱、傅开荣、熊德荣、王祥明、万德舟、李传芳。颁奖词这样写道：

他们洞见时代机遇，推进发展变局，他们是勇毅决策的主倡者，亦是果敢笃行的领军人。在创业改革的进程中，他们登高望远，踏潮放歌；在追求卓越的道路上，他们振臂担当，志坚行苦。三局进步的历史刻度，因他们的倾心雕镂而闪耀荣光；三局前行的全新坐标，因他们的接力争先而足音浩荡。

"十大功勋员工"：刘玉龙、王铁成、陈学锋、顾锡明、白乃孝、樊凤兰、鲍广鉴、何景洪、顾晴霞、冯汝华。颁奖词写道：

他们以身许企，一片丹心，他们把最好的年华献给三局，直至鬓生白发；肩挑使命，志在必成，他们在最美的年华让最美的梦想次第开花。面对企业，他们心存感念，以敢于担当言传身教，向后人诠释奉献之意；面对事业，他们不忘初心，用坚忍执着传薪播火，为后辈照亮信念之路。

"员工杰出成就奖"获得者孙文杰的颁奖词为：

　　十三春秋三局岁月，四十二载中建生涯，情系三局、掌舵中海、领航中建。一路披荆斩棘、一路激情争先，他以抱负和奋斗，成就事业的壮美；他用诚信和创新，筑起人生的大厦。

　　他们中有的已经埋骨青山，但他们为三局做出的贡献应当被永远铭记。他们是三局历史上最炫目的星光，却也是三局的发展基座中最平凡的沙石，他们是三局的英雄。

　　不念过往，英雄无悔。正是无数平凡的英雄们累沙成塔、积土成山，方才奠定了三局今天的成就。

　　回顾风雨50年，是一个聚沙成塔的艰难历程。从三线建设到千里大转移，从扎根湖北到布局华夏，从面向全国到走向海外，从计划经济到市场竞争，从粗放管理到精细模式，从深圳速度到中国高度，从传统建造到投资运营，从红海竞争到蓝海筑梦，中建三局一路走来，脚步厚实而笃定。

　　2015年10月18日下午3时，三局在上午的座谈会之后又召开了"成立50周年纪念暨表彰大会"。

　　当"十大领军人物""十大功勋员工""员工杰出成就奖"的名字和照片出现在大屏幕上时，全体员工用长时间的热烈掌声向他们致敬。纪念表彰大会上还隆重表彰了"十大管理精英""十大创新标兵"和"十大青年才俊"。给这些在岗的优秀员工代表颁奖的就有当年三线建设"六朵金花"之一的杨桂兰。这是为新一代的劳模颁奖，更是一次争先接力棒的交接。

　　路，是脚的梦想。三局人将高举前辈的旗帜，迈着铿锵的步伐，向着远方无悔前行。

　　陈华元在纪念大会上致辞说：

1965年7月13日，三局在四川攀枝花的三线建设中应运而生。50年间，伴随着我国建设、改革的壮丽进程，三局人战巴蜀、入贵州、立荆楚，建功三线、扬名深圳、誉满华夏，踏上了争先有为、跨越前行的宏伟征程，谱写了波澜壮阔、气势恢宏的历史篇章。50年来，我局绘就了一幅跨越前行的大美画卷，演绎了一曲拔高中国的雄浑交响，开启了一段创新变革的壮阔航程，谱写了一篇勇担使命的绚丽华章，走出了一条争先引领的康庄大道。

回望历史，心怀感恩。感恩伟大的时代创造的市场机会，感恩湖北省委、省政府，武汉市委、市政府的深切关怀，感恩总公司一直以来的全力支持，感恩广大业主的充分信任，感恩行业协会、兄弟企业和社会各界的热情帮助，更要感恩一代代三局人的拼搏奉献。

50年，前进征途中的一个节点。如同1965年三局在渡口成立时一样，今天就是再次出发的起点。

3.不畏将来 志存高远

2016年1月29日至30日，三局在武汉召开"三会"，回眸"十二五"骄人业绩，描绘"十三五"发展宏图。"十二五"期间，局主要经济指标及综合实力连年在总公司各工程局中排名第一，自2012年起连续4年蝉联湖北省百强企业前三甲，连续3年位列中国建筑业竞争力百强榜首。

会议明确了全局"十三五"主要经济指标——到2020年，营业收入确保2300亿元（含参股），其中自营2000亿元；争取3000亿元（含参股），其中自营2500亿元。利润总额确保80亿元，争取100亿元。按国内房建业务与其他业务划分，"十三五"末营业收入比为6：4。海外业务营业收入占比确保6%，争取10%。

在局"三会"期间，湖北省副省长曹广晶、省政府副秘书长王润涛莅临大会。曹广晶对三局发展提出四点期望。一是争当建筑企业转型升级急先锋；二是争当城市基础设施建设主力军；三是争当新型城镇化建设探索者；四是争当工程承包企业"走出去"带头人。曹广晶对三局为湖北省经济社会发展做出的重要贡献表示感谢，祝愿三局在2016年及"十三五"时期再创新辉煌，为湖北"建成支点，走在前列"再立新功。

大会明确了三局"十三五"目标任务为"一最四强"。

为保证"十三五"开局的实现，局总经理易文权在会上提出工作具体举措，即着力抓好七个方面的工作。一是着力"三高"策略，提升高端营销形象。紧盯高端项目不动摇，专注战略客户不放松，优化区域布局不懈怠。二是着力基础设施，提升营销履约均衡发展水平。明确分工协同机制，全力推动项目落地，提升项目履约品牌。三是着力节点管控，提升投资效率与效益。强化投资纪律要求，推进投资产品线发展，加大过程监管与考核。四是着力拓展海外，提升跨国经营能力。优先保障海外履约，加快海外市场拓展，构建海外发展支撑。五是着力管理创新，提升企业运营品质。持续开展"两化"融合，深入推进总承包管理，加大科技研发与应用。六是着力降本创效，提升价值创造空间。深入开展商务创效，增强财务价值创造力，提高税收筹划贡献。七是着力集团管控，提升战略转型效率。强化战略规划引领，优化转型资源配置，全面防范运营风险。

局董事长、党委书记陈华元在企业工作报告中指出，"十三五"期间的各项工作必须紧紧围绕"五个企业"来展开，何谓"五个企业"？

推动提质增效，着力打造卓越的建造企业。要以高端定位成就卓越，以尖端科技支撑卓越，以非凡品牌凸显卓越，持续巩固建造业务领先地位，使优势更优，强者恒强，在不断自我超越中迈向卓越。

追求转型跨越，着力打造优秀的投资企业。要坚持投资转型的战略取向不动摇，坚持积极稳妥的发展理念不动摇，坚持创新驱动的路径选择不动摇，以投资加力推动转型加速，走三局特色的投资发展之路。

坚定国际化理想，着力打造成熟的跨国企业。要通过"在区域化经营上寻求突破，深耕部分国家和地区；在国家战略布局上寻求突破，促使'一带一路'项目尽早落地；在模式创新上寻求突破，在合作中发展壮大；在团队建设上寻求突破，奠定坚实人才基础"等途径，积极"走出去"。

坚持创新发展，着力打造杰出的现代企业。要通过管理的现代化和人才的现代化这两项十分紧迫的工作，推进标准化与信息化"两化融合"，加速培养投资、海外、总承包等骨干人才队伍，让企业努力成为成熟的现代企业。

强化党建引领，着力打造一流的文化企业。要通过大力弘扬务实之风，持续淬炼廉洁之风，深度营造和谐之风，积极倡导好学之风。让争先文化的比较优势得到更充分彰显，让争先文化的创造潜能得到更充分释放，助力企业始终一往无前，战无不胜。

这是中建三局在中国经济新常态下的发展目标"路线图"。

雄关漫道真如铁，而今迈步从头越。半世纪成就已载入光辉史册，站在50年的新起点，面对"十三五"的新征程，三局将始终坚持走在时代前列，把握时代脉搏，勇立时代潮头；始终坚持改革创新驱动，永不僵化、永不停滞，激发内生动力，增添发展活力；始终坚持注重品质保障，拒绝平庸、向往卓越，持续提升价值创造力；始终坚持争先精神引领，鼓豪气、激锐气、扬灵气，更加奋发有为，永远激情争先，向着"一最四强"目标、"五个企业"构想坚定进发。

有梦想就会有希望，有奋斗才能有未来。面对历史的责任、时代的召唤、员工的期盼，三局不能有丝毫自满，不能有点滴懈怠，必须薪火相传，接续奋斗，再攀发展高峰。到建局100年时，三局人要铸造一个经久不衰的百年品牌，成就一家受人尊敬的伟大企业，为中建的腾飞、湖北的崛起、民族的复兴贡献更大力量。

或许今天的人们无法预计50年后中建三局的具体模样，就如同当初刘贤、岳洪林、楚福和等先辈们无法想象今天的三局一样。但是三局人可以与先辈们一样做到殚精竭虑、爱岗敬业、奋力拼搏，可以将先辈的争先品格薪火相传。

光辉的历程，伟大的事业。正在实现的中华民族伟大复兴进程为三局人提供了无尽动力和广阔的筑梦空间！中建三局与这个伟大的国家、与这片神奇的土地一起，必将书写新的传奇！

大会结束时，全体员工一起激情高唱《敢为天下先——中建三局之歌》。

他们这样唱道：

我们走过千万里，
丰碑矗立天地间；
祖国建设的排头兵，
深圳速度美名传。
向前！向前！
刷新城市天际线；
向前！向前！
阔步走向前！

我们携手绘蓝图，
美好愿景在召唤；
民族复兴的主力军，
幸福空间写新篇。
向前，向前！
走向世界一往无前；
向前！向前！
敢为天下先！

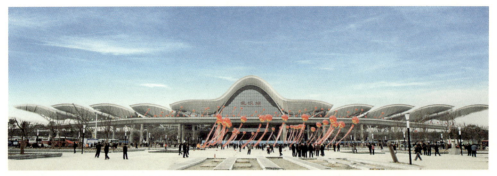

▲ 武广客运专线武汉站，总建筑面积33.2万平方米，为世界首座桥建合一的大型铁路站房

▲ 武汉东湖通道，全长10.6公里，为中国最长的城中湖隧道

▲ 武汉古田桥，全长1.83公里，为国内主跨最大的自锚式悬索桥

▲ 武汉长江大道，全长29.7公里，宽度80米，为武汉市第一条穿越三镇的过江景观大道

▲ 深圳地铁9号线（参建），全线长25.33公里，为中建三局首个地铁隧道工程

▲ 中建·宜昌之星，建筑面积约 150 万平方米，主塔楼为宜昌第一高楼，达 280 米

▲ 中建·御景星城，建筑面积为 70 万平方米，是武汉市 2014 年度体量最大、市值最高地块，中建三局史上投资体量、开发规模最大的地产项目

▲ 中建·光谷之星，建筑面积为 105 万平方米，是中建三局在武汉投资的首个超大型城市综合体

▲ 中建·汤逊湖壹号，建筑面积约 60 万平方米，为武汉市唯一全岛形态的别墅项目

▲ 2013 年,《中建信条·争先文化手册》发布仪式

▲ 中建三局青年志愿者关爱"空巢"老人

▲ 中建三局员工集体婚礼

▲ 2013 年,中建三局 600 余名建设者奋战雅安地震灾区援建活动板房

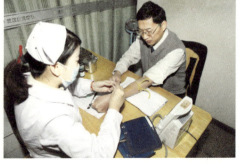

▲ 中建系统首位"中国好人"、中建三局员工姜龙华献血

▲ 广州周大福金融中心（参建），高530米，
总建筑面积37万平方米，是广州第一高楼

▲ 沈阳宝能环球金融中心，高565米，总建筑面积109万平方米，
建成后将成为东北第一高楼

▲ 深圳平安金融中心（参建），主体高度600米，总建筑面积约46万平方米，为深圳第一高楼

▲ 天津 117 大厦，高 597 米，总建筑面积 84.7 万平方米，是中国结构第一高楼

▲ 武汉绿地中心，高 636 米，总建筑面积约 30 万平方米，为华中第一、中国第二、世界第三高楼

▲ 北京中国尊，高 528 米，总建筑面积约 43.7 万平方米，建成后将成为北京市最高楼

▲ 苏州中南中心，高 729 米，总建筑面积约 50 万平方米，为中国在建第一高楼

▲ 2015 年，湖北省领导接见三局劳模

▲ 2015 年，三局成立 50 周年"十大领军人物"接受表彰

▲ 2015 年，三局成立 50 周年纪念暨表彰大会

跋 一 | 中国建筑大匠们的传奇史诗

熊召政

中建三局创建于1965年新中国建设"大三线"的火红年代里，迄今已经走过了五十年风雨历程。星移斗转，柳色秋风；寒来暑往，水复山重。这是五十年艰辛而又豪迈的征途，也是用五十年岁月写就的一部励精图治、改革创新、追寻大国建筑之梦的传奇史诗。

尤其是进入新时期三十多年以来，打开国门，解放思想，经济转轨，文化转型……随着中华民族前进的步履，中建三局的每一次跨越，也都在造就着自己的真心英雄，在中国大地上书写着自己恢宏的筑梦春秋。大地飞歌，山川纵横；黄河万里，长江奔腾。我们从中建三局为庆祝五十华诞而组织撰写、出版的《筑典春秋》（领导回忆录）、《筑梦履痕》（员工故事集）里，分明看到了一代代这些普通而又伟大的建设者的非凡经历和矢志不渝的家国豪情。

中国古老的诗歌总集《诗经》的《大雅》篇中，有一首《灵台》，开篇即说："经始灵台，经之营之。庶民攻之，不日成之。经始勿亟，庶民子来。"译成白话，大致的意思就是：灵台开始来建造，认真设计架构巧。百姓一起动手干，不久就会建造好。建筑工程不能急，百姓口碑最重要。灵台故址在今天的陕西西安市西秦渡镇，当初的建造与周文王有关。去过上海"豫园"的朋友，一进入园门看到的第一座建筑，叫"三穗堂"，三穗堂里高高悬挂着的一块匾额上，写的就是"灵台经始"四个大字。但是很多游客也许不解其意。《毛诗序》说："灵台，民始附也。文王受命，而民乐其有灵德以及鸟兽昆虫焉。"大意是说，百姓为周文王建造灵台，以此可证明文王有德，使人民乐于归附。但是我的理解却不尽于此。我觉得这古老的诗句里有对中国伟大的工匠精神的颂赞。所以，我更倾向于把"经始勿亟，庶民子来"理解成"建筑工程不能急，百姓口碑最重要"。

如果说《诗经》里描写和赞美的是中国北方的建筑工匠们的生活，那么《楚辞》里有些句子所描写的，正是古代荆楚建筑工匠们的生活。屈原《怀沙》里有这样几句："刓方以为圜兮，常度未替。易初本迪兮，君子所鄙。章画志墨兮，前图未改。内厚质正兮，大人所晟。巧陲不斲兮，孰察其揆正。"翻译成白话是这样的：随流俗而易转移，有志者之所鄙视。守绳墨而不变易，按照蓝图守着规矩。只有内心诚信和端正，才能赢得君子们的赞美。工艺精巧即使不动斧头，也能看到他合乎正规。这难道不是对荆楚工匠操守和精神的礼赞吗？

现在大家已经熟知韩国拍摄的纪录片《超级中国》开篇的第一句话，并为之自豪："华丽的中国时代正在展开……"李克强总理在今年的"两会"上也讲道："我们要用大批的技术人才作为支撑，让享誉全球的'中国制造'升级为'优质制造'。"今年"五一"开始，央视新闻里也隆重推出了八集系列纪录片《大国工匠》，为我们讲述了一个个鲜为人知的"大国工匠"敬业尽职、兢兢业业的感人故事。发扬古老和伟大的中国工匠精神，呼唤新一代的"大国工匠"，让伟大的工匠精神在全社会形成一种共识，使其成为中国制造的内在支撑，正越来越引起人们的共鸣和响应。

继《筑典春秋》与《筑梦履痕》两部大书问世之后，中建三局又组织撰写了一部反映该系统五十年成长、发展与腾飞的历史、"解码"全局如何励精图治、筑梦未来的"全景式"长篇纪实文学《敢为天下先》。从这部建筑史诗的每一个章节里，我看到了中建三局一代又一代建设者和筑梦人，秉承着中华大匠营建传世经典的优良传统，伴随着月缺月圆、日落日升，伴随着春花秋月、风雨鸡鸣，洒下了一路汗水、一路凯歌和一路深情。我也看到了这些一线的劳动者，这些共和国的好儿女，这些孩子们的好父母，这些妻子们的好丈夫、丈夫们的贤妻子，是如何魂牵梦萦地送走一个个聚少离多的日子。多少年的风风雨雨中，他们不离不弃、同舟共济、风雨兼程、无怨又无悔！

打开这部书，犹如推开了一扇"大匠之门"。这些传奇般的行业变迁和一个大群体的创业经历，一点也不弱于《大国工匠》里的那些故事。无论是"大三线"建设时期、改革开放之初的"春天故事"，还是进入新世纪之后的"铸新时代"……每一个时期里，我们也都能从中感到那种对祖国、对民族、对未来的子孙后代高度负责、造福千秋的崇高的家国情怀，感到那种"劳动光荣、技能宝贵、创造伟大"的敬业精神和一丝不苟、精益求精和梦幻创奇一般的大国工匠精神在一代代中建三局的建设者手上的薪火传承。

读着这部建筑史诗般的巨著，我一再想到我国历代诗歌中对建筑工匠生活的描写和礼赞。前面已经说到了《诗经》和《楚辞》里的描写。汉代乐府里有一首佚名的《西北有高楼》，其中有言："西北有高楼，上与浮云齐。交疏结绮窗，阿阁三重阶。"晋代诗人陆机，也因此有感而做了一首《拟西北有高楼诗》："高楼一何峻，迢迢峻而安。绮窗出尘冥，飞陛蹑云端。佳人抚琴瑟，纤手清且闲。芳气随风结，哀响馥若兰。玉容谁能顾，倾城在一弹。伫立望日昃，踟蹰再三叹。不怨伫立久，但愿歌者欢。思驾归鸿羽，比翼双飞翰。"诗中把工匠们的建筑杰作写得何等恢宏壮丽！

唐代诗人陆龟蒙的《筑城词》，也是献给我们建筑工匠的："城上一抔土，手中千万杵。筑城畏不坚，坚城在何处。"不仅写了古代建筑工人的工作和责任，其中也有对华夏工匠精神的颂扬。大诗人白居易也为建筑工匠写过诗，其中有一首《高亭》："亭脊太高君莫拆，东家留取当西山。好看落日斜衔处，一片春岚映半环。"意思是说，亭子这么高，请不要拆掉了。住在亭东的人，正好当作一座小山来欣赏。当落日西斜之时，亭脊遮住了半边落日，看上去好像一片春山，山上还笼罩着绚烂的光环。像这样"好看落日斜衔处，一片春岚映半环"的美丽建筑，在今天，出自中建三局的建筑师们之手的杰作，也是数不胜数，从《敢为天下先》这部书里，我们会看到它们诞生的过程和故事。

武汉市武昌黄鹤山上，曾经有一座"南楼"。现在这座建筑已经没有了，但是宋代诗人范成大留下了一首《鄂州南楼》，让我们看到了当时南楼的胜景："谁将玉笛弄中秋？黄鹤归来识旧游。汉树有情横北渚，蜀江无语抱南楼。烛天灯火三更市，摇月旌旗万里舟。却笑鲈乡垂钓手，武昌鱼好便淹留。"范成大在宋淳熙时期，官至参知政事，是位朝廷官员。这里的鄂州，是指今天的武昌。范成大的家乡是江南姑苏城。苏州盛产鲈鱼，秋风起时，诗人想到了家乡味美的鲈鱼。这首诗是姑苏诗人范成大留给荆楚建筑工匠们的永久的纪念。

中华民族是曾为全人类贡献了四大发明的智慧的民族。今天，要实现中华民族的伟大复兴，我们不仅需要更多的大匠，更需要弘扬伟大的大国工匠精神。英国科学家、哲人、环保主义先驱约翰·罗斯金在他的经典著作《建筑的七盏灯》里说过这样一句话："那些带有历史传说或记录着真实事件的老屋旧宅，比所有富丽堂皇但却毫无意义的宅第更有考察的价值。"五十多年来，中建三局的建筑师和建设者们，在中国大江南北辽阔的大地上，留下了多少辉煌和美丽的建筑！我相信，这些建筑杰作，随着时间的推移，也将成为一座城市、一个地区、一个时代的历史的见证。——不，也许它们本身就是一段历史，就是一个文化标志。它们将与这座城市、这个地区、这个时代的政治、历史、经济、文化以及道德伦理、市井风尚的兴衰变迁、转移秘密紧密相连。它们是凝固的史诗，是无言的故事，是永远存活着的"建筑之魂"和"大匠之魂"。有了这种不朽的魂魄和精神，才能实现伟大的"中国梦"。

（作者系湖北省文联主席）

跋 二 | 所为何来 去向何方
陈华元

万丈高楼起于沙石，千亿企业成于点滴。

多年来，三局每年都要招收数千名大学毕业生加入到企业中来。在新员工见面会上，三局的主要负责同志都要和他们开展一次面对面的交流，看到这些充满朝气与活力的新员工，我们感到由衷高兴，因为我们的事业后继有人。

一批批有志青年带着成长成才的梦想、带着建功立业的憧憬投身三局，显然他们认为三局这样的大型央企，以五十年的奋斗与积淀，能够为他们提供实现人生价值的舞台。但是，面对比他们年龄要长两倍的中建三局，他们肯定想知道得更多，想了解得更为具体，想探究得更为细致。回顾历史，能守住三局人的乡愁；重温经典，能解码我们的精神基因；研判当下，能坚定我们前进的信念。

历史是很好的教科书。有文在，时间亦可以翻阅。有志在，事业便可以传承。

书中有的故事早已耳熟能详，每次重温，依然十分感动、震撼心灵；有的故事虽是第一次看到，细细品读，同样深深动容、肃然起敬。

回望来路，三局人拓荒三线，将青春和热血献给了巍巍大山、滚滚金沙；三局人率先出征，誉满华夏，演绎了一曲拔高中国的雄浑交响；三局人锐意革新，以敏锐的洞察力和果敢的决断力开启了一段争先引领的壮阔航程。50年征程积淀着三局人最执着的价值追求，半世纪创业饱含着三局人最根本的精神基因。我们希望通过这本报告文学，致敬历史、凝聚意志、憧憬未来，在永续传承中弘扬争先，在锐意创新中迈向卓越。

既已知所为何来，更须知去向何方。

岁月的年轮见证奋斗的足迹，也蕴含未来的启示。新一轮科技革命和产业变革孕育着新的发展势能，催生互联网＋、分享经济、新能源、智能制造等新理念、新业态，建筑业传统的管理方式已不能适应企业发展，建筑业的转型升级势在必行、迫在眉睫。我们希望借助这本报告文学，认真总结三局紧跟时代、改革创新、争先引领的历史经验和优良传统，深觅企业精神的源头活水，思考走到今天的历史必然，明晰转型升级的蓝海心愿，激励全局员工为致力打造卓越的建造企业、优秀的投资企业、成熟的跨国企业、杰出的现代企业、一流的文化企业而努力奋斗，将中建三局铸造成一个经久不衰的百年品牌、建设成一家受人尊敬的伟大企业！

在本书创作过程中，得到了许多领导、员工和社会各界的支持与帮助。住建部副部长易军同志、湖北省副省长曹广晶同志、湖北省文联主席熊召政同志拨冗为本书题写序跋；中建总公司董事长官庆同志给予关心支持；著名作家、中国作家协会报告文学委员会副主任王宏甲老师亦为三局故事所感染，热情参与，领衔创作；不少老领导、老员工或亲自撰稿提供素材，或接受采访共同回忆，为这本报告文学增光添彩。经过两年多的艰辛努力，数次增删，始成此书，在此一并致以诚挚的谢意。

回顾过往，三局每一域市场的开拓、每一个项目的成功、每一项成就的获得，均是团结拼搏而来，均是实干苦干而来。三局的成功没有"逆作法"，更没有"快捷键"。三局今天驶上了转型的"高架桥"，行进在升级的"快车道"，我们永远不能忘却当初是怎样的筚路蓝缕、创业维艰。

没有老员工就没有三局的今天，没有年轻员工就没有三局的明天。无论是50年还是100年，时间只是企业行进的刻度。三局的事业正是这样薪火相传，永在路上。前行的路上还会遇到许多困难与挫折，前人的坚守告诉我们，只要信念不灭、精神不倒、奋进不止，前方永远是春天！

（作者系中建三局董事长、党委书记）